蒋介石

Chiang Kai-shek
and
the United States

与

美国

谭一青

——————著

团结出版社

© 团结出版社，2024 年

图书在版编目（CIP）数据

蒋介石与美国 / 谭一青著 . -- 北京：团结出版社，
2025. 1. -- ISBN 978-7-5234-1195-7

Ⅰ. K827=7；D829.712

中国国家版本馆 CIP 数据核字第 2024KU8471 号

责任编辑：张　阳
封面设计：阳洪燕

出　版：团结出版社
　　　　（北京市东城区东皇城根南街 84 号　邮编：100006）
电　话：（010）65228880 65244790（出版社）
　　　　（010）65238766 85113874 65133603（发行部）
　　　　（010）65133603（邮购）
网　址：http://www.tjpress.com
E-mail：zb65244790@vip.163.com
经　销：全国新华书店
印　装：三河市东方印刷有限公司

开　本：170mm×240mm　16 开
印　张：19.75　　　　　　　字　数：276 千字
版　次：2025 年 1 月 第 1 版　印　次：2025 年 1 月 第 1 次印刷

书　号：978-7-5234-1195-7
定　价：69.00 元

目　录

三、开罗会议　跻身巨头

四、美蒋争权　钩心斗角

五、美使穿梭　扶蒋反共

九、海峡之战　美蒋之争

十、错结连理　貌合神离

一、蒋宋联姻　中美合作

蒋介石在青年时代留学日本军校，十分震撼于日本军人绝对服从的纪律和视死如归的武士道精神，便企图以强军而达救国的目的，同时也极大地刺激了他个人对于权力的向往与渴求。在追随孙中山革命的过程中，他逐渐进入权力核心。同时，他也对不断侵略中国的日本政府有所警惕，在反共的血腥恐怖中与苏俄断交。就在他内外交困之际，一场轰动中外的政治婚姻，将他的政治利益与美国联系在一起，从此，他一步步走向了联美、恋美、倚美的政治道路。是美国成就了他的"大国领袖"之梦，也是美国使他孤悬小岛，最终破灭了统一中国之梦。

旧学堂里的顽劣子与美式教育的高材女

蒋介石与宋美龄，是生活背景差异极大的一对儿。

蒋介石出生在中国沿海地区的小城镇，从小受到比较系统的中国传统文化教育，成长之后满脑子封建说教，在追求权力的过程中，又练就一身江湖习气与一套政治权术，在打击对手与政敌的时候，心狠手辣，毫不留情。宋美龄则出身于富裕的西化基督教家庭，自幼赴美求学，受到十足的西方文化教育，尤其是对美国社会及其文化有着很深的感情。蒋宋二人的结合不仅意味着中西两种文化观念的融会，并且由于两人在中国现代社会中的特殊地位而在中国与美国之间架起了一座直接交流的桥梁。

蒋介石的故乡是浙江省奉化县溪口镇。这是一个商业发达的古老乡镇，地处四明山南麓，既是通往新昌、嵊县、余姚、鄞县四个县的交通要道，又是附近八个乡的政治、经济、文化中心。这里山环水绕，风景佳丽。溪口镇东首有山称武岭，屏障全镇，为溪口的门户。这座山的通路旁原有一所庵堂，称武岭庵，1930年，蒋介石在此建造气势宏伟的武岭门。在拱形的楼门洞上，前额"武岭"二字，是于右任手笔，后额"武岭"二字，为蒋介石自题。蒋介石自书籍贯常为"浙江奉化武岭"，而不称溪口，他一手炮制的蒋氏宗谱也题签《武岭蒋氏宗谱》。

蒋介石出生在一个封建色彩较浓的旧式家庭中，父亲蒋明火，又名肇聪，在溪口街上开有玉泰盐铺，经营粮食、盐、酒、石灰、草纸等杂货。家居在同一条街上，是一幢二层小楼，名为"素居"。这是蒋介石的祖居，蒋介石父子都出生在这幢房子里。

蒋明火原配徐氏，生一子一女，子名周康，号介卿，字锡侯；女名瑞春，嫁任宋村宋周运为妻。徐氏早亡，蒋明火续娶肖王庙孙氏女为继室，孙氏无所出，不久也病故了。有个老伙计王贤东，是奉化葛竹村人，在玉泰盐铺干了二十多年，颇得蒋明火的信任。王贤东有个堂妹王采玉年轻守寡，在葛竹庵带发修行，经王贤东说媒撮合，还俗再嫁蒋明火为继室，她就是蒋介石的生身母亲。

王采玉是奉化毗邻的嵊县葛溪人，原嫁给溪口曹家田村姓俞的，俞去世后，王采玉回娘家居住，在葛竹庵里守节。她精于女红，粗通文字，能诵《楞严经》《金刚经》等经卷。王采玉嫁给蒋明火后，生二子二女：大儿子周泰，乳名瑞元，又名介石，学名志清；大女名瑞莲，嫁给竺村竺芝珊；二女名瑞菊，数月夭亡；二儿子瑞青，三岁时病死。蒋介石在《先妣王太夫人事略》一文中写道："徐太夫人生吾姐瑞春与兄锡侯，先妣教诲鞠育视之无异，……自产中正后三年而瑞莲妹生，又三年而生二妹瑞菊，菊妹不幸而夭亡，弟瑞青则又后菊妹三年生，……未及二年，瑞青弟殇。"

1895 年，蒋介石九岁，其父蒋明火染时疫去世。其时蒋介卿十九岁，娶妻单氏。蒋介卿性情粗暴，对继母王氏不甚恭敬，家庭时有吵闹。1898 年兄弟分家而居，蒋介卿独得玉泰盐铺全部财产，又继承了其伯父一份遗产，立名为"夏房"；王采玉及其子女分得"素居"一幢小楼房，立名为"丰镐房"，另得田地三十余亩和一片竹山。从此，王氏与子女相依为命，每日仍礼佛诵经不辍。

蒋介石童年时性情顽梗倔强，镇中儿童对他常有畏惧，他自命为群儿之首，顽皮淘气，有孩子给他起绰号为"瑞元无赖"。王采玉自二度丧夫后，心情是苦闷的，除诵经拜佛之外，将全部希望寄托在蒋介石身上，望子成龙。她对蒋介石管教甚严，常常采用棍棒教训。有一次，因蒋介石屡教不改，王采玉把他关在房里，痛加鞭挞。蒋介石一头钻进床底下不出来。此时恰逢邻居来找蒋母，蒋介石即趁母开门之际，溜之大吉，蒋母追到街上，抓不住他，气得号啕大哭。

蒋介石十五岁时奉母命与岩头村的毛福梅成亲。在婚礼上，他与新娘并立在祖堂里行拜堂礼，行礼后，他将新郎的红缨帽掷于地上，奔向室外，与一群看热闹的村童抢着放爆竹，满堂宾客被他弄得啼笑皆非。后来，蒋介石在《先妣王太夫人事略》中也直言不讳地说："中正幼多疾病，且常危笃，及愈则又嬉戏跳跃，凡水火刀枪之伤，遭害非一，以此倍增慈母之劳。及六岁就学，顽劣益甚，而先妣训迪不倦，或夏楚频施，不稍姑息。"

蒋介石五岁时，家里为他请了一位塾师叫任介眉，开始接受启蒙教育。两年后，在溪口镇蒋谨藩所设的私塾馆里读书三年半。所读书目为《大学》《中庸》《论语》《孟子》《礼记》《孝经》《春秋》《左传》等。随着父亲的去世，家境日渐困难，母亲仍不叫蒋介石参加劳动，在他十二岁时，送他到离溪口一百华里远的嵊县葛溪村外祖父家中，就学于一个叫姚宗元的塾师。在那里，读了《尚书》。十三岁时，蒋介石又赴榆林村师从毛凤美读《易经》，课余，帮助母亲做些护理竹林和喂蚕的劳动。十四岁时,蒋又转至竺景崧开设的皇甫氏家馆,习作策语。十六岁时,也就是蒋介石结婚后的第二年,他转入岳父家的岩头村,就学于毛思诚开设的私塾馆,随毛思诚温习《左传》、圈点《纲鉴》。在这十年中,蒋介石接受了颇为全面的传统文化教育。

1903 年,蒋介石十六岁,入奉化县城的凤麓学堂接受新式教育。该校有英语、算术等课程,仍很注重经史旧学。一些学生不满校方的守旧倾向,蒋介石被推为代表,与校方交涉"改革教育"事宜。这次活动,蒋介石因"情态激烈",差点被校方开除。

1905 年,蒋介石又转到宁波城里的箭金学堂读书。校中有一位顾清廉先生,对他影响很大。顾先生借给他《孙子兵法》,鼓励他学习兵法和曾国藩的书,向他讲述日本明治维新由弱而强的历史,建议他出洋留学。从此,蒋介石立志习武,并决心去日本留学。1906 年 1 月,蒋介石转回奉化龙津学堂学日文,写信给母亲,表示决心出洋留学。母亲虽不忍孤儿远离膝下,但见儿子心意已定,遂助其凑足费用,东渡日本。蒋介石后来写道:"中正幼性顽钝,弗受绳尺,又出身孤弱,动遭挤摈。及年稍长,立志出国学习军旅,邻里哗异,辄相泥阻,其力排群议,拮据筹维,以成其学者,吾母也。"(《报国与思亲》,载《蒋介石全集》,贝华主编,文化编辑馆编辑。)

1906 年,蒋介石第一次去日本,因日本军事院校拒绝接受自费学生,只好学了半年日语回国。随后,他就进了清政府陆军部在保定创立的"全国陆军速成武备学堂"(保定军校前身)。这是清政府设立的第一所新式军官学校,从欧美、日本聘请教官任教,并每年向各国选派留学生。蒋介石抱着找机会去日本的目的,考入了这所军校。第二年的冬天,他果然如愿以偿,考取了去日本军校留学的保送生。

蒋介石接到留日录取通知书时,已是学校放寒假的时候,他决定不回家过年并与家人告别了,直接从保定启程出国。与他同船东渡日本,并在日后成为挚友的张群回忆说:"共计送往日本留学者六十名,同往大连乘船前往神户,换乘火车到东京,进入振武学校。这个学校可以说是日本政府专为中国派遣留日军事学生而设立的陆军预备学校。在这里受训三年，毕业后，再以见习官身份，按兵科分发各联队见习。当时由福岛安正中将担任中国学生监理委员长，木村宣明中校为学生监，野村岩藏为舍监。我们在振武学校毕业后，以士官候补生资格，按各人志愿分发各师团见习。我和蒋公分发新泻高田第十三师团野炮第十九联队。"（《我与日本七十年》，台湾中日关系研究会出版。）

蒋介石后来在 1944 年 1 月 10 日 "对从军学生训话" 中讲述了他这一段留日经历："我在十九岁的时候，是在本县的龙津中学肄业的。因为当时痛愤乡里土豪劣绅的横行，目击我们国家遭受帝国主义者的压迫，尤其是那时看到日本以一个弱小的国家，能够奋发图强，战败帝俄，予我精神上最大的刺激。所以我在龙津中学肄业不到半年，就请求家母准许我到日本学军事，来尽到我国民一分子的义务，来促成我们国家的雪耻自强。我就在这一年的夏季，到了日本，就想进日本的军队。但当时日本的规定，中国学生要入日本军队受训，必须由中国陆军部保送，否则概不收容，我既非政府保送，自然不能入伍。因此我只在日本留学一年就回国了。到了第二年，陆军部要在保定创立通国陆军速成学堂，在各省分别招考，规定每省考选四十名，而浙江省的四十名，大多数的名额已由武备学堂与弁目学堂等处保送了，所留余额只有十四名，全省青年千余人在杭州报名投考，我就是在这十四名额内考取的一个学生。于是我在二十岁的夏季，就进了保定通国陆军速成学堂。但是我的目的仍是要东渡日本，去学它的陆军。因为在保定这个军校，才有机会可以希望保送到日本去学习陆军。果然到了这一年的冬季，我就得到一个机会参加留学考试，当时取录的连我一共四十人——现在四川的张主席亦在其内——我们都被保送到振武学校，这时我已经二十一岁了。振武学校是日本陆军预备学校。在振武学校学习了三年，毕业就进了日本的高田野炮兵联队，最初是当二等兵，后来升了上等兵，称为士官候补生。这一年我正是二十五岁，就是辛亥革命的一年。"（《蒋"总统"集》第二册，第 1477 页，台湾"国防研究院"印。）

振武学校的课程，军事方面分学科和术科两类，共计八百八十小时，其余时间学习日本语文、史地、数学、理化、博物和图画等课程。军事课程主要为徒手教练、部队教练、测量及战术等。

在振武学校期间，蒋介石经陈其美的介绍，加入了孙中山的同盟会，参加了一些同盟会会员的集会活动，阅读了不少革命书籍，增进了爱国的民族主义思想。留学期间，他曾给表兄单维则寄过一张照片，上面写了一首七言绝句："腾腾杀气满全球，力不如人万事休！光我神州完我责，东来志岂在封侯！"

1910 年 12 月，蒋介石与振武学校十六名毕业生一起，被编入第十三野战炮兵师团第十九联队服役。这个联队当时驻扎在北海道。年轻的蒋介石亲眼看见了日本军人如何像无声的机器一样，毫无怨言地执行长官的命令，并且始终保持着随时准备为天皇捐躯的狂热情绪。他敬慕那些在检阅部队时坐在显赫位置上的将校军官，并由此产生了对权力的热烈向往与渴望。他断然认为，日本军队的威力在于有绝对服从的纪律和高昂的士气。因此，在此后这一直是他治军带兵的主要原则。

1911 年 10 月，辛亥革命爆发了。蒋介石收到陈其美招他回国的电报，欣然应命，向师团请了四十八小时假，遂与张群等人到同盟会支部换了便服，于 10 月 30 日回到了上海。蒋在回忆这段历史时，总掩饰不住自己踏上仕途第一步的喜悦心情："我感到，我们军人报效祖国的时候到了，所以我立即返回中国参加革命。这的确是我的革命生涯的开始。当时我尽力去完成少年时代给自己提出的任务。为了接受军事教育，我的青年时代克服了各种困难和障碍。在回忆往事时，我相信，这给了我极大的欢乐。"（古屋《蒋介石的生平与时代》第 23 页，纽约 1987 年英文版。）

宋美龄出生在一个笃信基督、生活富裕的买办商人家庭。父亲宋耀如，洋名宋查理，出生在海南，早年离家赴美谋生、求学，成为一个虔诚的基督徒。1881 年，宋查理在一封给他父亲的信中写道：

亲爱的父亲：

　　我写这封信是要让你知道我现在在哪里。我 1878 年离开了伯伯，来到美国，我幸运地发现基督是我们的救世主。上帝为了基督在路上见了面。现在达勒姆主日学校和圣三一学校正在帮助我，我正加紧读书，以便能回到中国，向你叙说达勒姆朋友们的厚道和上帝的恩惠。上帝派他亲生的儿子到尘世来替所有有罪的人赎罪。我是一个罪人，但由于上帝的恩惠而得救了。我记得小时候你带我到一所大庙拜木头菩萨。父亲啊，拜木头菩萨是没有什么好处的。你就是拜一辈子也不会有一星半点的好处。过去，人们对基督毫无所知。但是现在我已经找到了一位救世主，不管我走到哪里，他都来安慰我。请你洗耳聆听，你就能听到神灵在说话。请你抬头向上看，你就能看到上帝的神光。

　　我信赖上帝，希望凭上帝的意志再次在这个世界上看到你。接到我的信请马上回信，我将很高兴听到你的情况。请把我的爱转达给母亲、哥哥和姐姐妹妹以及你自己。我以后再写信的时候会告诉你们更多的情况。父亲再见，请把信寄到北卡罗来纳州圣三一学院。

你的儿子

查理·琼斯·宋上

1881 年 6 月 25 日

　　从这封信中，我们可以看到年轻的宋查理在美国受到的基督教影响十分深刻，简直沉湎其中。这种信仰使他对中国传统的宗教仪式嗤之以鼻。

　　这位在宗教观念上完全西方化了的宋查理，于 1886 年回到上海，服务于美国人主办的南方卫理公会布道团。第二年，在他的两位美国留学同学的介绍下，宋查理与倪桂珍结为夫妻。倪桂珍出生于中国古老的基督教家庭，她的母亲姓徐，是明末大学士徐光启的后代，上海的徐家汇便是因徐家居住于此而得名。其时，倪桂珍的父亲是上海有名的富商，膝下三女统统嫁给了留学美国的基督教青年，大女婿、二女婿便是为宋查理介绍对象的留美同学。

这桩婚事为宋查理铺就了从事商业活动的宽广道路。婚后第二年，宋查理离开了传教生涯，投身于实业界，先代办进口、安装国外的机械，后来创办了上海美华印书馆，很快便成了上海小有名气的出版商和实业家。1894年，宋查理与孙中山结识，并成为孙的密友。宋家子女在追悼父亲的一篇文章中说：

"在那时，我们的父亲是上海的居民，南方卫理教派的牧师，同时插足工商业。他不断帮助孙先生推展他的革命事业，对此，简直是不分昼夜的。我们的母亲照料家中的事务，让一切的收支平衡，对每一份从食物或衣料中节省得来的钱，她也捐献给革命运动，她帮助穷人，同时也是学校和教堂的赞助者。虽然我们的父母尚不是最好最完美的，但即使在非常艰困的时期仍给我们一个快乐而舒适的生活。"

1897年，宋家的第三个女儿宋美龄出生时，宋家已是上海有名的富裕人家了。宋查理夫妇共生育了三女三男，长女蔼龄，二女庆龄，长子子文，三女美龄，次子子良，最小的儿子子安。美龄的童年生活大约是快乐而满足的。据她自己说："在我还是个小女生的时候，我是这么的胖，以致我的一个怪脾气的叔叔给我取了个绰号叫'小灯笼'。在冬天，母亲替我穿上厚棉袄，我整个人就填塞在衣服里。我记得当我三四岁大的时候，每走两三步就会跌倒，因为衣服太厚太笨重，但也是因为胖身材和衣服对我来说，负担太重了，不过我记得没有这样严重的跌伤吧！我在头上扎了两个小辫子，然后用红线绑起来，卷成一个小圆圈。那个发式在当时非常流行，叫作蟹洞，许多小女生的头发都扎成这个样子。起初，我母亲把我打扮成小女生的样子。但是后来，我稍长大一些，一切行为举止愈来愈像顽皮的小男生，所以母亲就把我哥哥的衣服拿来给我穿，但因为哥哥长得太快了，每三四个月就得换新的衣服，所以我从哥哥那儿拿来的衣服穿也穿不完。"

宋查理夫妇十分重视子女的教育。他们认为中国传统的教育方式压抑孩子的个性，是陈腐的教育，而且中国的大多数家庭还不能全心全意地培养子女，而他们要做出一个榜样来。孩子们幼年时，就开始接受中英文训练。1898年，宋查理与长女蔼龄一起编印了一份《上海儿童报》。这是一份英文打字小报。文章由家里的孩子们自己撰写，打字的工作先由父亲来做，孩子们学会以后，就由孩子们自己做。报纸印刷后，再由孩子们自己去卖报。宋家有一面墙壁专门张贴孩子们创作的绘画和毛笔字作品，以及孩子们用中英文写作的文章。每当家里来了熟悉的朋友，孩子们就要出来与壁报的"读者"见面，并且向客人讲解自己的构思。在父亲的培养下，宋家的孩子个个思维敏捷、口才犀利。

在宋查理的眼中，美国教育是世界上最好的教育模式，因此，孩子们在十几岁的时候便一个一个被送到美国求学去了。

1907年，宋美龄与姐姐庆龄一同去美国求学时，才十岁。四年前，十四岁的大姐蔼龄已在美国学习了。宋美龄来到美国后，因为年纪小，先在萨米特念书，后到佐治亚州德莫雷斯特念书，随后又到二姐庆龄就读的威斯里安学院当了三年"旁听生"。1912年，美龄才成为威斯里安学院的正式学生。1913年，她又转入马萨诸塞州的威尔斯利学院学习。因为大姐蔼龄和二姐庆龄已于1910年和1913年分别学成回国，而威尔斯利学院离大哥子文就学的哈佛大学比较近些。

宋美龄在威尔斯利学院学习了整整四年，主修英国文学，兼修哲学，选修法语、音乐、天文学、历史学、植物学、英文写作、圣经史和讲演术，还在佛蒙特大学选修过教育学。经过四年的学习，美龄以优异的成绩毕业，并获得了学校颁发的最高奖"杜兰特奖"。

1938年2月，威尔斯利校刊上有一篇关于宋美龄早年在该校学习的报道。这篇报道说："美龄是个出色的学生，主修英国文学，副修哲学。据说她最喜爱的是亚瑟王罗曼史中的那些强烈的冲突与矛盾。……她的运动量不多，不过蛮喜欢游泳和网球。她的英文说、写流利，是地道的美国南方风格。她的同学们多认为她是个时而快活爽朗时而严肃忧郁的人，情绪的变化很大。不过，倒是个彻底的个人主义者。"

威尔斯利学院的一份关于宋美龄的备忘录中写道:"大家都喜欢她,把她看作我们的当然成员,完全忘记了她是一个外国人。当然,她受到人们那么多的称赞,不是因为她像两位姐姐一样漂亮,而是因为她热情、真诚,有一种内在的力量。她显然喜欢交际,而且相当爱出风头,但她总保持那么一点距离观望着我们,时而怀疑挑剔,时而乐意赞同,觉得自己多少有点外国人的味道。"

在美国求学的十年,对宋美龄的人生有着决定性的塑造。她在那里学会了流利的英语,受到了比较全面的西方文化教育,从思维习惯到生活方式都已"全盘西化"了。她自己也说,在美国"只有我的脸像个东方人"。这个十年奠定了宋美龄一生崇美、亲美的思想基础。

回到中国以后的宋美龄,一度对环境颇不适应。她的父母要求她进一步学习中国文化。她后来回忆说:"余系幼年来美十载后,毕业大学,始返祖国。时余正年富力强,切盼对国家有所贡献。不意余父母坚持余既离国甚久,应先研究中国历史与文学,谓若不更进一步,通晓中国之历史文化,将不能明了中国各问题之错综复杂,且不论余愿致力于任何事业,或盼作任何贡献,势将因不能认识中国社会之基本组织与需要,此致徒劳无功。"

于是,宋美龄开始学习汉语。在一位中文老学究的帮助下,宋美龄认真学习了中国古典文学以及中文写作技巧。同时,她还积极参与当时的社会活动,加入了基督教女青年会,成为全国电影审查委员会和童工委员会的成员,经常出入上海社交界的各种聚会,很快就成为上流社会令人瞩目的名人。可是,她对婚姻问题却显得十分矜持。据说,她在美国留学时就与留美学生刘纪文订有婚约。回国后,她也确实拒绝了许多世家子弟、巨商富贾的求爱示好。及至1927年与蒋介石结婚时,她已过三十岁,在当时也算是大龄未婚女了。

1918年5月,宋查理病逝。宋家子女哀痛万分。宋美龄与两位姐姐一起守护在父亲的病榻旁并与父亲最后诀别。料理完父亲的丧事以后,两位已婚的姐姐立即各奔东西。庆龄去广州随其丈夫孙中山从事革命活动,蔼龄则随丈夫孔祥熙到山西营商,只有美龄陪伴着母亲在上海生活。

从"一见钟情"到政治联姻

蒋介石第一次邂逅宋美龄是在 1922 年 12 月初。蒋介石参加了在上海孙中山寓所举行的一个基督教晚会。在这个晚会上，他见到了温文尔雅、风姿绰约的宋美龄。当时，宋美龄是晚会的中心人物，她出色的容貌、不俗的谈吐、高雅的举止，赢得了到场众多男士的青睐。蒋介石的内心震动十分强烈，以至于尽管他已有一妻二妾却仍然立即兴起了娶宋美龄为妻的念头。当然，我们决不能忽视，他在仰慕宋美龄才貌的同时，肯定也看到了宋美龄身后的金钱、荣誉、地位和优越社会关系的完美组合。

晚会后不久，蒋介石奉召到广州办事，便立即向孙中山透露了想娶宋美龄为妻的念头。结果，当孙中山就此事征求宋庆龄的意见时，遭到庆龄的强烈反对。庆龄对于蒋介石的婚姻状况、为人作风以及贪婪之心都有很大的反感。

开始的挫折并没有使蒋介石灰心失望。他着手一个一个解决蒋宋联姻道路上的障碍。蒋介石和宋美龄两人对于权力的共同渴望和追求，使他们最终能够走到一起。

经过五年不懈的追求，至 1927 年 8 月蒋介石第一次下野，他才将蒋宋联姻之事付诸实施。其时，他知道自己已经获得了宋美龄本人和大姐蔼龄的明显好感。

1927 年 7 月，汪精卫继蒋介石叛变后，也在武汉叛变，实行"分共"政策，但同时，他又与蒋介石继续争斗，以国民党中央的正统自居，指责蒋介石的专制独裁已同军阀没有区别。为此，汪精卫的武汉政府发出了"东征讨蒋"的命令，东征部队以唐生智部为主力，沿长江以北向南京发起进攻。面对武汉方面的军事进攻，南京方面也不示弱，蒋介石命令李宗仁部第七军溯江而上，过芜湖，向江西方面挺进，与汉方军队对阵。

就在宁汉双方处于对峙状态之时，北洋军阀孙传芳、张宗昌的军队却乘机在济南举兵反攻徐州，击败防守徐州的王天培第十军，于 7 月 24 日攻占了徐州。徐州是军事上的战略要地，扼津浦陇海铁路咽喉，乃兵家必争之地。蒋介石于 7 月 25 日亲率第一军一部前往蚌埠部署作战，调集大军反攻徐州，结果惨败。

徐州战败后，蒋介石逃到南京，孙军乘胜追至长江北岸，进一步威逼南京，形势急迫比之徐州失守更有过之。蒋介石既羞且愤，将徐州失守之过，全部推到第十军军长王天培身上，不经过军法审判，也不宣布罪状，竟将王天培枪毙。

蒋介石原本想用徐州作战的胜利，来缓解当时内部和外部的压力。但作战失败的结果，使他的处境更加不妙。国民党军的一些高级将领不仅怨蒋无能，而且对蒋杀王天培以泄愤深为不满，要求蒋介石下野的呼声随之而起。

在各方压力之下，蒋介石不得已在 1927 年 8 月 12 日宣布下野。

下野后，蒋介石一天也没有闲着，他很快给宋美龄写了一封情意颇浓的求爱信。信中说：

"余今无意政治活动。唯念生平倾慕之人，厥唯女士。前在粤时，曾使人向令兄姊处示意，均未得要领。当时或因政治关系。顾余今退而为山野之人矣，举世所弃，万念灰绝，曩日之百对战疆，叱咤自喜，迄今思之，所谓功业宛如梦幻。独对女士才华容德，恋恋终不能忘。但不知此举世所弃之下野武人，女士视之，谓如何耳？"

看来，这封信还是打动了宋美龄的芳心。同时，宋美龄也自然看好蒋介石的远大前程。

不久，蒋介石在与《字林西报》记者谈话时，直接披露了他要与宋美龄结婚的打算，他说："五年前，余在广州，寓于孙总理处，以是获见宋女士。以为欲求伴侣，当在是人矣。其时宋女士尚漠然。嗣后时与女士通函，力电前请，近来女士已允，唯尚须得其家属许可。倘诸事顺遂，当在上海结婚，然后游历国外一年。"

蒋介石要与宋美龄结婚的消息传出以后，自然各方议论蜂起，其议论的焦点，在于蒋介石如何处置他的原配夫人，以及两位曾经与他同居的女士姚冶诚和陈洁如。

于是，蒋介石又不得不在 9 月 28 日特地在上海《民国日报》上发表了一篇《家事启事》，向各方舆论解释说："各同志对于中正家事，多有来书质疑者。因未及遍复，特奉告如下：民国十年，原配毛氏与中正正式离婚。其他二氏，本无婚约，现已与中正脱离关系。现在除家有二子外，并无妻女。唯恐传闻失实，易资淆惑，遄此奉复。"

9 月 29 日，蒋介石即动身前往日本，向在那里养病的宋太夫人提亲。10月 3 日，蒋介石到达宋太夫人下榻的神户有马温泉大旅店，蒋介石不仅向宋太夫人表白了自己的婚姻状况，而且表示可以考虑接受基督教，加上宋美龄的"里应外合"，宋太夫人终于同意了这门亲事。

据说，蒋介石在获得宋太夫人同意婚事后，高兴极了。1964 年发行的《有马案内（导游）》记载有中川龙夫所作《蒋介石"总统"逸事之地》一文说："有马大旅店的经营者增田卯三之助的太太千代子捧着下午茶走进去，刚从隔壁宋太夫人房间回来的蒋'总统'，显露出平常所没有的兴奋神情说：'老板娘，成功了！成功了！婚约成功了！哦！对了！给你写字吧！来！来！马上替我磨墨。'好像等不及把墨磨好，就乘兴挥毫了。"又据曾任有马温泉观光协会会长的乡土历史学家风早恂提到："蒋'总统'于获得同意结婚之后，便于第三天——5 日在该旅社十八号房间将致送宋美龄女士的订婚戒指面交宋太夫人。"

1927 年 12 月 1 日，蒋介石与宋美龄在上海结婚。婚礼分两次进行，一次是基督教式，一次是中国传统式。这是一场盛况空前的显赫婚礼。1927 年12 月 2 日《上海时报》报道了蒋宋二人的中国传统式婚礼。报道说："这是近年来的一次辉煌盛举，也是中国人的一个显赫的结婚典礼。昨天下午举行婚礼时，大华饭店的舞厅里足足有 1300 人。当蒋中正总司令同男傧相一起出场时，桌边的椅子上坐满了人，还有许多人站着，鼓掌欢迎这位军事领袖。"婚礼由前北京大学校长、南京政府教育部长蔡元培先生主持。《字林西报》对新娘作了报道："新娘穿着一件漂亮的银色旗袍，白色的乔其纱用一小枝橙黄色的花别着，轻轻地斜披在身上，看上去非常迷人。她那美丽的挑花透孔面纱上，还戴着一个由橙黄色花蕾编成的小花冠。饰以银线的白色软缎拖裙从她的肩上垂下来，再配上那件长而飘垂的轻纱。她穿着银白色的鞋和长袜，捧着一束用白色和银色缎带系着的淡红色麝香石竹花和棕榈叶子。"由此可见，蒋宋婚礼是豪华而铺张的。

蒋介石在结婚的当天兴奋不已，写下了一篇《结婚感言》发表在报纸上。他在这篇奇文中宣布："余奔走革命以来，常于积极进行之中，忽萌消极退隐之念。昔日前辈领袖问余，汝何日终能专心致志于革命？其他厚爱余之同志，就常讨论——如何而能使介石安心尽革命之责任？凡此疑问，本易解答，唯当时不能明言，至今日乃有圆满之答案。余今日得与最敬最爱之宋美龄女士结婚，实为余有生以来最愉快之一日。余确信余今日与宋女士结婚以后，余之革命工作必有所进步。余所安心尽革命之责任，即自今日始也。"蒋介石又说："余平生研究人生哲学及社会问题，深信人生无美满之婚姻，则做人一切皆无意义。社会无安乐之家庭，则民族根本无从进步，……家庭为社会之基础，欲改造中国之社会，应先改造中国之家庭。"这篇文章的最后谈到："我们的结婚，可以给中国旧社会以影响，同时又给新社会以贡献。"

蒋介石与宋美龄的婚礼办得轰轰烈烈，中外报纸都作了详细报道。有的报纸则根据蒋介石自己写的这篇感言，加以延伸说：蒋氏申述他以前的革命是假的，今日与宋女士结婚以后，才是真正开始革命工作云云。

当时，对蒋深怀不满的桂系将领李宗仁正在从武汉乘轮船返沪的途中，读到报纸上的话，心里十分不快，对随从将领们说："我们革命军全体将士在蒋总司令领导之下，打了一年多的仗，死伤数万人，难道都为'假革命'而牺牲？我们此后再追随蒋总司令，冒锋镝矢，去'真革命'，也岂视一女子为转移？"蒋介石上台后，李宗仁又在桂系的一次高级将领会议上说："我第七军将士已为蒋介石的'假革命'死伤数万人。现在要坐下来看看蒋介石是不是带我们去'真革命'。"此话传出去以后，蒋介石"结一次婚，革一次命"的戏谈，遂不胫而走。

蒋宋联姻所引起的中外议论，多以分析这场婚姻的政治价值为主。

《大公报》创始人之一胡霖在谈话中评论说："蒋的婚姻是一次精心预谋的政治行动。他希望通过成为孙中山夫人（宋庆龄）和宋子文的妹夫来赢得他们。那时，蒋也开始考虑寻求西方的支持。如果美龄成为他的妻子，他便在与西方人打交道时有了'嘴巴和耳朵'。此外，他一直十分欣赏子文在财政方面的才干。但是，如果说蒋没有爱上美龄，那是不公平的。蒋显然把自己视为一名英雄，而在中国历史上自古都有英雄爱美人。出于政治上的考虑，蒋可以做任何事情。在当时的情形下，娶一位新妻子对蒋来说是非常合理的。"

海伦·福斯特·斯诺在她的《近代中国妇女》一书中说："1927 年 12 月，蒋中正同宋美龄结婚，此中意义比卫理公会派的教义还要多。这次结婚，是他人生的一段理想，这使他充分如愿以偿。漂亮的、穿着讲究的、受过美国教育的宋美龄，与蒋中正那个中层社会的现实性格，开创人生另一段旅程，殊具启示。

"显然，这门婚姻是在蒋中正、洋化华人和洋人之间沟通联络的一条渠道。在某种意义上说，宋美龄是中国旧传统的一个人质，是家族利益与政治利益之间维持信义的一项保证。但蒋中正是一神气十足、仪表堂堂的军官，他个性强悍，雄心勃勃，他们两人没有理由不能成为一对恩爱的夫妻。"

蒋宋联姻，是蒋介石针对当时的政治困境实行"以退为进"策略中积极的一步。

蒋介石之下野，促成了宁汉两方的合流。在李宗仁、何应钦的邀请下，武汉政府发表声明，宣布迁都南京，但双方仍然讨价还价，都想以自己为主组成国民党中央。最后，由谭延闿、孙科提议，双方合为一体，成立国民党中央特别委员会，行使中央职权。

1927 年 9 月 15 日，国民党中央特别委员会成立，由上海、南京和武汉三地的代表选举三十二人为特委会委员。随后，由特委会决定重新组成国民政府，以谭延闿、胡汉民、蔡元培、李烈钧、汪精卫、于右任等人任常务委员。

在这个新成立的特委会和国民政府中，汪精卫派不占多数，大权掌握在南京桂系的手中。并且，武汉方面的汪精卫不仅没有当上"正统"领袖，而且在宁、沪两方国民党势力的联合压力下，以"防共过于迟缓，自请处分"，通电下野。

于是，汪精卫怀着极端不满的情绪回到武汉，联合唐生智，成立了武汉政治分会，与南京的特委会对峙。桂系以特委会名义，发兵讨唐，唐生智军被桂系击败，李宗仁军占领武汉，唐生智逃往日本。

武汉政治分会被桂系击垮后，汪精卫不甘失败，又跑到广州拉拢张发奎，成立了广州国民党中央，又弄出一个宁粤对峙的局面。

桂系虽然击败了唐生智，但自身也产生了许多问题。李宗仁、白崇禧原想借助蒋介石下野的机会，独揽大权，可是，南京国民政府的党政班底，仍然是蒋介石的旧班底，他们对于桂系的指挥或者置之不理，或者阳奉阴违。加之，蒋介石实际上暗中控制着南京政府的经济命脉，使桂系的军饷无从着落。所以，桂系在南京的统治没过多久，就走入困境，陷入左右为难的动摇之中。

蒋介石静观时局，审时度势，认为出山的时机已到，可以坐收渔人之利了。1927年11月10日，他从日本回到上海，他对桂系势力把持中央政权，权力迅速膨胀深感不安。于是，第一步就定下了联汪反桂的策略。蒋介石在到达上海的当天，就致电汪精卫，约汪赴沪商谈党务，并冠冕堂皇地宣称：欲使国民党恢复完整，非互相谅解，从速恢复中央执行委员会不可。汪精卫见蒋介石不计前嫌，如此看重自己，遂立即响应蒋之号召，启程赶赴上海。

桂系害怕蒋汪联合起来共同对付自己，遂也采取缓和政策，建议宁、粤、蒋三方在上海举行国民党二届四中全会的预备会议。

在预备会议上，汪精卫为了摆脱自己在国民党内的不利地位，抢先提出请蒋介石复职。此时处于孤立境地的桂系首领李宗仁、白崇禧等也急于改变尴尬处境，随声附和，要蒋复职。对蒋介石更有利的是，此时，阎锡山、冯玉祥在张作霖的猛烈攻击下，极欲与南方国民革命军协力北伐，希望由蒋介石出面统一南方军事力量，从速进行北伐，因而，他们也一致通电吁请蒋介石复职。

在要求蒋介石复职的一片呼声中，蒋介石终于达到了自己预定的政治目标。接着，他又利用共产党人的广州起义，攻击汪精卫与共产党联合搞暴动，逼使汪精卫出走法国，去掉了一个竞争最高权力的对手。为了进一步扫除进入国民党权力中心的障碍，蒋介石还设计气走了国民党元老胡汉民。

1928 年 2 月召开的国民党二届四中全会，终于使蒋介石如愿以偿。会议选举蒋介石为国民党军事委员会主席、国民革命军总司令、国民党中央执行委员会常委兼组织部长、中央政治会议主席。就这样，蒋介石又一次将国民党的党政军大权抓到了自己的手中。这真是蒋介石"结一次婚"以后所获得的最大成果。

由亲日、联苏走向亲美

蒋宋联姻更积极的一步，就是蒋介石把自己的政治赌本押在了美国一方。

中国近代以来的各派军阀势力，背后无不有帝国主义的操纵和支持。蒋介石通过宋家与美国的特殊联系，从倾向日本转而投靠美国，为他以后在对付各种政治对手的斗争中找到了后盾。随着美国在国际事务中作用和地位的增强，投靠美国也为蒋介石在中国政治舞台上称霸一时，创造了有利条件。

蒋介石因在青年时代留学日本，故而在军事和政治方面对于日本的情形比较熟悉，也有意在黄埔军校的建设中模仿日本军校的军事训练方法。应该说，蒋介石在与宋美龄结婚前，对美国并无特殊的好感，甚至还有些敌意。1926 年 1 月 7 日，蒋介石曾在接见美国新闻记者时，"痛诋美国外交政策之错误及基督教之虚伪"。（参见《蒋介石年谱》第 103 页，中共党史出版社 1995 年版。）就在他赴日本向宋美龄求婚之时，他还表示了学习日本的愿望。1927 年 9 月 29 日，蒋介石抵达日本长崎后发表谈话说："余此次来日，乃欲观察及研究十三年以来进步足以惊人之日本，以定未来之计划。且余之友人居日者甚多，欲乘此机会重温旧好，并愿借此与日本名流晋接。"（《蒋介石年谱》第 159 页，中共党史出版社 1995 年版。）

然而，这一次蒋介石在求婚之时，不仅向宋家应允研究《圣经》，考虑加入基督教，而且对日本的印象也大坏。

自然，求婚之时蒋介石所说的下野之人不问政治等语，都不过是掩人耳目的东西。他在日本仍然安排了很多会见日本政要人物的活动。他想借此机会寻求日本外交方面的支持，同时也了解日本对于中国革命的态度。其中，以他会见日本首相田中义一最为引人注目。

11 月 5 日下午，蒋介石与田中会谈了近两小时。

蒋介石说："中日两国将来之关系，可谓决定东亚前途之祸福，阁下以为如何？"

田中答道："愿先闻阁下来日之抱负。"

蒋介石说："余之意有三：第一，中日必须精诚合作，以真正平等为基点，方能共存共荣；此则须视日本以后对华政策之改善，不可再以腐败军阀为对象，应以求自由平等之国民党为对象。换言之，不可在中国制造奴隶，应择有志爱国者为朋友。必如此，中日乃能真正携手合作。第二，中国国民革命军，以后必将继续北伐，完成其革命统一之使命，希望日本政府不加干涉，且有以助之。第三，日本对中国之政策，必须放弃武力，而以经济为合作之张本。余此次来贵国，对于中日两国合作政策，甚愿与阁下交换意见，且希望获得一结果，希望以友朋敬之。"

田中避开正面回答蒋介石的问题，独独对于国民党军还要继续北伐的问题不以为然。他说："阁下盍以南京为目标，统一长江为宗旨，何以要急急北伐呢？"

蒋介石说："中国革命志在统一全国。太平天国之覆辙，其可再蹈乎？故非从速完成北伐不可。且中国如不能统一，则东亚不能安定，此为中国之大患，而非日本之福利也。"

听了蒋介石统一中国的高论，田中竟露出不悦的神情。固然，日本帝国主义本是北洋军阀的靠山，为了削弱中国，从中渔利，日本政府决不希望看到中国的统一和强大，对于蒋介石的北伐计划，当然也就不会表示欣赏了。

田中顿了顿，接着说："为了先要使长江以南的基础巩固下来，似可以不必急于北伐，而专心于南方统一，如何？"

蒋介石答道："如果不继续北伐，则南方反而会有发生祸乱之虞。"

田中在与蒋介石的谈话中，还直言不讳地说他支持奉系军阀中的总参议杨宇霆，对于张作霖则不太感兴趣了。最后，他们终于在反共的问题上找到了共同点，都一致发泄了对于共产党的强烈仇恨。

蒋介石在与田中会谈后感到，日本不会支持中国的统一，对于国民革命军的继续北伐，一定会采取干涉阻挠的立场。因此，他在当天的日记中写道："综核今日与田中谈话之结果，可断言其毫无诚意。中日亦决无合作之可能；且知其必不许我革命成功；而其后必将妨碍我革命军北伐之行动，以阻止中国之统一，更灼然可见矣！"他还说："余此行之结果，可于此决其为失败。……余虽不能转移日侵华之传统政策，然固已窥见其政策之一斑，此与余固无损也！"（《蒋"总统"秘录》六，第228－229页，1976年台北版。）

通过这次对于日本官方态度的了解，蒋介石定下了尽快进行第二次北伐的决心，这也就定下了尽快结束在野的身份，重新进入中国政治决策层的决心。只有尽速实现中国的统一，才能避免日本势力更深的介入。同时，他也在重新考虑自己的外国靠山问题了。

其时，对于蒋介石来说，除了亲日，还有一个联苏的问题。在蒋介石追随孙中山实行联俄联共政策时，也曾一度表示赞成孙中山的联苏政策，但其内心深处是反苏反共的，并且在许多情况下，对于孙中山的三大政策采取了阳奉阴违的策略。

1923年1月，孙中山与苏俄代表越飞发表《孙文越飞宣言》。宣言充分表示了苏俄对中国革命的支持和对孙中山的友谊，也表明了孙中山开始放弃对帝国主义的幻想，积极地寻求国际革命力量的援助。这个宣言加强了中俄两国革命者之间的联系，推动了国内的国共合作。

为了进一步学习俄国革命经验，加强联俄国际统一战线，1923年8月，孙中山任命蒋介石为孙逸仙博士代表团团长，赴苏访问。蒋介石的具体任务是，与苏联领导人讨论军事政治问题，达成关于苏联政府帮助中国建立武装力量的协议。代表团成员还有沈定一、张太雷、王登云等。

蒋介石在苏联待了三个月，访问了莫斯科和彼得格勒（列宁格勒），当时列宁重病在床，未能见到。但他见到了共产国际领导人季诺维也夫和维经斯基，参加了共产国际的会议。

他重点考察了苏联红军组织与军事学院。在参观苏军步兵团时，观察到苏军领导体制的基本特点，即团长专任军事指挥，党代表负责监督行政事务和政治教育。这一点对蒋介石启发很大，后来在黄埔军校的领导体制中就采取了党代表的制度。他还参观了苏联的高级射击学校和海军大学，对于苏联军队的武器装备、军容风纪赞叹不已。他后来回忆说："军事方面，我们在莫斯科考察红军及其各兵种各级学校与军队党部的组织。我们在彼得格勒，考察海军大学等各级学校，并参观克隆斯达军港及其舰队。我的印象是他在莫斯科的陆军学校和部队，组织严密，军容整齐。"（蒋介石《苏俄在中国》第19页，台湾"中央文物供应社"1956年版。）

蒋介石还考察了苏联的苏维埃制度，得出的结论与他对军队的印象大相径庭。他说："政治方面，我们访问其政府的部会，考察其村苏维埃、市苏维埃，并参加莫斯科苏维埃大会，我参观他各级苏维埃讨论与决议等情形，并与其党政要员谈话之间，无形中察觉其各部分，无论在社会中间，或是俄共中间的斗争，正是公开的与非公开的进行着；而且更认识了苏维埃政治制度乃是专制和恐怖的组织，与我们中国国民党的三民主义的政治制度，是根本不能相容的。关于此点，如我不亲自访俄，决不是在国内时想象所能及的。"（蒋介石《苏俄在中国》第20页，台湾"中央文物供应社"1956年版。）

蒋介石对苏俄的访问产生了两方面的重要影响：一方面他对苏联军事上的强大仰慕不已，决心在中国军队的建立与培养中借鉴苏联人的经验，当然这决不是要把苏联的政治教育内容拿到中国来，而是学习那一套政治教育的治军方法，使得中国也能有一支"组织严密，军容整齐"的军队，并且这支军队又要像日本军队那样听命于他蒋介石个人。另一方面，他通过对苏联党和苏维埃组织的了解，定下了反苏反共的决心。尽管，他回国后对苏联的观感并未获得孙中山的共鸣，并事实上受到了孙中山的批评，他又被迫在各种场合将自己伪装成联俄联共的积极分子，但是，他的反苏反共的思想渊源确在此时就已发端。

对于后一点，他也曾有过更为明确的表白，说："当一九一七年俄国革命之初，我个人是极力赞成共产党的革命的，我认为俄国革命在近代革命历史上辟了一个新纪元。当时如有人攻击俄国革命，我必力与之争；或有人咒诅共产党，我必竭力为之辩护。……当时革命环境恶劣万分，我更觉得中国革命若不改弦更张另辟新路，决不容易成功。于是摆脱一切，决心赴俄，哪晓得到俄考察的结果，令我以前对于共产革命的一切希望，全归泡影。就是考察以后觉得共产党所号召的目的，以共产党的方法，决不能达到，所以俄国共产革命，决不能算是成功；即使退一步说，他们的革命，可算成功，然而决不能适用于中国。所以回国以后，对于共产党加入本党的问题，曾对总理表示异议。这是胡汉民和汪精卫两先生所知道的。我对于苏俄革命的感想，可分两时期：从苏俄革命时起，到我赴俄之时止，为第一时期；赴俄之后，到了现在，为第二时期。第一时期的感想是同情的；第二时期的感想是失望的。感想之所以变迁，乃是实地考察的结果。"（蒋介石《本党国民革命和俄国共产革命的区别》，载《蒋主席名著全集》第 404－405 页，复兴出版社 1937 年增编初版。）

蒋介石回国后，向孙中山提交了一份《游俄报告书》，其要点为：第一，对俄党不应过于相信。"俄党殊无诚意可言"，"俄人之言只有三分可信者"；俄国有侵略满、蒙、回疆和西藏，以至染指中原之意。因之应自立而不依人。第二，建立军校。第三，撤换不称职的高级官吏。第四，在全国建立党的基层组织。

尽管蒋介石在言词之中暗含对于孙中山联俄联共政策的劝阻与反对，但是，孙中山并不以此为然，他的联俄联共思想是坚定而明确的。十月革命的成功深深吸引了孙中山，他看到，"俄国革命之发动迟我国六年，而俄国经一度之革命，即能贯彻他等之主义，且自革命以后，革命政府日趋巩固"，其原因是俄国的党有好的方法、组织及训练，因此，"今日革命非学俄国不可"，"我党今后之革命，非以俄为师，断无成就"。（《孙中山选集》第546页，第948页，中华书局1981年版。）同时，孙中山在总结自己革命失败的基础上，比较清醒地认识到帝国主义列强的本质。他指出："我国革命，向为各国所不乐闻，故尝助反对我者以扑灭吾党。故资本国家，断无表同情于吾党。"只有"俄国及受屈之国家、受屈之人民"，"方才是中国革命真正可靠的朋友"。（《国父全集》第4册，第916页。）1923年12月间，孙中山连续对国民党党员作了三次演说，一再申述他改组国民党与学习俄国的决心。加之，苏联政府所允诺的物资援助，对于处境艰难的孙中山也是极为需要的。因而蒋介石的想法不足以动摇孙中山。

蒋介石毕竟在国民党内羽毛未丰，资历甚浅，要想在联俄联共的问题上与孙中山对着干是不得人心的，也与他在政治上审时度势、等待时机的圆滑作风不协调。因此蒋介石决定小心翼翼地把他反苏反共的思想隐藏起来，利用联俄联共来发展自己的势力，抬高自己的地位。这也就是不久蒋介石就高唱联俄联共赞歌，把自己装扮成孙中山三大政策忠实执行者的真实的思想动因。不过，即便如此，蒋介石从这时开始也对加入国民党内的共产党人采取提防、限制与排挤的政策了，只是这种政策有一个由隐蔽到公开的过程罢了。

1924年5月2日，蒋介石被孙中山特任为黄埔军校校长，兼粤军总司令部参谋长。蒋介石充分利用了这一职务，开始培植自己的嫡系军队，为攀上权力顶峰建构基础。黄埔军校是他走向军事独裁的起点，也是他逐步排挤、清除共产党人的起点。

蒋介石在军校内部对于孙中山的联俄联共政策采取阳奉阴违的两面派手法。在他的许多演讲中，对于俄国革命、俄国党以及俄国军队作了许多"高度的评价"。他说："俄国共产党重在纪律，又是组织严密，他的党员服从党的命令，遵守党的纪律，丝毫不能自由的。他们为什么甘愿牺牲个人的自由呢？因为他们明白主义，都有决心牺牲各个人的自由，来救全人类的自由，所以他们成功就那么快。"（《蒋介石年谱初稿》第 340 页。）在东征攻下潮梅回到广州后，他又在商界联欢会上标榜自己说，我们现在的党军完全是学习俄国的军队那样编制的，这是因为"我到俄国研究赤卫军那样能守纪律，不骚扰人民，完全是为人民做工夫的，和人民大众很相亲相爱的——人民同他们好，那么团结，这样的军有什么打不胜的仗呀！所以我回国之后，就决定了，如果使军队真个能为人民求自由安乐去打仗，真个能为党实行三民主义去打仗，非用俄国赤卫军这种编制不可，故此实行照仿这样方法训练我们的党军。"

蒋介石在黄埔军校唱着联俄联共的高调，实际却干着防共限共的勾当。他的孙文主义学会专与以中共党员为骨干的青年军人联合会作对，后来又同时解散这两个组织，而代之以"黄埔同学会"，自任会长，加强对军校学生的控制。并且，他还利用同学会组织渗透到各军，掌握军中党权。同学会的一切都受到蒋的严格控制，学生们对蒋必须绝对服从。这又为他建立军队中的独裁网络奠定了基础。

孙中山逝世以后，蒋介石在反苏反共的问题上再也不需要掩饰自己了。他公开发动了四一二反革命政变，将与孙中山联合革命的共产党人推入了十年内战的血海之中。

与宋美龄结婚后不久，1927 年 12 月 13 日，蒋介石对上海记者发表时局谈话，提出要变更外交路线，与苏联绝交。他说："各地方有苏俄领事署做共产党的政治机关，又有苏俄远东银行做共产党的金融机关，我以为在革命未成功以前，一定要对俄绝交。"12 月 14 日，国民政府发布对苏联断绝邦交照会。（《蒋介石年谱》第 161 页，中共党史出版社 1995 年版。）蒋介石与苏联断交一事，引起很大的反响。其时正在苏联莫斯科的宋庆龄曾经致电蒋介石，痛斥他的断交举动。电报说："我正准备回国，却获悉你欲与苏俄断交，并要求撤销苏俄领事馆。采取这一步骤，将是自杀行为"；"你要是有一点领导者的远见卓识，倘若你还记得与苏联合作是领袖的临终遗愿，那就该悬崖勒马，使国家免于陷入深渊"。断交之举，必将使你成为"误党误国之罪人！""如果直到最后一刻还不采取废除这种断交的措施，我将留在这里，以抗议你的这个决定"。12 月 18 日，蒋介石致电宋庆龄，敦促其回国，说："对采取与苏俄断交之步骤，我们准备承担全部责任，您的电报和您在俄国继续逗留不可能是自愿的，希回国亲自陈述自己的意见。"23 日，宋庆龄回电："我留在世界革命力量的心脏莫斯科是自愿的，就如同我的访问是一种对国民党领导人的反革命政策的自愿抗议一样。说我似乎是在别人迫使下行事，这完全是诽谤和对我过去所做工作的侮辱。""如果我回国的话，那也只是为了参加工农斗争。孙中山为了工农的幸福斗了四十年，他们现在正受到无耻地打着国民党旗号的残暴的反动派的屠杀。……我将踏着革命者的足迹继续前进，这是缅怀我们领袖的唯一道路，我在这条道路上决不回头。"（《蒋介石年谱》第161 页，中共党史出版社 1995 年版。）与苏联绝交，也意味着蒋介石对孙中山革命事业的背叛，意味着宋家的两姐妹从此走上了两条不同道路。

与日本疏远，与苏联断交，随后，蒋介石便在宋美龄的引导下，一步步向美国靠拢了。在蒋介石对中国共产党领导的红色苏区发动一次次残酷军事"围剿"之时，宋美龄随同前往战区，扮演着一个夫唱妇随的角色，承担着拉拢英美的任务。就在蒋介石为打败共产党而办起庐山军官训练团，准备以"七分政治，三分军事"的战略再次对付苏区红军的时候，宋美龄也在庐山召见了南方各地的一些英美传教士，请他们为蒋介石的政权和"剿共"事业出谋划策。这些传教士向宋美龄指出，蒋介石虽然控制了中国的一些地盘，但是中国的老百姓并未能真正了解蒋政权的作用，他们只把那些关于统一和进步的空谈当作耳边风，因为蒋政权没有将自己获得的利益用之于民。传教士们还指出，如果南京政府想取得外国政府的支持和贷款，蒋介石必须宣布一个明确的社会福利纲领，以便在中国的外国人能有良好的印象，等等。

宋美龄对于传教士们的建议心领神会。她与这些传教士共同拟定了一个在中国推行"新政"的实施细则，同时，为了给外国人以"好印象"，她还推动蒋介石在南方各省着手实施所谓"新生活运动"。蒋介石对于宋美龄言听计从。宋美龄制定的"新政"措施不久便被纳入了国民党四届五中全会的宣言之中，如增筑公路铁道，以便交通；兴复水利农业，以裕生产；改革行政制度，以增效率；废除苛捐杂税，以苏民困，等等。随后，又开始推展其"新生活运动"。

1934年2月19日，蒋介石在南昌行营举行的扩大总理纪念周会上，作了题为《新生活运动之要义》的演讲。他提出"新生活运动"就是提倡"礼义廉耻"的规律生活。接着，他对"礼义廉耻"作了一番似是而非的解释，即"礼是规规矩矩的态度；义是正正当当的行为；廉是清清白白的辨别；耻是切切实实的觉悟"。最后，蒋介石说："我们现在在江西一方面要'剿匪'，一方面更要使江西成为一个复兴民族的基础，要达此目的，必须自江西，尤其是从江西省会所在的南昌这个地方开始，使一般人民都能除旧布新，过一种合乎礼义廉耻的新生活。"

宋美龄不遗余力地帮助蒋介石推行这个"新生活运动"。她一方面组织妇女积极参与"新生活运动"，一方面撰文号召"知识较高的妇女，应当去指导她们的邻居，如何管教儿女，如何处理家务，并教导四周的妇女读书识字"。同时，宋美龄还积极向美国人宣传中国的"新生活运动"，以博得美国人对中国的"好印象"。

1935年6月，宋美龄在美国《论坛》杂志发表《中国的新生活》一文。文章说："中国近年来也像其他国家一样，深深地受到了世界经济衰落的影响。各国凭了他们自己的智虑，都想从经济停滞中，找寻一条复兴的出路来。意大利有法西斯主义，德国有纳粹主义，苏联有两次五年计划，美国有新经济政策。他们的目的，都想解决经济问题，导国民于物质繁荣。中国也是如此，必须应付这个严重问题，而且我们还得把人民从愚陋、贫困、迷信，以及匪乱后种种的天灾人祸中救援出来，即使暂时把国外侵略一个问题搁开，亟待解决的事情还是很多。新生活运动，就是为了根除这种病态而创导的。"她又说："中国情状和别国大殊，人民受了清政府三百年的压迫，革命后又继之以无可避免的混乱，所以，中国的心理背景和社会情态，苟不加以简略的说明，一般外人，决难了解新生活运动创导的理由、它的程序、它的目下进展的状况，以及将来的成效。"

接着，宋美龄在文章中宣传了她丈夫的"功绩"。她说："新生活运动的概念，是蒋委员长在'剿匪'期中所悉心考虑而成的。他以为用武力收复'剿匪'，尚不能视为完成使命，必须在那些饱经蹂躏的残破之区，继之以社会和经济的复兴工作才行。欲谋物质的繁荣，尤须先行发扬民族道德，建立一种互助合作的精神，而纠正人民萎靡苟且的习尚，更是当务之急。"她吹捧蒋介石说："委员长深究中国过去的历史，觉得先人遗传的良好品性，足以补救目前种种的颓风恶习，相信我国固有礼义廉耻四种美德，是复兴民族的良药——因为从前中国实行这美德的时候，确确实实是个伟大的国家呢。得到了这个结论之后，就以礼义廉耻四维为基础，创导新生活运动，重复发扬那湮没已久的强国因素。精神往往重于物质，所以仅仅经济繁荣，尚不足完成中国大国的地位，同时一定要提高人民道德的水准。"

宋美龄在文章里将"新生活运动"的所谓"成效"吹嘘一番，说："新生活运动的恩惠，已经达到低层的民众，同时对于已觉醒的开明分子，也有相当的功绩。江西一经实施以后，全国就闻风响应，委员长最近巡视十二行省，所到的城市，多数是清洁整饬，大改旧观，同时人民有道德观念，官吏有责任心。""委员长和我，到了各大都市，总要召集教会团体，开会谈话。他们莫不立刻表示，愿意在他们区域之内，与新运工作者共同合作。"文章的最后，宋美龄还将"新生活运动"与美国人所熟悉的基督教义联系起来，说："新生活运动和耶稣基督的计划差不多，也是救援贫苦者、被压迫者、疾病者以及无享受生活机会的儿童而设施的。中国将由此而统一富强，得到世界的尊重；而这个新中国，一定像她光荣的昔日那样，以四大美德为立国的基础，同时还吸收了构成现代国家的必要成分。"

事实上，所谓"新生活运动"的政治目标并未像宋美龄描绘的那样深远与美好，它实际上只是蒋介石配合其军事"围剿"而实行的政治战。它打着"礼义廉耻"的招牌，以改造国民的"衣食住行"日常生活为名，行控制民众，实行民众生活"军事化"之实。蒋介石眼中的"新生活运动"，是他实施第五次"围剿"战略中的一部分，是一场与共产党争夺民心的"攻心战"，要以此转移民心，摧毁共产党的民众基础。

古人云：仓廪足而知礼节。在战争、饥饿、贫穷、灾难等重重困难压迫之下的中国老百姓，是没有什么心思去听从所谓"礼义廉耻"之类的空洞说教的，也不会信服所谓改善日常行为方式便能给自己带来"新生活"之类的许诺。所以，"新生活运动"并未在中国老百姓的生活中产生多久多大的影响。

就连美国人也对蒋介石与宋美龄鼓吹的"新生活运动"持怀疑的态度。1938 年 1 月 3 日美国《时代》杂志刊登的述评说："西方人认为这套道德说教由于过分抽象和缺乏实际而效用不大。""共产党毕竟说话尖锐，直接触及税收、土地分配和废黜封建领主等问题，而蒋介石的纲领虽然目标宏大，却失之内容空泛，说教味儿浓，未能将实际问题考虑进去。"美国人甚至还讽刺他们说："总司令和蒋夫人认定，中国人所需要的是服用大剂量的蓖麻油使人人清心寡欲。他们用大汤勺舀油分发给人们，称之为'新生活运动'。"

可见，比较熟悉美国人生活习惯的宋美龄并不真正了解中国老百姓的生活需要。她想照搬西方的生活方式到中国来是失败的，然而，她却在人生信仰和生活方式上比较成功地影响了她的丈夫。

宋美龄曾经把自己与宗教的关系分成三个阶段，在她自认为成熟的第三个阶段，是与她丈夫有着密切联系的。她说："第一个阶段，我极度的热心与爱国，也就是渴望替国家做些事情。我的机会很好，我与丈夫合作，就不难对国家有所贡献了。我虽有这样的抱负，但只赖我自己，我实在还缺少一种精神上的定力。

"接着是第二阶段。我在上面已说过的种种忧患，使我失望悲观，颓丧消极了起来。到慈亲去世，真觉得眼前一团漆黑。北方有强敌的铁蹄，南方有政治的裂痕，西北旱荒，长江水灾，而最亲爱的母亲，又给上帝呼召了去。除了空虚，我还有些什么呢？

"我母亲的宗教精神，给了蒋委员长很大的影响，我于是想到，我在精神方面，不能鼓励我的丈夫，实在觉得万分遗憾。委员长的太夫人是热心的佛教徒，他的信仰基督教，完全由我母的劝导。为了要使我们的婚约得到她的许可，委员长允许研究基督教义，并且诵习圣经。后来我发现他谨守前约，我母去世之后，也丝毫不变初衷，但教义中，他起初很有一些不能了解的地方，读时很沉闷。他每天诵习旧约，苦思冥索，自多困难，所以我在日常谈话中，实有把难解之处，委婉示意的必要。

"我就把我所知道的精神园地，引导丈夫进去。同时我因生活纷乱，陷于悲愁的深渊，也想找一自拔的途径，于是不知不觉地重又回到了母亲所信仰的上帝那里。我知道宇宙间有一种力量，它的伟大决不是人们所可企及的，那就是上帝的力量，母亲鼓励委员长精神生活的任务，既由我担负了起来，我也日渐和上帝接近了。……由此而入第三阶段。我所愿做的一切，都出于上帝的意思，而不是自己的。"（转引自《美丽与哀愁——一个真实的宋美龄》第 88 - 89 页，团结出版社 1998 年版。）

直至西安事变，蒋介石被张学良、杨虎城所捉，宋美龄不顾自己的安危，毅然赴西安"解救"自己的丈夫。蒋介石一见到宋美龄竟哭了，其内心的宗教情愫全都宣泄而出。他对宋美龄哭诉道："余虽嘱君千万勿来西安，然余深感无法相阻也。今晨余展圣经，适阅及耶和华今将有新作为，将令女子护卫男子句。今君果来此。"（《蒋"总统"年表》第 217 页，《西安半月记》，传记文学出版社 1978 年台北版。）

西安事变的和平解决，令宋美龄在美国人心目中的地位骤然升高。宋美龄和蒋介石的大幅照片被印在美国《时代》杂志 1938 年第一期的封面上，蒋宋还被西方世界选为 1937 年世界杰出人物，"新闻人物伉俪"。他们成了引人注目的国际知名人士。美国外交官约翰佩顿·戴维斯推崇宋美龄，说她"具有一种要是在前一个时代就会把她推上皇位的气质"，称她是力挽狂澜的第一夫人。

当然，宋美龄对于蒋介石的影响决不仅于宗教信仰方面。在抗日战争期间，她成功地将蒋介石与美国拉到了一起。1963 年，蒋介石回忆起自己第一次见孙中山的情景时，把自己的志愿与美国的榜样扯上了关系。他说："我还牢牢记得，总理说：'革命党的青年，应该不计名位，而要为革命任务牺牲、奋斗。美国建国英雄华盛顿，也并不是由他一个人的力量造成的，而是由千千万万无名的华盛顿共同奋斗，为他们的领袖华盛顿牺牲而造成的。我们革命者，不是要成为有名的华盛顿，而是要成为无名的华盛顿——无名英雄。'我听了这个训示以后，就立定了志愿，要实践这个训示，决不辜负总理对党员的期勉。"（蒋介石《我们复国的精神志节和建国的目标方略》，1963 年 11 月，载《先"总统"蒋公全集》第三册，第二卷，第 2831 页。）蒋介石回忆的这段话，在孙中山的年谱和蒋介石的年表中均无记录，而蒋却在台湾时期说到了这样一段往事，可见当时的美国已经成了他心中的依赖与精神的支柱。

二、夫人外交　联美抗日

抗日战争爆发后，蒋介石被迫联共抗战，宋美龄参与了抗战初期的中国空军建设和对美国的宣传工作。宋美龄的宣传工作在美国社会中产生了一定的反响，对于许多美国志愿者到中国参加抗日战争起到了重要推动作用。1942 年宋美龄访美期间，在美国国会和各地演讲，在美国掀起了"宋美龄旋风"，取得了重大的外交成就。从此，中美两国更紧密地联系在一起了。

在美国帮助下筹建空军

西安事变的和平解决带来了中华民族全面抗战的高潮。淞沪大战开始以后，宋美龄谢绝了大姐宋蔼龄要她离开南京转赴武汉的要求，决意留在蒋介石的身边以支持抗战，鼓舞人心。其时，宋美龄担任着国民政府军事委员会正式任命的航空委员会秘书长的职务，负责空军事务。

1936 年初，宋美龄担任航空委员会秘书长职务之时，国民党空军建设正处于起步阶段。中国空军共有九个大队，作战飞机、运输机约三百架，飞行员只有三十多人。宋美龄走马上任以后，以务实精神对于空军建设投入了很大精力。她随身带着一个笔记本，把空军急需解决的问题分轻重缓急一一列入计划，然后一项项着手解决落实。在她的主持下，航空委员会筹集了近两千万美元的巨款，从美国购买了一批性能较好的飞机。为了培养中国飞行员的作战能力，她建立了国民党航校，聘请美国航空飞行员罗伊·霍勃鲁克等为顾问，请来了美国空军上校陈纳德担任航校的总教官。为了掌握飞机的性能，宋美龄阅读了有关航空理论、飞机设计原理等方面的大量资料，并且撰写了一些这方面的心得文章。

陈纳德很快就成了宋美龄在空军建设中的得力助手和崇拜者。陈在几年后的一份回忆录中记下了他第一次与宋美龄见面的情形："一个炎热的午后，罗伊·霍勃鲁克来找我，把我带到法租界的一所大厦内，去见我的新的雇用者——蒋夫人。接见的人说蒋夫人已出去了，于是便邀我们到一间幽静凉爽的内室中去等待她回来。忽然之间，一个穿着流行的巴黎式长袍的年轻女子轻步跑了进来，这是一个洋溢着热情与活力的女子，照我的推测，那是罗伊的一位年轻朋友吧，便仍安坐不动，可是，罗伊把我推了一把，随即向她说道：'夫人，我可以介绍陈纳德上校给你吗？'原来这比我想象中要年轻二十岁的女人就是蒋夫人！她讲的英语，带着南方尾音，这初次的见面印象使我至今尚在迷惑之中。"

宋美龄与陈纳德商谈了几个小时。陈纳德将他对于在中国建立一支现代化空军的设想告诉了宋美龄。宋让他在三个月内将自己的想法用书面的形式写出来，并希望他能致函航空委员会，要求担任顾问工作。同时，宋美龄还建议他首先视察一下中国空军的设施，然后向她汇报，因为她想了解中国空军的现状和作战能力等情况。她拨给陈两架教练机，要求他自南京开始视察工作，并准许他自己挑选视察组成员。

陈纳德完全为宋美龄的工作态度和个人风度所倾倒。见面之后的晚上，陈在日记中写道："她将永远是我的女王。"他在后来的回忆录中还说道："从此以后，我便随她一道工作，经过了那悠长的惨淡的抗战的岁月，期间曾有多少次失败，及至现在抗战胜利，由于和平尚未完成，只令人感到更加痛苦与失望。由于与她共事多年的经验，使我相信，她是世界上最完美、杰出和有决断的女人之一。她虽然仪态万方，具有十足的女性美，而在那战争爆发的沉闷的日子里，她却以全力从事工作。她担负起沉重的责任，对于当时空军所有的麻烦问题，沉着应付，她希望空军能赶快成立起来，成为一个真正能有所行动的中国空军。"从此，陈纳德也的确一直坚定地站在宋美龄与蒋介石的一边，在中美关系中扮演着一个重要的角色。

1937 年，八一三事变发生，日军侵占上海，淞沪会战爆发。年轻的中国空军参加了对日作战。1937 年 8 月 14 日，中国空军首次出击，奇袭停泊在上海海面上的日本军舰，狂妄的日本海军陆战队被这突如其来的袭击搞得狼狈不堪，日寇第三舰队的旗舰被炸成重伤，失去应战能力。当天下午，日寇十八架轰炸机从杭州湾飞来，妄图偷袭我陆军阵地，中国空军第四大队奉命阻截，经过激战，击落敌机六架，而自己无一损伤。8 月 15 日，宋美龄带着慰劳品亲自去南京句密机场祝捷，表彰了空军飞行员爱国抗战的正义之举，称赞他们打出了中华民族的志气。她建议以 8 月 14 日作为国民党空军节。当日晚，蒋介石在日记中也兴奋地写道："倭寇空军技术之劣，于此可以寒胆矣！"

抗战初期中国空军在蒋介石的硬拼战略下并没能坚持太久。

卢沟桥事变爆发后，国民党起而应战，蒋介石即主张实行以固守阵地为主的防御作战。1937 年 8 月 18 日，蒋介石在《敌人战略政略的实况和我军抗战获胜的要道》的讲话中，正式宣布了他的防御作战的战略方针。他说："倭寇要求速战速决，我们就要持久战消耗战。"实现这一目标的作战原则是：以静制动；以主动制被动；固守阵地，坚忍不退。他说："我们的阵地，如何才能坚守不破呢？就要切实注意纵深的配备，要多筑工事，层层布防，处处据守。""敌人的利器是飞机、大炮、战车；我们的利器是深沟、高垒、厚壁！"在后来的历次重大战役中，蒋介石都曾反复重申这种以节节抵抗的阵地战来实现持久消耗目标的战略思想。

固守阵地，节节抵抗，使得抗战初期的战役悲壮压抑，空前惨烈。淞沪战役，蒋介石先后调集七十万大军和几乎全部的海空军与日军拼打。这样人数众多的战场，又无险可守，日军海、陆、空三军的火力优势获得了极大的发挥。当时到前线视察的李宗仁说："敌方炮火之猛，猛到我炮兵白天无法发炮，而夜间又无法寻找目标，只是盲目轰击。所以淞沪之战简直是以我们的血肉之躯来填入敌人的火海。每小时的死伤辄以千计。"（《李宗仁回忆录》第489页，广西人民出版社1991年版。）

前线阵地战的苦苦撑持，使得数十万大军在撤退时几乎溃不成军，退兵经过蒋介石数年惨淡经营的苏嘉国防线坚固阵地时，竟因找不到工事图和钥匙，只得越过阵地继续奔逃，节节抵抗演化为节节溃退。忻口之战，国民党军十余万人在忻口以北宽大正面一线布防，日军实施中央突破方式，对我阵地狂轰滥炸，10月18日一天，敌人的炮火竟摧垮了国民党军十一个步兵团的建制。经过二十余日激战，我军阵地中央守军"战斗员伤亡三分之二以上"，"日耗两团上下"。（《抗日战争正面战场》第510页，江苏古籍出版社1987年版。）如此消耗，使得国民党军在华北的正规战场很快解体。

在这些悲壮激烈的抵抗中，中国军队爱国官兵的顽强斗志和牺牲精神举世惊叹，然而，我们在消耗日军的同时，却付出了过于沉重的代价。白崇禧后来总结说："自民国二十六年'八一三'淞沪抗战至二十七年六月之武汉会战，国军均使用正规战术，因装备较敌为劣，火力不及敌人，且制空权操于敌手，故每一会战，我军均伤亡惨重，元气大伤。"（《白崇禧回忆录》第277页，解放军出版社1987年版。）

年轻的中国空军自然也经不起这样的消耗战。我军的飞行员们同陆军官兵一样，为了国家抱定了献身精神，与力量占优势的日军顽强拼搏。陈纳德在日记中说："日本人开始升级并认真进行轰炸，中国人使用其所拥有的有限空中力量尽力加以还击。尽管在飞机数量和型号方面存在极大的悬殊，中国战斗机驾驶员只要一息尚存，就干得很好。"陈纳德对于中国年轻的飞行员在战斗中的损失极为痛心。他说："中国驾驶员不顾敌强我弱，成千上百地英勇献身。许多人不愿从打坏的飞机中跳伞，认为这样做有失面子。""冬末春初，日本人日益接近汉口，人心日益沮丧。中国空军几乎不复存在，只有让俄国人来从空中保卫城市了。"([美]杰克·萨姆森著《陈纳德》,第 45 页,东方出版社 1990 年版。)

中国空军在英勇战斗后消耗过大,又无法及时补充,迁都重庆时几乎无飞机可以应战。这时,航空委员会事情不多了。宋美龄于 1938 年 3 月辞去了秘书长的职务。在军事委员会改组时,宋美龄推荐钱大钧为航空委员会主任。

抗日战争初期对美国的批评

抗日战争爆发初期的英美政府,对于日本侵略中国的行径采取了基本"中立"的妥协放纵政策。它们不仅不在实质上支持中国的抗战,而且根据日本政府的蛮横要求,封锁对华物资供应,反而对日本供应其军事物资。这种助纣为虐的行为,助长了日本侵略中国的嚣张气焰,增加着中国人民抗日战争的困难与牺牲。对于国际社会的这种恶劣态度,中国抗日各方均发出了愤怒的谴责。

中国共产党的领袖毛泽东就在抗战初期发表的许多文章中指责英美的绥靖主义政策,指出:"这个政策的必然目的,在于纵容侵略战争,自己从中取利",这个政策的必然结果是"搬起石头砸自己的脚"。(《毛泽东选集》第二卷,第 580 - 581 页,人民出版社 1991 年版。)

抗战初期在华北前线指挥作战的八路军一二九师政委邓小平,1938 年 7 月在华北前线会见了来中国进行考察的美国海军陆战队上校军官、美国驻华大使馆参赞伊·福·卡尔逊,向他介绍冀南抗日根据地的情况。卡尔逊回美国后写出了《中国的双星》一书,记述了这次会面的情景和对邓小平的印象。在卡尔逊的书中,记录了一段这样的对话:"一天下午,我们讨论了国际政治的整个领域,他掌握情况的广度使我吃惊。有一件新闻弄得我目瞪口呆。他说:'去年,美国向日本人提供了他们从国外购进的武器的一半以上。''你能肯定吗？'我问。我知道，美国人的同情是偏向受侵略的中国一方的，我在内地访问的八个月中，当想到这个问题时，总是想当然地认为，美国人民会拒绝把战争物资卖给一个侵略国家的。多么极端地无知啊！'是的，'他肯定地对我说，'消息来源是战争第一年年底美国的新闻电讯。'我很尴尬，我说：'必是电讯搞错了。'我不能相信美国人会有意地介入我在过去一年中看到的中国人遭受的屠杀和蹂躏。……"卡尔逊对邓小平的印象是鲜明而生动的。中国的抗日领导者对于美国纵容侵略者的错误政策的反感情绪也给美国人留下了深刻的印象。

蒋介石在抗战初期也表示了对于美国远东政策的强烈不满。他在1938年7月24日与《伦敦泰晤士报》特派员谈话时指出："日本之敢于扰乱和平，系已洞察与太平洋有关列强不欲对该国采取集体行动所致。假如英、美、法各国，能与其他太平洋有关国家共同团结，以坚决切实之态度表示其意向，消除日本所认为不能采取共同行动之幻想，则必不诉诸武力，亦可使侵略者有所顾忌，而不敢悍然横行。单独援助中国，则其方式甚多，余不欲一一加以叙述，因贵国及其他国家之贤达，早已彻底讨论及之矣。"（《"总统"蒋公思想言论总集》卷三十八，第110－111页，中国国民党中央委员会党史委员会印。）同年6月8日，蒋介石在武昌对外国记者谈话时，更呼吁各国由抗议日本侵略转入对日本实行制裁的实际行动。他说："各友邦由抗议进而施以制裁，不但减少中国人无故之牺牲，实为增进世界人类和平正义之保障所必要。至于各友邦人民，迭经要求其政府禁止军用品输往日本，或发起排日运动，在在足以代表人类之同情，与正义、人道之主张，今日日本暴行日益加甚，想各友邦政府，对此要求与运动，必不漠视也。"（《"总统"蒋公思想言论总集》卷三十八，第107－108页，中国国民党中央委员会党史委员会印。）

中国抗日战争初期，英美等标榜民主自由的国家对日本侵略者所采取的绥靖与纵容的政策，已被历史证明是极端愚蠢与错误的。中国人民对他们的谴责是正确而正义的。

宋美龄在中国抗战之初对于美国的宣传，则将这种批评更为直接地传入美国社会，为美国政府最终改变这种错误的对日政策起到了一定的推动作用。

1937年10月12日，宋美龄在美国《论坛》杂志11月号上发表了题为《中国固守立场》的文章。她在文章中生动地描绘了中国抗战的情形："我一方面执笔写作此文，一方面坐待日机的前来空袭。一刻钟前已鸣过警报了。我每当空袭，循例要出去观察，尤其注意我方怎样地从事抵抗，等一会儿敌机到达的时候，我将把所见所闻，记录下来。""日本在上海启衅到今，已经两个月了。两个月来我国人民所受的惨痛，简直不是笔墨所能形容的。据外籍军事家声称，我们英勇而军备较逊的军队，受到有计划而残酷的日本炸弹和炮火摧残的厉害，他们在任何地方都没有看见过，即如今日西班牙战事以及过去的世界大战，也赶不上它的凶猛。他们并且说，不明白为何人类血肉之躯，能像我国军队这样，固守着阵线，至今仍屹然不动。"

接着，宋美龄在文章中活灵活现地描述了当天日机轰炸的情形和我方飞机参战的状况。在叙述了我方损失飞机两架，牺牲飞行员一名，四名机师受伤之后，她尖锐地批评了美国政府对日采取绥靖政策的错误。她说："当我的文字中途被空袭所打断的时候，我正说到我们即使用最悲观的态度来推测，也想不到美国竟会禁止船舶运输军火来华，并且拒绝发赴华美籍教练员的护照。……这一切恐怖，虽则威胁文化的基础，这蔑弃国际条约和法律的举动，虽则危害人类完全的根源，然而我们却发现美国的行为，不仅阻挠我们寻觅自卫的途径，并且间接地帮助敌人，完成他们打击我国至屈膝的威胁。这种意欲保持中立的举动，实则不过助纣为虐，还有什么疑义呢？我们不仅觉得美国态度的令人骇异，并且深深地感到，我们服从国联的条约和精神，因此受到了丧失东三省的苦痛，我们的脸上，不啻受了这堂堂共和大国的掌击，这个堂堂的共和大国，是我们一向以敬意相瞻仰和效法的。当我们以现金向美国购买飞机，而美国服从日本荒谬的要求，为尊重他们的封锁政策，不准将飞机运输出口的时候，那么，我们以为世界的忠信和正义，已到末日，还能责难我们武断吗？在这不宣而战的冲突之中，那种荒谬的封锁政策，打击中国至屈膝的普遍呼声，以及全国广大区域的人民，受到最不人道的大规模的屠杀，这种种，万分地使我们伤心。"

文章的最后，宋美龄仍对美国未来的同情与支持充满了期望。她说："美国总统最近仗义执言，发表了公正的批评，虽则为时略迟，仍然可以当作一种正义的行动而加以欢迎的。我们素来相信美国对于有计划地灭亡我中国的团体，决不赞与，由是而更得到了确切的明证。接着我们又欣幸地读到美国国务院的宣言，我们深愿这篇宣言能给日本以更大的打击；同时，我们的信仰，因此也更加坚定，我们应该深深地自省，如何向着尊重条约，和及早把敌人逐出国土的两大目标，勇往迈进。"

宋氏三姐妹联手对美宣传

抗日战争的民族灾难使国共两党摒弃前嫌团结抗战，也使政治观点迥异的宋家三姐妹重新走到了一起。1940 年 3 月 31 日，宋蔼龄、宋庆龄和宋美龄三姐妹由香港乘飞机抵达重庆，受到艰苦抗战中的重庆各界人士的热烈欢迎。

当时中国共产党领导下的重庆《新华日报》发表报道说："孔夫人、孙夫人及蒋夫人 3 月 31 日联袂来渝，孔夫人及孙夫人尚系初次访问战时首都，彼等对于增强抗战力量，咸具最大热忱，故此次利用蒋夫人赴港疗养返渝之机会，相偕同来。三位夫人同来后方，将共同从事抗战建国之工作，致力于奠定新中国基础，发扬中国旧有光荣。""我们除向领导妇运的积劳成疾，病后重新工作的蒋夫人及初次来渝的孔夫人表示敬慰外，谨向久与我们阔别的妇女界领袖孙夫人，表示最热烈诚挚的欢迎和敬意。"

重庆《大公报》发表评论文章道："孙夫人好久未到内地来，至少自抗战起后未到首都来过。孙夫人此次到重庆来，无论其任务有无或大小，都是团结的有力象征"，"敌人已走向败亡之路，我们已胜利在握，在这时，孙夫人来了，她的心也一定是高兴的。""新兴的中国，是孙中山先生所手创，也正在孙先生的精神领导之下而抗战而建国。我们欢迎孙夫人，更希望孙夫人帮助政府，使抗战早胜，建国早成！"

三姐妹的联袂举动，为当时中国的抗日战争注入了团结的气象，鼓舞了抗战中的中国军民。随后，宋家三姐妹在重庆不辞劳苦，四处奔波，共同视察了重庆的一些战争设施、医院、孤儿院、工厂和学校。

4月18日，宋家三姐妹应国民党中央广播电台邀请，向美国民众作演讲，由美国 NBC 电台向全美广播。

宋庆龄沉静地说，中国人民艰苦抵抗日本的军事侵略，很快就要满三年了。日本借着它拥有的优越的武器，在开战以前，曾向世界夸说，要使占世界五分之一的中国人民于三个月内，向日本屈服。可是我们中国，曾经始终不屈地作有效的抗战，在三十三个月以上，而且抱定了继续抗战的决心，自信必能获得最后的胜利。太平洋和全世界人民的将来历史，一定和以前不同，且将更见光明灿烂，因为中国不愿做奴隶的四亿五千万的人民，已经拿起了武器，争取自由，同时也是为世界人类，为你们大家争取自由。演讲完毕，宋庆龄显得十分激动，宋美龄扶着她退到休息室去休息。

宋蔼龄接着讲述了中国在抗战中的团结问题，抨击了汪伪政权的叛国行为。她说："南京那幕可怜的丑剧，那所谓'政府'也者，完全是一个笑话，这是人类智慧上的一个侮辱。它不能代表中国，它只是政治污水中的渣滓。这些日本利用的工具，是中国人所咒诅的叛徒，世界上任何具有自尊心的国家，都会加以唾弃的。中国各将领间，是毫无问题地团结一致，他们充满了异常坚强的继续抗战的决心。"宋蔼龄还向美国人民表示，中国的抗战将会越战越有力。她说："我们在财政经济上，也已经有抗战到底的计划和准备，在中国西部，我们已经建成了人力物力的蓄储所，在需要的时候，随时可以取出来应用。在各种保证我们取得最后胜利的力量里，最显要最值得注意的表现，就是妇女界的活动，和全国民众对于兵士观念的改变，以前大家把兵士看作佣人，地位是很低的，现在却完全不同了。现在我们有国民军，军队和民众一起工作，民众也和军队一起工作。这种团结一致的精神，也足以击败敌人。"

最后，宋美龄以她流利的美国南方口音向美国听众讲述了中国抗战对于美国、对于世界的重要意义。她说："我只用几分钟的时间，对孔夫人的话补充几句，我们说的话是要请一切爱好自由的人们，知道中国应该立即得到正义的援助，这是中国的权利。中国为了正义已经经过了将近三年的流血和困苦的奋斗，我们请你们制定美法律的国会议员，对下列两件事必须做到一种，或者是对于侵略不再表示恐惧，或者停止鼓励侵略的行动，也就是对日禁运汽油煤油以及其他战争原料。"她接着说："我们并不是没有放弃斗争的可能性，但我们仍旧在这样困难艰苦的情形之下，不怕挫折，为着自由而继续抗战。我不知道贵国的国会议员是否想到，万一中国为日本的武装征服了，将发生何等的情形。结果是很明显的，日本将保有它完整的海陆空军实力，并且可以利用中国的领土人力和资源来和民主国家为难。日本会给民主国家以强大的打击，抢夺印度支那、缅甸、马来群岛、荷属东印度、澳洲和纽西南等地"，"若果美国继续帮助日本，竟使日本在东方逞它的野心，那么事态的开展就不堪闻问了。假使不幸发生这类惨剧，一定有更可怕的结果。据说日本的海军正在疯狂地加以扩充，秘密建造了几条大型的战舰，一有机会它侵占荷属东印度是很容易的举动"，"如果列强不认识援助中国抗战的重要性，日本就有获得这种侥幸收获的可能。由于中国人民抵抗日本侵略，已把它的军队牵制在中国的泥淖之中而使它动弹不得，只要能给我们以正当的同情，到相当时期，一定能使它们完全失败，然后日本就根本不能助长人类的祸患，摧残民主主义和人道正义来扰乱世界的安宁。那时节，世人将会公认，中国的功绩对于整个人类是怎样珍贵的贡献"。"问题只在能不能对我们表示正义的同情，这个问题只能让美国人民美国国会议员给我们一个答复。炸弹的爆炸声虽使中国的同胞震耳欲聋，但是仍旧渴望着听一听贵国方面的答复"。

宋家三姐妹的声音通过无线电波传向美国的千家万户，感动着千千万万善良的美国人的心。美国记者罗比·尤恩森在重庆报道说："对这三位富有感情和教养的女士来说，这是一个狂乱的年代，一个恐惧的年代，一个悲伤的年代，但这也是她们共命运的年代，她们共同希望和祈求打败日本的年代。"许多外国记者表示，三姐妹的共同出现象征着中国的团结，扫除着汪伪政权出现后的阴影，极大地增强了中国人民抗战的决心。当报纸上刊登着三姐妹视察各处的照片时，有外国记者评论照片上的宋美龄说："有两位姐姐的陪伴，她情绪更高，且很得意。从照片上看到她发自内心深处自豪的微笑，这是动人的微笑，因为当知名人士表明也有私人的感情时，不知是什么原因，我们总是对此产生一种亲切的感觉。"可见，当人们为着人类的正义和人民的根本利益而工作时，他们总能够受到大多数人的拥护与支持。

中国抗日战争开始后的四年中，宋美龄先后发表了上百篇文章和演讲，在对外宣传、妇女工作和救护难童问题上具有相当积极的影响力。国民政府在抗战中出版了宋美龄的《战争与和平通讯》《蒋夫人论集》等书，其中有许多充满感情的文字。例如，宋美龄在一篇文章中报道了中国抗日战场的情况，同时指出，在我们缴获和击毁的日方坦克和飞机中有美国制造的零件，并据此毫不客气地批评了美国政府对于中国抗战的两面政策。美国的各大报刊争相转载了宋美龄的文章，使得美国民众舆论大哗，对美国国会政策形成很大压力。并且美国民众对中国抗战表示了极大的同情，对宋美龄的愤慨也表示深深的理解。

宋美龄不断的宣传与呼吁，对美国朝野产生了很大影响，使得美国从所谓"中立"的立场上，向同情中国的方向转变。部分美国国会议员出于对舆论和集团利益的考虑，主张派出少量战斗机作为"志愿队"支援中国。1940年6月，中国从海外取得援助的唯一道路——滇缅公路被日本封锁，日本侵略军同时占领了越南。在日本扩大战争的阴影中，美国才将现役空军一百二十架飞机包括空、地勤人员和器材，以中国国民政府聘请的名义，组成了"航空委员会美籍志愿军总队"（又称"飞虎队"）来中国参战。其总队长就是受到宋美龄重用的陈纳德。

抗战中，宋美龄除宣传中国抗战、呼吁美国支持之外，对于帝国主义强加于中国人民身上的各种不平等条约也发表了抗议的呼声，对于抗战时期的废约行动产生了很大的推动作用。

1942年4月23日，宋美龄在美国《纽约时报》发表《如是我观》一文。这篇文章报道了1941年12月至1942年1月我国第三次长沙大捷的作战经过，并以此为例宣传了中国军人的尚武精神和取义成仁的牺牲精神。同时，她在文章中郑重提出，中国至今仍未废除各种不平等条约，外国人在中国仍然有领事裁判权等不公正之特权，呼吁国际上予以注意。

4月29日，中国外长郭泰祺于访美期间正式提出废除中国不平等条约之事。5月6日，美国国务院表示同意。5月25日，郭泰祺致函美国国务院，提出国际间一律平等问题。26日，美国务卿复函郭泰祺，表示愿意废除中国不平等条约。10月5日，蒋介石的"文胆"陈布雷撰写新闻稿，希望美国率先放弃对华不平等条约。10月9日，美国正式通知中国，表示愿意放弃治外法权及解决有关问题。（参见《战时外交》（三），第707－713页，台北1981年版。）

1942年10月间，中国与美、英两国协商废除如下条款：

1.领事裁判权；

2.使馆界及北宁铁路沿线等区域所有的驻兵权；

3.租界；

4.特别法庭；

5.外籍引水人等特权；

6.军舰行驶之特权；

7.英籍海关总税务司之特权；

8.沿海贸易及内河航行权；

9.影响中国主权之其他问题。

（参见蒋介石《中国之命运》，第118－120页，正中书局1943年6月西安版。）

至1943年1月，美、英等国为拉拢蒋介石政府共同抗日，先后与国民党政府签订了《中美新约》和《中英新约》，废除了过去与中国政府签订的一些不平等条约。

对于中国与英美两国废除不平等条约之事，蒋介石欣喜异常。他在1942年10月10日的日记中写道："接获美、英自动放弃治外法权之通告。此为总理(国父)革命以来，毕生奋斗最大之目的，而今竟得由我亲手达成。衷心快慰，实为平生唯一之幸事。"

1943年3月，蒋介石出版《中国之命运》一书，其中对于废除不平等条约一事大肆鼓吹。他说："我们中国百年来国势的陵夷，民气的消沉，大抵以不平等条约为造因"，所以，过去革命建国的失败，是"有不平等条约存在之故"，而废除不平等条约则是"国民革命"的主要任务。蒋介石把废约的功劳记在了自己的功劳簿上，在书中鼓吹国民政府与英美两国签订的所谓"平等互惠的新约"，是"中华民族悠久的历史上划时代的大事件"，是"国民革命初步的成功"，"建国工作真正的开始"，因而国民党就成了国民革命的"中流砥柱"，他自己也成了"民族英雄"等等。

美、英等国在抗日战争期间，出于自身利益的考虑，想要中国拖住日本扩大侵略战争的步伐，故而在旧有特权问题上作出了一定的让步。废约之举自然受到中国人民的热烈欢迎，是符合中华民族根本利益的事情。但是，蒋介石在废约之后，实际上更深地陷入英美等大国的怀抱和算计之中，以致在战后一系列问题上，仍然受到这些大国新的不平等条约的阴谋陷害，如雅尔塔协定便是明证。其实，一个国家的独立与尊严，最终依靠的是自身的强大与自信，任何靠别国施舍来的"平等"都是虚假的平等。

空前绝后的宋氏"外交旋风"

1941年12月7日清晨，日本海空军对美国在太平洋的海军基地珍珠港进行偷袭，击沉了美国军舰八艘，炸伤十二艘，击毁美机二百五十多架，使美国太平洋舰队受到重创。12月8日，美英对日宣战，中国政府也于9日对日宣战，接着澳大利亚等二十多个国家也对日宣战。12月11日，德国、意大利、日本三国缔结新的军事协定，规定三国对英美联合作战到底，保证不单独缔结停战协定或和约。国际上法西斯轴心国的联合，一方面使战争进一步扩大起来，另一方面也促使国际反法西斯力量不断联合起来。

日本偷袭珍珠港事件，让美国人尝到了法西斯侵略战争的真正"苦果"，应验了毛泽东当初谴责美国对日本采取绥靖政策的那句预言："搬起石头砸自己的脚。"随着美、英、中等同盟国向日本相继宣战，中国与美国的关系更加密切与不同寻常了。

为了进一步争取美国舆论对国民党政府的同情与支持，争取美国国会对中国抗战的实际援助，1942年11月，宋美龄访问美国，刮起了一场空前绝后的"外交旋风"，对于中美关系的发展产生了十分重要的影响。

宋美龄最初去美国的任务并不是公务性质的，而是为了治病。因为在抗战中四处奔波，操劳过度，宋美龄自幼便患上的顽症慢性荨麻疹病又复发了，在重庆多雾的天气下，浑身奇痒，苦不堪言。1937年10月的一天，宋美龄在她的美国顾问端纳的陪同下，去前线视察，汽车在日本炮火不断轰击的道路上高速行进，突然被路面上的一个大弹坑颠起以后翻出了路面，宋美龄被掀出车外，摔折了肋骨，受了重伤。经过随行军医的治疗后，宋美龄坚持不去医院继续赴上海前线，晚上十点还坚持向前线战士进行一次演讲。美国作家埃米莉·哈恩在她的《宋氏家族》一书中，对宋美龄这次负伤作了详细的描述。她评价说："只有像宋家造就的具有健全的头脑、健康的体质，又在幼时受过新教的自立和自制思想培养的妇女，才能像她那样长久的坚持。"埃米莉还不无幽默地调侃道："外国人心目中所创造的这一新的偶像，或者说一对偶像，由于一位粗心的司机的缘故，险些在10月23日消逝。"

宋美龄在这次车祸中留下了肋骨受伤的后遗症，长久以来，一遇天气变化，腰背骨头便会酸痛。1942年11月初，宋美龄的哥哥宋子文致电美国总统的亲信助手霍普金斯，要求调拨一架专机接宋美龄赴美就医。他告诉霍普金斯，宋美龄病情严重，大家极力劝她到美国就医。霍普金斯立即安排了宋美龄的赴美活动。大约在 11 月 27 日，宋美龄带着宣传部副部长董显光、两名护士和她的外甥女孔令伟抵达纽约，并在霍普金斯的迎接下立即住进了哥伦比亚长老教会医疗中心哈克尼斯医院。

在宋美龄赴美之前的 11 月 16 日，蒋介石在重庆致函罗斯福总统，说："此次内子之病，承蒙鼎力协助，得以提前赴美早日就医，私衷至为感谢。并得乘此访问阁下与贵夫人，代中亲致敬意，使中更觉无上愉快，一若与贵大总统及贵夫人晤聚一堂也。内子非仅为中之妻室，且为中过去十五年中，共生死、同患难之同志，彼对中意志之了解，并非他人所能及，故请阁下坦率畅谈，有如对中之面謦者也。余深信内子此行更能增进余两人私交及扩展我两大民国之睦谊也。"（《战时外交》（三），第 781 页，台北 1981 年版。）

宋美龄住进美国医院的第二天，美国总统罗斯福的夫人就赶到医院来看望她了。罗斯福夫人是一位心地善良、十分同情中国抗战的人，多年来一直关注中国抗日战争发展的局势，也是宋美龄许多文章和演讲的欣赏者。她比宋美龄大二十岁，辅助她的丈夫连任四届美国总统，是对美国有着重要影响力的人物之一。

见到罗斯福夫人，宋美龄打起精神与她欢天喜地地交谈了起来。

罗斯福夫人一见面就对宋美龄说："总统正苦无法与委员长讨论各种战后问题，有了这个机会，对诸关系方案均可透彻作谈，尽量交换意见，若您战后来美，就是明日黄花，太晚了。"宋美龄小心地答道："此次来美尽以私人看病，对美国政府并无任何要求。"罗斯福夫人则告诉宋美龄，美国朝野人民对宋美龄极为仰慕，都认为她是全世界妇女界中第一人物，罗斯福总统本人也对宋十分钦羡，希望能与她会晤。

宋美龄与罗斯福夫人巧妙地谈论了英国人的态度与对英国首相丘吉尔的印象。罗斯福夫人直率地认为丘吉尔只可为战时领袖，而不足以领导战后世界。宋美龄以询问的方式微妙地附和着罗斯福夫人的观点。

当罗斯福夫人问到"应如何改变美国的态度，而使美国人感激中国抗战对美国的贡献"时，宋美龄答道："中国的抗战，是为全人类而牺牲。现在夫人与我是不谋而合呀！"

罗斯福夫人很为宋美龄的态度所感动，她主动上前去亲吻宋美龄的脸颊，约定下周再谈。

第二周，罗斯福夫人果然再来看望宋美龄。她们谈论了战时的妇女工作，共同认为，"在此次战事结束之后，妇女界对世界建设工作定占有更重要的地位，因妇女负有领导教育青年的责任"。两人均表示愿意"协作战后世界妇女工作"。

两次面谈，宋美龄给罗斯福夫人留下了美好而深刻的印象。她气质高雅，谈吐谨慎适度，赢得了罗斯福夫人的喜爱。事后，罗斯福夫人向人表示："我很想帮她的忙，照顾她，就像她是我的女儿一样。"

1943年2月初，宋美龄经过美国医生的悉心治疗，病情有了明显好转后出院。她接受了美国总统罗斯福夫妇的邀请赴海德公园罗斯福总统的私人行宫休养。其时，美国人已为宋美龄安排了密集的演讲日程表。据1943年2月9日宋美龄致宋霭龄的电报说："妹决定于本月十七日赴白宫。十八日向美国国会演讲后赴美国无名士兵纪念碑献花，当晚由我大使馆接待。三月一日返纽约，由纽约市长至站迎迓，即赴市政府接受纽约市赠予荣誉公民。二日由我纽约总领事公宴，是晚十时半在麦狄生花园向美国民众演讲，美东部八省主席均准备莅临，四日在加乃奇厅向华侨演讲，六至八日赴威尔斯来演讲，十二日到芝加哥演讲。十八日赴旧金山，由市长赴站迎迓，并赴市政府接受该市金锁匙后，检阅海、陆、空军及民众游行及宴会等。二十一日向我华侨演讲，皆往洛杉矶赴宴。拟于三月底或四月初，或赴加拿大以增国光。"宋美龄在电报中不无担忧地说道："妹演讲、宴会之程序当极辛劳，然为国家加强邦交而增光荣计，当尽为之，唯默祷上苍予我精神及体力耳。"(《战时外交》(三)，第789页，台北1981年版。)

蒋介石对于宋美龄即将在美国国会进行的演讲十分看重。他于1943年2月12日专门致电宋美龄嘱她在演讲中的注意事项。其指示曰：1.中美两国传统友谊过去一百年间，毫无隔阂之处，是世界各国历史所未有之先例；2.代表中国感谢美国朝野援助中国抗战之热忱；3. 今后世界重心将由大西洋移于太平洋，如欲获得太平洋永久和平，必须使侵略成性之日本，不能再为太平洋上之祸患；4. 战后太平洋各国应以开发西太平洋沿岸之亚洲未开发之物资与解放其被压迫民族，使世界人类得到总解放为第一要务；5. 中美两国乃为太平洋上东西两岸唯一之大国，亦为太平洋永久和平之两大柱石，此两国同为民主主义之国家，且同为爱好和平之民族，将来太平洋能否永久和平与全人类能否获得真正幸福，其前途如何，实以此二大民主国家之主义与政策如何而定，而其责任则全在吾辈，即此一时代两国国民共同之肩上也。（参见《战时外交》（三），第 791 页，台北 1981 年版。）

2 月 23 日，蒋介石又一连给宋美龄发出三封电报，要宋美龄注意：第一，切不可使听者有被训示之感，亦不宜有请求之意，只以友邦地位陈述意见；第二，应使听众能移其目光，留心于太平洋问题之重要；第三，认定日本为中美两国共同之敌人，非根本打倒不可，同时强调战后亚洲经济地位之重要，尤其是中国的物资、人才与美国机器、资本的合作开发，等等。

宋美龄回电说："文、元各电均悉，所告卓见非常感佩。妹向国会及各地演讲，当予分别遵照电示，总以维持我国家尊严，宣扬抗战对全世界之贡献，及阐明中美传统友好关系为原则。私人谈判，当晓谕美国当局以我国抗战之重要性；公开演讲，则避免细节，专从大处着眼，以世界眼光说明战后合作之必要。"（《战时外交》，第 792－793 页，台北 1981 年版。）

据《宋家王朝》的作者说，此后，宋美龄对于各种演讲稿，每一稿都亲自修改七八遍，把白宫的工作人员都折腾得够呛。可见，宋美龄对于这次在美国的宣传活动是尽其全力、十分重视的。她对演讲所定的基调策略也是正确的，这正是她能够在这次外交宣传中取得巨大成就的根由。

1943 年 2 月 18 日，宋美龄向美国国会参众两院发表了热情洋溢的演讲。她是以非官方身份向美国国会发表演讲的第一位妇女。当天，她穿着黑色金丝绒旗袍，胸前佩戴着镶有宝石的中国空军徽章的大扣花，显得清高淡雅。在副总统华莱士的带领下，她走上讲坛，首先以一双黑黑的大眼睛和动人的微笑向听众致意。

宋美龄在众议院首先对在海外服务的美国人作了一番真诚的赞扬。她说："余首愿确告诸君，美国人民对于分布全球各地之美国作战壮士实足以自豪。余尤念及远处异域偏僻区站，生活至感寂寥之贵国壮士。盖此辈任务，既不能有显赫之表演，亦无振作精神之战事，而系日复一日，仅奉命担负其例行任务，如守卫防御工事，并准备抵抗敌方可能之蠢动而已。……贵国若干部队，驻扎在遥远隔绝地点，非平常交通所能到达。贵国若干壮士，必须用临时赶筑之机场，飞行海面，经数百小时之久，以搜寻敌方之潜艇，往往一无所遇，废然而返。"

随后，她转而赞扬面对的这些美国议员，说："美国人民正在建立与实施一种确系其祖先所怀抱之立国典型。此种信心，盖见加强而证实。诸君为美国人民之代表，目前有一光荣机会，使汝祖先之开国工作，发扬光大，超越物体与地理限制之疆界。诸君之祖先曾以大无畏之精神，冒不可思议之困难，筚路蓝缕以开发一新大陆。现代人士，无不赞美其精力过人，宗旨坚定，以及成功卓著。诸君今日，当前正有一更无限伟大之机会，可以赓续发挥汝祖先所怀抱之理想，并协助完成解放全球各地人类之精神。为求完成此项目的计，吾侪身属联合国家，必须尽力加强作战，俾联合国早日获得最后彻底之胜利。"

紧接着，她把话锋转向中国，说："中国著名兵家孙子有言，'知彼知己，百战不殆'。吾人另有一谚语云：'看人挑担不吃力'。此等名言，来自明哲久远之古代，实乃每一民族所共有，然而仍有一种轻视吾敌人力量之趋势。当1937年日本军阀发动其全面对华战争时，各国军事专家，咸认中国无一线之希望。但日本并不能如其所曾夸称，迫使中国屈膝；于是举世人士，对此现象，深感慰藉，并谓当初对于日本武力，估计过高。虽然，自日本对珍珠港、马来亚，以及南洋一带加以背信无耻之袭击后，战争之贪狂火焰，弥漫太平洋上，而各该地域，相继失守，一时观感，遂又趋向另一极端。世界人士由此遂视日本人为尼采所称之超人，在智力上与体力上均超越于其他国人。"宋美龄尖锐地指出，我们不应该忘记中国人民曾经在抵抗日本侵略的头四年中，孤立无援，独自抵抗着日本军阀的淫虐狂暴。而现在又有人认为打击日本不如打击希特勒重要，"吾人慎勿忘日本今日在其占领区内所掌握之资源，较诸德国所掌握者更为丰富。吾人慎勿忘如果听任日本占有此种资源而不争抗，则为时愈久，其力量亦必愈大。多迁延一日，即多牺牲若干美国人与中国人之生命。"

最后，宋美龄坚定地表示，"我中国人民根据五年又半之经验，确信光明正大之甘冒失败，较诸卑鄙可耻之接受失败，更为明智"。（参见《蒋夫人思想言论集》卷三，第149－157页，台湾蒋夫人思想言论集编辑委员会印。以下宋之演讲均参见该书。）宋美龄的演讲赢得了众议员们热烈而长久的掌声。

随后，宋美龄又被引至参议院，要求她作简短演讲。宋美龄上台后表示，因没有准备到这里演讲，故只是临时发言。她说，中美两国有一百六十年传统友谊的历史，她感到两个民族有许多相似之处。她随即讲起了一个美国飞行员叙述的自己的故事：一个美国飞行员在轰炸南京归来时，不得不降落到中国内地。落地之后，他看到一群中国民众向他走来，他即扬起双手高呼："美国，美国。"中国民众立即向他伸出友谊之手，并且想要拥抱他，就像找到了自己久别的兄弟一样。接着，宋美龄说起了自己："余在幼时曾来贵国，认识贵国人民，并曾与之相处。余在贵国度过余身心长育之时期。余操诸君之语言，不但操诸君内心之语言，且操诸君口头之语言。故今兹来此，亦有如见家人之感。"

宋美龄这一独特的开场白，立刻获得了全场热烈的掌声。

接着，宋美龄谈起了中美两国的共同目标和共同理想问题。她又举出了中国民间的小故事，说当她与委员长退出汉口路经衡山时，看到山中有两千年前建造的"磨镜台"古迹，遂问起来历。故事是"二千年前，此地附近有一古庙，有一小沙弥，辄至此地，终日盘坐，合手祈祷，口念'阿弥陀佛'，'阿弥陀佛'，'阿弥陀佛'，日复一日，期得福祉。同时庙中住持以一砖在石上磨琢不息，日复一日，周复一周。小沙弥有时举首四顾，以窥住持之所为，但年老之住持依然进行其磨砖工作如故。一日，小沙弥问曰：'住持师父，以砖磨石，究何为乎？'住持曰：'余欲磨砖成镜。'小沙弥曰：'住持师父，磨砖成镜不可能也。'住持曰：'诚然。此与汝日复一日，自朝至暮无所事事，只知诵'阿弥陀佛'，以祈福祉者，同为不可能之事也。'"于是，宋美龄进而指出，光是宣布理想是不够的，我们不仅应该宣布理想，而且要以实际的行动去实现自己的理想。她在参议院的简短演讲同样获得了听众的热烈反响。

2月19日，罗斯福总统亲自为宋美龄主持了有一百七十二名记者参加的记者招待会。

有位记者记述了开场时的情景："蒋夫人看起来很像一个睁大眼睛的孩子，她坐在大转椅的边上，小脚还够不着地板。坐在宋美龄一边的是表情严峻的罗斯福夫人，她一只手放在中国采访者的手臂上，表示保驾的意思。另一边是轻松自如的总统——一位对付报界的能手，当他谈到宋美龄是一位'与众不同的特使'时，开怀大笑起来。"

宋美龄谦逊地表示，自己到战争前线视察时并未感到害怕，而现在看到记者们在笔记本上快速记录的时候，却不那么自信了。但是，看到他们脸上的笑容，便觉得自己是在朋友们中间。

有记者问了一个很敏感的问题："关于没有充分利用其人力的报道是否真实？"

这时，宋美龄的黑眼睛闪闪发亮，闪过愤怒的一瞥之后迅速控制好自己，说："没有汽油、飞机和弹药，血肉之躯怎能有效地用以战争？"

记者问："中国何时能收到所需要的物资？"

宋美龄巧妙地答道："这个问题请总统回答更好。"

罗斯福从容地答道："把飞机和供应品运往中国存在巨大的困难，但是美国正在努力把东西运进去。如果我是中国政府一个成员的话，肯定会问：什么时候再增加一点，为什么不增加一点？作为美国的一个成员，我就必须回答：上帝愿意让我们多快就多快。"

记者问："蒋夫人对于美国如何能加快对华援助的问题，有何建议？"

宋美龄把头再次转向总统，说："总统说过，上帝愿意让我们多快就多快。但是我记得，上帝帮助那些自助的人。"

宋美龄在记者招待会上的表现同样征服了参加会议的记者。一向以挑剔著称的美国新闻界，一反常态，对宋美龄唱起了颂歌。专栏作家雷蒙德·克拉波在 1943 年 3 月 1 日的《时代》杂志上写道："有朝一日他们可能让海伦·海斯上演这个角色，但她却不会比现实生活中的蒋夫人演得更好。"

美国一些报刊争相在头版刊登介绍宋美龄的文章："夫人身材娇小苗条，身穿一件黑色紧身的富有魅力的中国旗袍，下摆开叉几乎高到膝盖，一头柔和的黑发风雅地盘在颈后。她佩戴的饰物是价值连城的宝石，纤指上涂着红指甲油，脚上穿透明长筒袜和轻便高跟鞋。""她举止端庄，说一口地道的英语，声音优美。""议员们被她优雅的风度、妩媚和智慧迷住了，惊愕万分，完全倾倒了。在议员们长达四分钟的起立欢呼之后，她开始讲话。""美龄向国会发表的讲话像一篇加以修饰的散文，发表的材料同样富丽堂皇，但她取得了很大的成功。""她说，在中国人经过五年的抵抗之后，确信应该'宁可光荣冒险，不愿屈辱认输'，议员们起立鼓掌。"

3 月 1 日，宋美龄在纽约市政厅发表演讲，参加者有纽约市市长与市民代表。在这次演讲中，宋美龄显得愈加自信与自如。她先谈论了中美两国之间的友谊，说明了中国抗日战争的目的不仅是为了中国人，而且是为了正义和世界和平。接着，她讲述了一则中国古代的小故事。她说：二千年以前，大约正是秦始皇修筑长城的时代，广西省内有两条河流经常泛滥成灾。当地人民因水灾而惨死者达数千人。秦始皇遂派出一名高级官员前往治水。此人去了以后，组织筑堤防灾，但未能将泛滥的洪水挡住，该名官员被秦始皇处死。第二名官员被派去以后，其结果与第一位相同，也被秦始皇处死了。第三名官员终于将防水的堤坝修筑成功，将洪水拦住了。他受到了秦始皇的褒奖与赏赐。

宋美龄侃侃而谈地继续说道：去年我与蒋委员长旅行至某地，发现有三座坟墓，问其缘由，所获得的答案是："这三个人同是筑堤防灾的官员之墓，其中二人失败，一人成功。"我又问："为什么成功者与失败者同葬？"答者道："第三人成功以后，受到厚赏，但他拒绝了皇帝的赏赐，回家自杀身亡，并且对家人说，他不愿意因为别人的失败而使自身获利。也就是说，他不愿意以别人生命的代价来换得自身的荣耀。"宋美龄说到此处后话锋一转，说："余感觉美国人民亦有同样之正直德性。彼等不肯以他人所付之自由代价，而本身享受其利，我言然乎？此种高尚正直及愿为共同目标而共同忍苦工作奋斗之感觉，即为中美两国人民共同之立场。"

3 月 2 日，在麦迪逊广场向美国民众演讲，宋美龄首先感谢了近几日她所收到的美国民众从各地给她寄来的数千封信函。随后，她讲起了中国民众在抗日战争中所表现的崇高品德。重庆遭到日本飞机的野蛮轰炸之后，许多老百姓无家可归，政府设立了施粥所救济难民，但好多家室被毁者拒绝领受施粥，要求将食品送给更需要的人。她说："在此次世界战争中，吾人正不惜牺牲吾民族之精华，并牺牲吾人所有之一切，以期有所贡献于此次大战争而建立一自由正义之世界。余为此言，实因余感觉应将今日中国人民之思想，与此思想所依据之民族性奉告诸君。"

3 月 7 日，宋美龄在母校威尔斯利学院发表演说，谈了妇女在人类发展历史上的重要地位与作用。

3 月 22 日，她在芝加哥运动场发表演讲，谈到美国立国、发展的历史，强调了国际间联合努力与合作的必要性。同时，联系中国的抗战，指出国际条约应具有实际的效益，否则"徒属具文，终无生气"。这里暗中指责了英美等国在中国抗战初期的绥靖政策。她从人类共同文明的角度，阐述了中国抗战的世界性意义，说："一国之文化，固为一国之所特有。故凡模仿他国之事物，若不能融化于人民日常生活之中，终不免呈现其外来之痕迹。中国六年来之抗战与痛苦，乃以事实，而不以空言，证明中国人民认为本国文化之保存，即所以辅助世界文明之维持。正因吾人不以吾国文化单独存在而自满，吾国正在努力奋斗，以协助建造色彩丰富之世界文明，以永葆人类不容推翻不容放弃之各项共同誓守原则；目前如何艰苦，在所不计也。中国人民坚信此等原则，乃人类所固有，人类一日生存前进，一日不能稍有迁就。"

3月27日，宋美龄在旧金山市政厅发表演讲。她从旧金山的山水之美联想到中国杭州、奉化一带的天然景观，再谈及中美两国共同奋斗之重要性。其中还讲述了中国古典小说中"刘关张桃园三结义"的故事。

4月4日，宋美龄在洛杉矶好莱坞发表演讲，集中介绍了中国抗日战争的历史经过与惨烈情景。她说："盖时至今日，举世皆知日本军阀于占领南京及其他区域之后，如何实行其有计划之残暴手段；如何从事劫掠，并剥夺受惊民众之一切谋生工具；污辱吾之妇女，逮捕所有壮丁，捆缚一处，如捆缚禽兽然；并强其自掘坟墓，最后则将其踢入墓穴，予以活埋。"又说："在居留汉口之际，委员长与余时赴各前线视察，往往目击数十万本来生活安乐之同胞，今已顿成难民，流离载道，遭受敌机轰炸扫射，道旁则有累千盈万之待埋尸体，此真令人触目惊心，永难忘怀。"

4月7日，她向美国飞机厂工人致辞，对工人们对战事的支持表示感谢。

宋美龄在她的一系列演讲中，热情歌颂了中美两国之间的友谊，公布了中国抗日战争的实际情形，控诉了日本在侵略中国时所犯下的残暴罪行，强调了国际间共同抗击日本法西斯野蛮侵略的重要意义，高度评价了中美两国人民共同抗战的业绩，阐扬了中国的历史文化和中国人民在战争中所表现的崇高的牺牲精神和传统美德，传达了正义战争必然获得胜利的坚定信仰。

宋美龄在美国各地的抗战演讲，激发了美国人民对于中国抗日战争的同情与支持。美国人从各地给宋美龄发来电函与信件，还向她寄出捐款，有的捐款来自幼小的儿童，只有一两美元，却让人感到了美国人民对于中国人民抗日战争的真诚支援。

宋美龄本人则取得了她一生中最突出的外交成就。这一成就建筑于中国人民浴血抗击野蛮横暴的日本侵略军五年之久的伟大业绩之上。在她访问结束以后，美国的报界评论说："蒋夫人在这次直到1943年5月才结束的长期访问过程中公开露面时，博得了人们极大的钦佩和欢迎，这是自从林德伯格成功飞越大西洋以来，任何人都没有受到过的待遇，正如威尔基预计的那样，美国人对她'洗耳恭听'。"（转引自《史迪威与美国在华经验》下册，第500页，商务印书馆1985年版。）

罗斯福总统也发表文章赞扬宋美龄说："由此演说，可知蒋夫人不但因为是蒋委员长的夫人，而是由于她本人有其伟大性格和卓越劳绩，作为其人民的代表，受到举世的尊敬和重视。"（《纽约时报》1943年12月18日。）美国《时代》杂志的封面刊登了宋美龄的大幅彩照，另附有美国第一夫人高度评价宋美龄的手迹："蒋夫人是一个很可爱的人，意志坚强，肯定不是感伤主义者。她的到来，标志着对一位妇女的承认，这位妇女靠自己的品德和所作的贡献，在世界上取得了地位。"

宋庆龄对宋美龄的美国之行这样评价道："ML（指美龄）看起来是这样阔绰高贵、举止又是那样的像最时髦的名流，我们发现她经历了一场巨大的生理上的变化……不管人们怎么说，她为中国做了最广泛的宣传，并且正如她自己对倾慕的人的一次集会上所说，'我让美国人看到，中国人不全是苦力和洗衣工人！'我想，中国必须为此而感激她。"（1943年7月16日自重庆致纽约格雷斯·格兰尼奇。）

当然，在美国也有一些关于宋美龄的负面的报道。譬如说她生活奢侈，在白宫居住时，每天都要更换真丝床单；在芝加哥要求多花几千美元居住豪华的德雷克饭店；她的衣着十分奢华，胸前佩着价值连城的宝石，鞋子上缀着皇宫中的珍珠，等等，有些报道属实，有些可能也是猜测之辞。

随之而来的美援和道义支持

对于蒋介石政府来说，宋美龄访美的最实际的意义，还是随之而来的物资和美元援助。奉蒋介石之命，宋美龄在美国期间多次与罗斯福商谈了关于美国援助中国抗战的问题。

宋美龄在1943年2月5日电告蒋介石：罗斯福拟"供给中国大量飞机"。

以后又电告说："美决即运华轰炸机三十五架，业已开行，几次续运三十五架，秋初再运二百六十架。妹拟请罗斯福考虑秋初拟运之利害，提早从速供给应用，兄需要五百架机应当设法转告。"5 月 4 日，宋美龄致电蒋介石说："美方决定贷我 A24 机一百五十架，由四月份起在美交货；P40N1 机一百五十架，由五月份起交货。以上两项均定于十二月底交完，除 P40N1、P40 型之最新式者颇合我用外，A24 为一单发动机俯冲轰炸机，全航程仅四百五十英里，将来能否由定疆飞到云南驿，尚成问题。在援华活动作战应因航程关系而被限制，故向美方提议，将一百五十架 A24 轰炸机改为 A24 者五十架，B24 者一百架等语。"（《战时外交》（三）第 841 – 842 页，台北 1981 年版。）

1943 年 4 月 24 日，宋美龄成功结束了她的美国巡回演讲返回纽约。其时，中国国民党政府的外交部长宋子文也被派到美国，蒋介石想让他与罗斯福商谈有关缅甸战事空军总攻计划问题。可是，宋子文见不到罗斯福，只得委托宋美龄代办此事。当时，缅甸战事关系到中国战场接受外界援助的通道问题，所以蒋介石十分关注此事。

5 月 3 日，宋美龄由纽约赶至华盛顿，当晚便与罗斯福总统商谈有关援助中国事宜。起初，罗斯福几乎一口拒绝了蒋介石关于总攻缅甸的计划，推托说美军进入缅甸须经英国政府同意方可，因那里还是英国殖民地，并请宋美龄转告蒋介石放弃攻缅计划。

第二天，宋美龄继续向罗斯福强调：缅甸是中国的生命线，蒋介石对缅甸的重视并不因为领土而是因为运输及经济，况且英美以前屡次公开声称，要以中国为反攻日本的根据地，若不重开滇缅公路，中国部队如何才能接收到大量的军械援助？又如何成为反攻的根据地呢？蒋介石将如何答复中国人民以及军队的期望呢？经宋美龄一再陈述利弊，谈判终于达成下述协议：

1. 美国以往每月空运吨位分配给陈纳德三千吨，史迪威四千吨，宋美龄希望增加至一万吨。罗斯福答应认真考虑。

2. 宋美龄要求美国增给两个空军大队，罗斯福允许照办。

3. 罗斯福允许在利都至两部尖纳路线造成时，美方帮助中方打到腊戍、曼德勒，使此路线不再为敌切断。

4. 蒋介石要求美国派三个师入缅，罗斯福答称须等联合参谋长会议的允诺，宋美龄竭力争取，说英国人无论答应与否，中方可允许美军先去。罗斯福遂答应派一师海军陆战队协助作战，并将与陆军部洽商派其余两师。宋美龄又进一步要求，这些派往缅甸的军队不能占用援华物资，其供应必须由美国自行解决。罗斯福答应。

5. 宋子文曾计划要求美军空运总处拨运运输机数架，供给中国国内之用。宋美龄认为罗斯福以前曾命令所有运输机集中于空运总处，现如要求总统划拨，未免自相矛盾，故而机智地请罗斯福另由美国供应五架飞机给国内使用。罗斯福答应。

应该说，宋美龄与罗斯福的谈判是十分成功的。美国方面不仅同意提供若干物资援助，而且由完全放弃缅战计划，到答应帮助维持新路线。

宋美龄将谈判结果兴奋地告诉蒋介石，并建议蒋把他的攻缅计划由一次性分为两步进行。结果蒋介石不同意，认为如无美英全力协助，攻缅之战必定使中国牺牲很大，故局部性反攻不予考虑。而宋美龄也不同意在现有谈判结果的情况下，再度强迫罗斯福完全接受蒋介石的方案。她回电蒋介石说："反攻缅甸，妹再四思维，知阻扰甚多，即使英、美全部接受兄之意见，如届时不能履行约诺，仍属空言，无济于事。但知兄对此事至为关怀，故竭力推动，俾求逐步进行。妹认为美国人心理，倘我方有相当成绩表现，则届时美方必定乐于协同进行全部反攻计划也。"

在这次宋美龄访美期间，1943年1月，罗斯福和丘吉尔在北非的卡萨布兰卡举行会议，决定肃清驻扎北非的德、意军队。宋美龄在得知情况后，立即告知蒋介石，并认为这样的会议对中国方面并无预告，可见没有将中国放在眼里。而蒋介石在回电中则表示，北非会议乃欧战会议，与远东战局无关，要宋美龄冷静处之，不要因此而批评美国政府。

针对这一件事，宋美龄在给蒋介石的电报中有一段关于中国必须自立自强的很有意思的议论。她说："妹自抵美后，即抱我国虽穷亦决不作低头求人态度，盖我国民族之抗敌，乃为全世界人民之幸福而作此极大牺牲，非仅为中国谋久长之康乐。"北非会议，中国不得预闻，宋美龄深有感触："若在和议席上欲争取合法权利，亦非有力量方能有资格说话。换言之，赶快积极发展轻、重工业，在可能范围内千计百方，总需设法切实提倡创办。须知欧美各国初始亦仅赤手空拳也，若再沉于幻想，俟他国战后开始供给所需，或纸上谈兵，或竟沉潜于以往头痛医头、脚痛医脚敷衍办法，则一切将太晚矣。"（《战时外交》（三），第 787－788 页，台北 1981 年版。）这番议论，对于蒋介石的对内对外政策隐有针砭，其中不乏真知灼见矣。

宋美龄在访美期间还解决了一个中美关系史上的重要问题，即废除美国的排华法案。还在宋美龄即将去美国国会演讲之际，1943 年 2 月 17 日，美国参议员肯尼迪自华盛顿致信宋美龄，表示："在吾人昔日移植西部之困难时期，即有华工输入，彼时曾引起一部分国人之惊疑与嫉忌，致华工迄今未取得合法地位。自从 1930 年，吾国户籍上亦只有华人 46129 人，而数月之间则有更多数之欧洲人避难来美"，他打算"趁蒋夫人光临之吉日提出此案，给华人以进入美国及加入美国国籍之权利"，因为"凡与吾人共危难者，亦将与吾人共享胜利之果；凡与吾人交好博得爱敬者，必将取得我国公民资格"。

宋美龄对于肯尼迪的来信十分重视。她于 6 月 16 日致蒋介石的信里说道：肯尼迪提案"对我国际地位极有关系，此议案如通过，则心理上之影响及效力较租借法案更有历史价值"。她指示中国驻美大使魏道明采取积极措施，促使该法案在美国会通过。宋美龄访美在美国社会各阶层所引起的强烈同情与好感，的确对该法案的通过起到了很好的催化作用。1943 年 9 月 30 日，美国参议院就此提案开始辩论。因国会内仍有人坚持实行歧视华人的旧议案，罗斯福总统于 10 月 11 日致函国会，敦促尽快废除《排华法》，允许中国人移居美国，允许中国侨民转化为美国公民。他在信中指出，国家和个人一样，也会犯错误，美国要有足够的勇气承认过去的错误并加以改正，而废除《排华法》，美国就可以改正一项历史性的错误。同年 12 月 17 日，肯尼迪提案终于获得国会通过，总统签署该法案以后，延续近六十年的美国《排华法》

终于被废除，中美关系获得了一次有益的改善。

1943 年 6 月底宋美龄离开美国，7 月 4 日，返回重庆。罗斯福于宋飞返途中致电蒋介石："蒋夫人于 28 日晨离佛罗里达。夫人此次访美，余认为乃一大成功。吾在此间见夫人之健康确比初到时良好，惟医生坚嘱，于长途辛苦之旅行到渝后，必须有一星期之完全休息。"7 月 4 日，蒋介石自重庆致电罗斯福："内子已于本日午后抵达重庆，其健康已较离渝时良好，殊感欣慰。在美期间，承诸贤伉俪优加礼遇，谨同表深挚之谢忱。"

就这样，宋美龄通过她的美国之行，把中国的抗战之声传遍全美，把美国政府与蒋介石政府紧紧地拉到了一起。然而，随她而来的滚滚美元，蒋介石并未完全用于中国的抗战之中。他在得着美国人撑腰之后，更多地想的是战后他对中国政权的掌控与如何消除中国共产党对他个人独裁的"威胁"。因此，宋美龄的对美外交成功，也从某种程度上膨胀了蒋介石的个人野心，滋长了他的独裁欲望，对于中国的抗日战争并未起到真正的促进作用，这从蒋介石此后更加消极的抗战态度和一败涂地的对日作战成绩便可得到验证。

三、开罗会议　跻身巨头

开罗会议是蒋介石跻身美英苏中四大强国领袖地位的一个标志。他与罗斯福、丘吉尔面商了若干战时的作战计划与战后世界的安排问题。中国收回台湾、澎湖等地在开罗会议的宣言中获得了明确认定，使此次会议具有重要的历史性意义。有评论说，开罗会议是宋美龄政治生涯的顶点，也是蒋介石走向衰弱的起点。蒋介石以为，开罗会议以后他可以成为世界领袖之一，独裁倾向更加突出。其实，他只是别的大国棋盘上的棋子，一旦不被需要，他所依赖生存发展的大国就会毫不犹豫地抛弃他。

罗斯福把蒋介石捧上"四强"

1943 年，第二次世界大战的格局发生了根本性的转折。1942 年 6 月，美军在中途岛海战中获得大胜，开始由战略防御转入战略进攻。同年 8 月，美军乘胜进军，进攻日本威胁美澳交通线的最前沿——瓜达尔卡纳尔岛，到 1943 年 2 月完全占领瓜岛，为开展全面反攻打开了通道。1942 年 7 月至 1943 年 2 月，苏德战场上进行了斯大林格勒会战，苏军取得决定性胜利。这一会战不仅成为苏德战场的转折点，也成为整个第二次世界大战的转折点。

1942 年 10 月至 11 月，英国在北非实施阿拉曼战役，完成了北非战场的战略转折。

战事向着有利于反法西斯力量的方向发展着。明眼人已经看出，轴心国侵略集团的失败已经指日可待。

这时，同盟国的领导者们都明智地意识到，进一步联合作战加速战争进程不让侵略者有任何喘息时机，以及着手安排战后世界事务的重要性和紧迫性。于是，政治巨头们的会晤与谈判增加了。美英两国首脑于 1943 年 8 月举行的魁北克会议上通过了"霸王"作战计划，决定美英军队大约在 1944 年 5 月 1 日在法国登陆，进攻德国心脏地区；并且准备在德国崩溃以后的十二个月内击败日本。

为了消除苏联的疑虑和不满，要求苏联在打败希特勒之后出兵对日作战，同时也为了筹建维护战后世界和平和安全的国际机构，美国总统罗斯福和英国首相丘吉尔渴望与斯大林会晤，同时也希望与中国政府首脑会谈，以共同商讨和解决那些影响整个大战进程和战后安排的重要问题。出于拉住中国政府抗日的目的，美国首脑人物竭力主张在他们着手进行的巨头谈判中，将中国列入强国。

在美英苏三国首脑会晤之前，首脑们决定先进行一次三国外长谈判以作准备。1943 年 10 月 19 日，美国国务卿赫尔、英国外交大臣艾登和苏联外交人民委员莫洛托夫在莫斯科举行三国外长会议，通过了《关于普遍安全的原则》。根据罗斯福的指示，赫尔在会议上提出让中国成为宣言共同发起国。这一建议遭到莫洛托夫的强烈反对，艾登也持冷淡态度。罗斯福和赫尔一致认为，"两个三国协定远远抵不上一个四国协定"。

根据罗斯福的指示，赫尔在中国成为宣言签字国的问题上持强硬立场。赫尔指出："美国政府就中国局势做了并正在做一切可做的事情。在我看来，不能把中国从四国宣言中删去。我的政府认为，中国已经在世界范围内作为四大国之一进行战争。对中国来说，现在如果俄国、大不列颠和美国在宣言中把它抛到一边，那在太平洋地区很可能要造成可怕的政治和军事反响。"

（《赫尔回忆录》第二卷，第 1282 页。纽约 1948 年英文版。）他告诉莫洛托夫和艾登："排除中国是错误的，美国的决心是，如果不以四强名义发表，宁愿此次会议不发表宣言。"这样，莫洛托夫才同意让步。10 月 26 日，三国外长会议同意中国为宣言发起国之一。

通过外交途径商定，中国驻莫斯科大使傅秉常受权与三国外长一起在"四国宣言"上签字。宣言全文如下：

美利坚合众国政府、联合王国政府、苏联政府和中国政府：

共同遵照 1942 年 1 月 1 日联合国家宣言以及以后历次宣言，一致决心对它们现正与之分别作战的轴心国继续采取敌对军事行动，直至各轴心国在无条件投降的基础上放下武器为止；

负有使它们自己和同它们结成同盟的各国人民从侵略威胁下获得解放的责任；

认为必须保证迅速而有秩序地从战争过渡到和平，并建立和维持国际和平与安全，使全世界用于军备的人力与资源缩减到最低限度。

特联合宣言：

1. 它们用以对其各自敌人进行战争的联合行动将为建立和维护和平与安全而继续下去；

2. 它们中与共同敌人作战的那些国家，对于有关该敌人的投降和解除武装等一切事项将采取共同行动；

3. 它们将采取它们认为必要的一切措施，以防止对敌人提出的条件遭到任何破坏；

4. 它们认为必须在最短期间，根据一切爱好和平国家主权平等的原则，建立一个普遍性的国际组织，所有这些国家不论其大小，均可加入为成员国，以维持国际和平与安全；

5. 为了维持国际和平与安全，在重建法律与秩序和创立普遍安全制度以前，它们将彼此协商，必要时并将与联合国家的其他成员国进行协商，以便代表一个国际共同体采取共同行动；

6.战争结束后，除了经过共同协商和为实现本宣言所预期的目标外，它们将不在别国领土上使用其军队；

7.它们将彼此，并与联合国家的其他成员国协商和合作，以便对战后时期控制军备达成一个实际可行的全面协议。

（参见《国际条约集》（1934－1944），第403页，世界知识出版社1961年版。）

显然，四强宣言具有重大的国际意义，同时它也标志着中国开始作为"强国"介入国际事务的商讨之中。继"四强宣言"之后，罗斯福又进一步尝试举行四强首脑会晤。在第二次世界大战的后期作战问题上，美英两国有着尖锐的战略分歧：

在大西洋战区，英方主张充分利用北非战役胜利后的有利形势，在地中海地区对西西里等地发动一系列攻击，迫使意大利退出战争，促使德国援救这些被攻击的地区；而美方认为，在地中海地区展开全面的攻击，势必要占用计划中在英国集结的兵力和物资，使1943年进攻西欧的"围歼"计划落空。任何在德国外围地区的进攻，都不能对德国真正造成伤害，只有进攻法国北部，直接打击德国本土，才能击败德国，减少伤亡。

在太平洋战场，美方主张必须继续进行对日本人业已开始的攻势作战，给日军不间断的打击，才能防止日军巩固阵地，给美军以后的进攻造成更大的障碍和牺牲；而英方主张必须集中一切力量首先击败德国，在太平洋战场上只要阻止日军进攻就可以了。

英美两国的参谋长们在联席会议上为此争论不休。罗斯福不愧为一位有手段的战略家，为了协调英美之间的战略分歧，同时加强各大国之间的战略联系，遂下决心促成四大国首脑会晤，以便在太平洋战场问题上得到中国首脑的支持，而在大西洋战场上，他相信斯大林也一定站在美国一边。

参加开罗会议

罗斯福对于美国在四大国之间的作用，显得颇为自信。

他曾在开罗会议前对儿子小罗斯福说道："我们与英国的联盟也有一种容易使中国与苏联误会我们是在国际政治上完全支持英国方针的危险性。美国将必须领导，并且以我们中间人的立场去调解和帮助解决其他国家之间的不和与争论；帮助解决中英、中苏在远东方面的争端。我们有力量可以办到这一点，因为我们现在是个强大而自足的国家。英国正在走向衰落，中国则依然停留在十八世纪之中。苏联怀疑我们，并且也使我们怀疑它。美国是在世界乱局中足以建立和平的唯一的强国。""这是一个巨大而艰辛的责任。而使我们能够圆满地达成这一个责任的唯一的办法就是先和这些巨头面对面地谈一下。"（《罗斯福见闻秘录》，第105－106页，中国人民解放军总参谋部1959年版。）

关于巨头们会晤的地点，各国首脑各有各的看法。斯大林建议在伊朗的首府德黑兰，理由是苏、美、英三国在那里都有自己的大使馆；丘吉尔建议在塞浦路斯或者苏丹的首府喀土穆举行；罗斯福则建议在北非某地或中东某地举行。他在给斯大林的信中具体提到了开罗，说："开罗在许多方面是吸引人的。据我所知，在那里的城郊，金字塔附近，有一家旅馆和几所别墅，这些场所都完全可以和外界隔绝开来。在前意属厄立特里亚的首府阿斯马拉，据说有一个非常好的建筑物和一个任何时候都可以使用的飞机降落场。其次，也可以在东地中海的某一港口会晤，只要我们每人都备一条船。"

最后，美英两国让了步，巨头会议定于德黑兰召开。并且，斯大林表示鉴于苏联与日本的微妙关系，他拒绝参加有蒋介石在场的任何会议。接着，罗斯福又希望苏联能派出莫洛托夫参加四强会议，斯大林告诉罗斯福："仅限三国政府首脑参加的会议，理应根据以前已经取得的协议在德黑兰举行。应当绝对不准任何其他国家的代表参加这次会议。"

斯大林的电报彻底断绝了罗斯福企图召集四国巨头会议的设想，他只得放弃原计划，着手准备在德黑兰会议以前，召集一次美英中三国巨头会议。

罗斯福以极大的努力一定要将中国拉入同盟国四强之中，是因为他充分估计到中国在太平洋战场的重要性。他对他的儿子说过："假如没有中国，假如中国被打坍了，你想一想有多少师团的日本兵可以因此调到其他方面来作战？他们可以马上打下澳洲，打下印度——他们可以毫不费力地把这些地方打下来。他们并且可以一直冲向中东……""为什么不呢？日本可以和德国配合起来，举行一个大规模的夹攻，在近东会师，把俄国完全隔离起来，割吞埃及，斩断通过地中海的一切交通线。"（《罗斯福见闻录》，第49页。）

显然，罗斯福对于中国战场重要性的估计是完全正确的。

早在1942年春，德国一再催促日本履行条约义务，自东方进攻苏联，而日本置之不理。是年秋，当斯大林格勒战役期间，"德国政府再次坚决要求日本出兵进攻苏联"，但当时日本正忙于准备对华"五号作战"急于结束侵华战争，驻在中国东北戒备苏联的部队仅有十四个师团，又不得不分出很大兵力，用来统治和镇压当地抗日军民。因此，对德国要求它履行条约义务，夹攻苏联，日本迟至1943年3月6日才作出正式答复：日本政府"深切理解德国盟邦切盼日本参与反俄战争之愿望，但顾念当前战局，使日本政府无法参战"。（［苏］《外交史》第四卷，第327页。）

苏联既无两线作战之忧，亚洲的许多新建师遂得以源源西调。斯大林格勒保卫战，苏联集中用于西线的兵力达91%，这是战役取得胜利的重要因素之一。

罗斯福对于开罗会议的召开倾注了极大的热情。他在1943年10月至11月，一连给蒋介石发出了三封电报：

第一封是10月28日电，内容是："莫斯科会议，至今进行甚速，极望其会议结果能有裨于各方，我正促成中、英、苏、美同盟之团结。我尚不知斯大林能否与我相晤，但在任何情况下，我极望与阁下及丘吉尔能及早会晤于某处，时间为十一月二十日至二十五日之间。我想亚历山大（埃及海港）当为一良好地点……会议日期约为三日……并祈极守秘密为盼。"

第二封是 11 月 1 日电,内容是:"我尚未接获(斯大林)元帅之明确回答,但丘吉尔与我仍有会晤阁下的机会,我望阁下能决定十一月二十六日,约在开罗邻近之处,与丘吉尔及我相晤。"

第三封是 11 月 9 日电,内容是:"我于二三日内即将前往北非,望于二十一日抵达开罗,丘吉尔将晤我于此。我与丘吉尔拟于二十六日或二十七日在波斯与斯大林相晤。故我殊愿阁下、丘吉尔与我得先此相晤。盼阁下能于十一月二十二日抵达开罗。"(参见《战时外交》(三),台北 1981 年版。)

罗斯福一封封热情的邀请电,让蒋介石既喜且忧,心情十分复杂。一方面,他希望通过与罗斯福、丘吉尔这些世界级领袖人物的会晤,提高自己在国际政治中的地位和国内民众中的威信,同时,他还可以利用这次会晤,为中国抗战争取外援;另一方面,蒋介石又深知,中国的实力地位与英美无法相提并论,这使他能在开罗会议上打出的王牌寥寥无几,无法对会议产生重要影响。

最后,蒋介石终于决定在开罗会议上采取低姿态的消极方针,以争取美、英首脑对于他本人的好感,在此基础上,力争太平洋战场上英美军队的联合作战。

11 月 13 日,蒋介石在日记中写道:"余此去开罗与罗、丘会谈,本'无所求、无所予'之精神,与之开诚交换军事、政治、经济之各种意见,勿存一毫得失之见则几矣。"

四天之后,蒋介石又一次在日记中表示:"余此去与罗、丘会谈,应以淡泊自得,无求于人为唯一方针,总使不辱其身也。对日处置提案与赔偿损失等事,当待英、美先提,切勿由我主动自提,英、美当敬我毫无私心于世界大战矣。"

尽管如此,蒋介石还是为出席开罗会议作了一些必要准备。他指示下属准备中国在会议上的提案,但告诫他们,提案必须仅仅限于与中美英共同相关的问题,属于中英之间敏感的香港、九龙、西藏等问题不可在这次会议上提出。

11 月 14 日，中国提案大纲整理就绪，主要内容为三大项：

1. 对日反攻战略设备及讨论关于远东各问题之机构。

2. 日本无条件投降时应接受之条款，军事方面共十条。第六条中，提出旅大、南满、东北、台湾、澎湖归还中国条款；第十条为日本应赔偿中国损失（1918 － 1945）。

3. 战后重要问题，共十条，包括中、美、英各方之问题。

提出战时军事、政治、经济合作方案。军事上，主要是协助中国加强空军建设，增派驻华空军，以及反攻东南，派人赴美学习海军作战和造舰技术。

政治上，承认朝鲜、印度、泰国独立，保证中南半岛各国与华侨的地位，实行种族平等。

经济上，要求美国协助中国稳定货币和进行交通、外贸、工业以及军工等各项建设。（参见《战时外交》（三），第 503 － 506 页，台北 1981 年版。）

提出收复台湾要求

关于台湾的收复问题，抗日战争期间中国国内已有相当多的酝酿。

1938 年 4 月，蒋介石在国民党临时全国代表大会上发表讲话说："日本自明治以来，早就有一贯的大陆侵略计划。过去甲午之战，他侵占我们的台湾和琉球，日俄战后吞并了朝鲜，侵夺我们旅顺和大连，就已完成了他大陆政策的初步。他就以台湾为南进的根据地，想从此侵略我们华南和华东；而以朝鲜和旅大为他北进的根据地，由此进攻我们的满蒙和华北。台湾是中国的领土，中国要讲求真正的国防，要维护东亚永久的和平，断不能让高丽和台湾掌握在日本帝国主义者之手，必须针对着日本之积极侵略的阴谋，以解放高丽、台湾的人民为我们的职志。"

1941 年 12 月 9 日，珍珠港事件爆发次日，国民政府正式对日宣战，向中外宣告"所有一切条约、协定、合同，有涉及中日间之关系者，一律废止"。

事实上，割让台湾、澎湖列岛的《马关条约》即于此时失效，台湾已经恢复为中国领土的一部分。

1942 年 4 月间，重庆掀起了一个声势颇大的收复台湾的宣传活动。国民政府的许多要人如孙科、陈立夫、冯玉祥等，都纷纷发表广播讲话、宣传集会演讲和撰写专题文章，阐述台湾与大陆的历史关系与收复台湾的现实意义。1942 年 11 月 3 日，中国外交部长宋子文在重庆举行记者招待会，指出日本所侵占之土地均应于战后交还原主，"中国应收回东北四省、台湾及琉球"。其时，美国的《幸福》《生活》《时代》三大杂志联合起草了一份"太平洋关系备忘录"，其中提议战后在太平洋建立一条防御地带，把台湾列入了国际共管的范围。1943 年初，中国《大公报》立即发表评论文章《中国必须收复台湾——台湾是中国的老沦陷区》，对所谓国际共管论给予驳斥，指出根据国际公法，台湾是不折不扣的中国领土。日本从中国手里夺去台湾，根据大西洋宪章，台湾理应归还中国。文章呼吁政府"对台湾问题最好即作具体的措置，以沦陷省区待遇台湾"。

1943 年 3 月，蒋介石在其《中国之命运》一书中强调："台湾、澎湖列岛本是汉人开发的区域，屹峙东南，久为我们中国的屏藩，迄至明末，乃为荷兰人所侵据，而终为我郑成功所收复，其事迹真可歌可泣。以国防的需要而论，上述的完整山河系统，如有一个区域受异族的侵据，则全民族全国家，即失其自卫上天然的屏障。"可见，蒋介石对于台湾在军事战略上的重要地位是有所认识的。他也意识到日本侵略者的失败已经指日可待，又有全国民众舆论的呼声，故而他已将台湾的收复问题列入议事日程之中。这正是他在开罗会议中坚持解放台湾问题立场的思想基础。

开罗之行是蒋介石继青年时代赴日本学习以后，再次踏出国门。对蒋而言，这次会议非同寻常。

蒋介石带着宋美龄一行于 11 月 18 日自重庆起飞，以兴奋与忧虑的心情向开罗飞去。

与列强们"讨价还价"

蒋介石一行于 11 月 21 日上午七时五分到达开罗培因机场，即刻乘车前往米纳旅店。下午三时左右，丘吉尔亦到，蒋介石首先拜会丘吉尔。22 日上午，罗斯福最后到达。

参加开罗会议的中国方面人员共二十名，其主要成员有：蒋介石及其夫人宋美龄、国防最高委员会秘书长王宠惠、军事委员会办公厅主任商震、航空委员会主任委员周至柔、委员长侍从室第一处主任林蔚、宣传部副部长董显光、外交部情报司帮办郭斌佳、军令部第二厅厅长杨宣诚、驻美大使馆武官朱世明、军令部第一厅处长蔡文治、委员长侍从长俞济时、委员长侍从室第一处组长陈希曾、励志社总干事翻译官黄仁霖、委员长侍从副官陈平阶、委员长侍从秘书俞国华等。

出席会议的美方人员有：总统罗斯福、陆军后方勤务部长索姆威尔、罗斯福总统的亲信助手霍普金斯、北非盟军总司令艾森豪威尔、中缅印美军总司令史迪威、美第十四航空队司令陈纳德、美陆军参谋总长马歇尔、美陆军航空司令安诺德、全美舰队总司令金、美驻英大使威南特、美驻苏大使哈里曼、美空军上将泰德，以及罗斯福总统的儿子利奥特·罗斯福等。

出席会议的英方人员有：首相丘吉尔和他的女儿、英国外相艾登、外交部常务次官贾德干、英驻土耳其大使史丹哈特、东南亚盟军总司令蒙巴顿、美陆军参谋总长布鲁克、海军参谋总长肯宁汉、英美联合参谋部英代表团团长狄尔、空军参谋总长波多尔、运输大臣李泽斯等。

（以上参见《开罗会议全貌》，第 7 – 8 页，上海经纬书局 1945 年版。）

蒋介石夫妇作为中国的代表，首次登上了大国的政治舞台，给与会者以深刻的印象。

英国外交大臣艾登在回忆录中写道："他比我所料想的要瘦小，体格很好，手脚纤巧匀称。……总之不像一个武人。他经常微笑，但眼里没有笑意，却以锐利的目光盯着看你。……他精力充沛，有如钢刃。"丘吉尔在回忆录中也提到："他的那种沉着、谨严而有作为的性格，给我以深刻的印象。"丘吉尔对于宋美龄的评价较高，说她服装"极为潇洒合身"，"是一个非常出色而又富于魅力的人物"。艾登也说：她"待人和善，或许有一点像女王似的。显然习惯于自行其是，但却是一个勤勉而认真的译员，并不如我过去所听说的那样轻浮，爱发脾气。"艾登总的感觉是"我挺喜欢他们两人，尤其是蒋介石，愿意同他们多接近。"

显然，蒋氏夫妇在开罗会议上给人们留下的第一印象是不错的。

11月23日上午十一时，开罗会议的第一次全体会议在罗斯福下榻的别墅里举行。别墅客厅中央，安放了一张巨大的圆形会议桌，罗斯福、丘吉尔和蒋介石夫妇分别在桌前就座，其余军官们坐在四周。

罗斯福首先宣布开会，说："今天我们在这里举行的将是一次具有历史意义的会议，它将对今后数十年的世界形势产生深远影响。我和尊贵的丘吉尔先生曾经多次会面，我们是老朋友了。委员长阁下和我们是第一次会面，我愿借此机会，向尊贵的委员长、美丽的蒋夫人和中国代表团表示热烈的欢迎。下面我们请蒙巴顿将军谈谈东南亚作战方案。"

根据蒙巴顿介绍的计划，战役将从1944年初开始，中国军队在缅甸北部、英国军队在缅甸西部同时发起进攻，计划于4月收复北缅。

丘吉尔对蒙巴顿的计划作了补充，说："我想专门谈谈英国海军的情况。由于意大利的投降，和我们在大西洋上对德国潜艇作战的胜利，不久，我们就可以在印度洋上集中一支强大的舰队，它将包括五艘新式战列舰，四艘重巡洋舰和十二艘辅助舰只。这样，我们就可以在孟加拉湾占得优势。"

蒋介石打断丘吉尔的话，说："首相阁下，我认为在海军集中之前就发动陆军进攻，并没有必胜的把握。我们必须知道，日本人决不会轻易放弃缅甸，他们必定拼死守卫缅甸。我认为，对日本人最重要的战场有三处，这就是缅甸、华北和东北。如果他们在缅甸失败，那么将不得不放弃华南、华中。缅甸的重要性由此可见。因此我主张，陆军和海军的攻势应同时进行，陆军在缅北反攻的同时，英国应采取行动，向孟加拉湾派遣海军和两栖部队，夺取安达曼岛，取得制海权，切断缅甸日军的海上补给线，形成南北两路夹击缅甸的海陆协同作战。"

丘吉尔面露不悦之色，说："我想坦率地告诉委员长阁下，现在离明年元月只有一个多月，英国海军在那时无法在印度洋上准备就绪。不过，我认为缅甸的地面战斗与孟加拉湾的舰队并没有直接联系，我们的舰队是在贵国陆军作战地点的两千海里至三千海里以外，发挥它在制海权方面的影响。因此，它与不久前盟军在西西里的两栖登陆作战不同，在那次战役中，海军的支持是陆军作战不可少的前提条件。"

蒋介石也不满地询问："首相阁下，贵国海军究竟何时能够在印度洋上集中，并如何取得制海权？我认为这对缅甸作战至关重要，我希望有所了解。"

丘吉尔搪塞地支吾道："委员长阁下，海军作战的详细计划仍需研究，以后我们两人单独会谈时我会告诉您。"

（以上参见《开罗会议日志》，载《战时外交》（三），第537页，台北1981年版。）

23日下午，美英参谋总长联席会议讨论缅甸作战计划，中国的将军们列席了会议。

马歇尔将军指出："蒋委员长已经同意派地面部队参加收复缅甸北部的战斗，他所要求的只是英国的海军和两栖部队在缅甸南部发动进攻。我主张，应该发动对安达曼群岛的进攻，作为对缅北战役的支持。"

英国陆军参谋总长布鲁克将军立即反对说："关于进攻安达曼群岛一事可以暂缓讨论，现在我们在地中海地区已经拥有一支强大的军队和海军，应该利用这一有利形势，首先对爱琴海上的罗得岛发动两栖攻击，从而对土耳其产生重大影响，促使土耳其参加对德作战，并向盟国开放黑海海峡。"

美国人知道，如果实施布鲁克提出的爱琴海作战计划，将无法进行对安达曼群岛的进攻，甚至还将影响在8月举行的魁北克会议上作出的登陆法国北部的"霸王"计划。因此这一建议立即引起轩然大波，使参谋长联席会议成了火药味甚浓的辩论会。参加会议的史迪威写道："布鲁克大发脾气，金变得通情达理，但也不时怒气冲冲。金几乎越过桌子对着布鲁克。啊，上帝，他疯了，我希望他痛揍布鲁克一顿。"

出席会议的中国人没有表示明确的意见，但美国总统参谋长李海感到："他们对情况相当了解，他们知道该做什么，他们最大的希望就是尽快收复缅甸，以便重新打开通往中国的供应线。"

事实上，中国与英国的矛盾也是很尖锐的。

丘吉尔是一个殖民主义色彩极浓的政客。他无视中国人民长年的浴血奋战，为第二次世界大战所作出的巨大牺牲和贡献。他认为"美国人大大夸大了蒋介石政府在反法西斯战争中发挥作用的能力"。丘吉尔最关心的是不让日本人进入他的英属殖民地印度，并且想要收复新加坡这块已经陷落的基地。总之，英国人的最终目标只是要在战后仍然保持它在整个亚洲的殖民利益。

蒋介石对外是一个坚定的民族主义者。他对亚洲战场的总体目标是使中国少受损失，在此基础上争取较大的抗战成果。同时，他希望借助抗日之名，养精蓄锐，为战后与共产党争夺天下做好准备。

因此，在打开缅滇通路问题的谈判上，中国与英国始终不能达成共识。蒋介石要求英国出动海军从南缅登陆，配合中国军队南北夹攻，收复缅甸全境，以恢复缅滇公路，确保中国的补给线；丘吉尔只要求中国单独在缅甸北部作战，牵制住日军不向英属印度进攻就可以了，他拒不接受蒋介石提出的任何一项建议。

24日晚间，丘吉尔曾带领蒋介石夫妇进入他的地图室，他手指地图，不厌其烦地将盟军在各战区的战况向蒋介石一一介绍。尽管蒋介石对丘吉尔所说的情况早已熟悉，但还是不得不耐着性子听下去。直到最后，丘吉尔也没有向蒋介石明确讲英国海军明年在缅甸南部进攻的具体时间和地点。

蒋介石对于英国人的态度十分恼怒，他在11月30日的日记中写道："开罗会议之经验，英国决不肯牺牲丝毫之利益以济他人，……英国之自私与贻害，诚不愧为帝国主义之楷模矣！"

英国人的自私和贻害还表现在其他事情上。当蒋介石向马歇尔提出中方派代表参加英美参谋长联席会议的要求时，马歇尔答应在讨论有关中国方面事务的时候，可以接纳中国代表参加，可是英国方面坚决反对，英军参谋长坚决不同意让中国代表进入这个军事组织。对此，罗斯福曾对丘吉尔当面指出，英国人不愿看到中国成为一个强国，有意压抑中国。但是丘吉尔装作没有听见。他认为，一个在美国扶持下强大起来的中国，只会对美国有利，而对英国的利益却是挑战。

最后，仍然是罗斯福出面调解，他与丘吉尔在私下里就缅滇作战问题达成一项谅解，并将这次行动的代号定为"海盗"。

随后，罗斯福将"海盗"计划告诉了蒋介石。这就是：美国人答应把驼峰的空中运输能力从每月三千吨提高到一万吨，必要时派一至两个师参加缅甸作战；英国海军在孟加拉湾登陆，配合中国远征军在缅北的陆上作战，美国提供登陆支援；中国远征军从印度经野人山，从滇南经龙陵、腾冲进攻缅甸。

"海盗"计划没有正式签字，罗斯福以个人名义向蒋介石担保：一定迫使英国执行"海盗"计划。

11 月 26 日，美英两国参谋长联席会议就"海盗"计划作了最后一次的交锋。英国参谋总长再次鼓吹夺取罗得岛是胜利的关键，强调爱琴海军事行动的重要性。这一次美国人表现得比较克制。

马歇尔说："我们希望在东地中海的军事行动不至于妨碍'海盗'行动的实施。"

布鲁克立即表示："如果我们既要夺取罗得岛和罗马，又要进行'海盗'行动，那么实施'霸王'计划的日期就不得不推迟。"

马歇尔态度坚决地说："如果必要的话，'霸王'计划可以稍稍推迟，但是'海盗'计划必须如期执行，因为缅甸战役对于整个太平洋战区的军事行动至关重要，而且总统已向中国人作了保证，它还涉及我们与中国人的政治关系。"

布鲁克又说："我们认为，必须集中一切资源对付德国，只有这样才可以迅速结束战争，因此我们希望推迟'海盗'计划。"

马歇尔强调："我们已经在地中海战区作出让步，希望你们不要再提出新的要求。我们决不同意推迟'海盗'计划，这个问题只能由总统和首相作出决定。"

11月26日下午，首脑们举行最后一次会议，讨论和通过《开罗宣言》文稿。之后，三巨头继续讨论缅甸作战的时间问题，没有达成一致意见，于是决定待德黑兰会议再作决定。

会上，蒋介石要求美国帮助他装备九十个师，提供十亿美元贷款。对此，罗斯福表示将予以考虑，同时他要求蒋介石在中国东北地区对苏联作出让步，把大连作为国际自由港，以此换取苏联参加对日作战。蒋介石当即表示同意。

会上还提到了香港问题。蒋介石要求收回香港；罗斯福表示支持中国政府的要求，但主张将香港变成自由港；丘吉尔拒绝讨论香港问题，不愿归还香港。

与罗斯福密谈战后安排

开罗会议期间，蒋介石多次与罗斯福总统单独会谈，着重商讨了太平洋战区的战后安排问题。

11月23日晚，罗斯福与蒋介石单独会谈。罗斯福开门见山地要求蒋介石，无论在什么情况下都要坚持对日作战，要牢牢牵制住日本的军队。他向蒋介石承诺：如果蒋始终站在盟国一边，盟国取胜之后，美国将保证中国战后取得应有的利益。同时，罗斯福也希望蒋介石不要在大战结束之前发动同共产党的内战，希望蒋能够领导中共的军事力量，一同打击日本军队。

罗斯福还企图调和中国国内的矛盾，他对蒋介石说："我想坦率地告诉您，贵国国内的形势一直使我们十分担忧。我希望你们与中国共产党人的分歧能够通过谈判解决。如果您采取主动，吸收一些共产党人参加政府，组成国共联合政府，我想就可以避免内部冲突的发展。"

蒋介石沉思片刻后说："我完全理解总统对中国的好意。不过，中共并不是一般的政党，它是一个大国支持的武装集团，对政府构成了极大的威胁。当然，我们愿意与中共和解，吸收他们的领袖参加政府，但前提是他们必须放弃武装，拥护政府，苏联也不得插手中国事务。"

罗斯福笑着点点头，显然他是同意蒋的看法的。美国所需要的战后秩序，首先要求中国战后产生的政府必须是一个亲美的政府。

接着，他们商谈了关于日本的处置问题。

罗斯福说："这次战争结束后，联合国家必须对轴心国领导人追究战争责任，美国公众认为，天皇对日本发动战争负有不可推卸的责任，因此必须予以追究。这就涉及战后是否要废除日本天皇制度的问题，不知贵国态度如何。"

蒋介石曾留学日本，深知日本国民对于天皇的崇拜，故而对罗斯福说："我认为我们的根本目标应是铲除日本军阀，使他们不能继续干涉日本政治。至于日本战后的国体如何，最好等待日本人民自己来决定。我们应当尊重他们自由选择自己政府形式的权利。"

罗斯福点头表示赞许，接着问："您认为这个问题是否有必要列入明天会议的议程？"蒋介石表示没有必要列入议程。

罗斯福又提出："还有一个问题，就是战后对日本的占领。中国近几十年来深受日本侵略之害，在地理上又与日本毗邻，是否愿意承担军事占领日本的主要任务？"

蒋介石回答："非常感谢您对中国的信任和支持，但是中国的军事力量还不够强大，特别是缺乏远洋海军，因此无法承担军事占领日本的主要责任。我认为只有贵国才有资格承担这一责任，如果需要中国协助的话，我们十分乐意。"

其实，这里蒋介石考虑更多的是战后中国的内战问题。他已预感到日本战败之时，便是国共两党决斗之日，因此，他不可能再将自己的军事力量分散到日本去实行所谓军事占领。

罗斯福接着问："美国可以承担对日本军事占领的责任，中国是否愿意承担管理日本民政的责任？"

蒋介石答道："日本民族的自尊心很强，组织性很强，我想外国人管理日本恐非易事，还是由日本人自己治理为好。"

罗斯福进一步向蒋介石询问中国在战后对于处置日本问题有什么考虑，蒋介石提出中国要求收回台湾、澎湖和东北四省、辽东半岛的中国领土，并要求将大连、旅顺二港一并归还中国。说到琉球群岛问题时，蒋介石提出了国际共管的原则，希望战后由美国和中国共同管理琉球群岛。此后，在这一问题上，蒋介石受到了中国学者的严厉指责。

他们又谈到了战后东南亚各国的处置问题。

罗斯福问："委员长主张如何处置朝鲜？"

在朝鲜问题上，蒋介石特别担忧日本战败后，苏联势力重新控制朝鲜。他知道中国的力量无法阻止苏联的扩张，故而希望美国能够支持朝鲜独立。于是，他说："我主张战后应使朝鲜自由、独立，我希望总统能支持这一主张，并促使英国、俄国都接受这一原则。"

在法属印度支那殖民地的问题上，蒋介石与罗斯福达成了共识，即不赞成法国人战后恢复对印度支那的殖民统治，而应使印度支那各国在民族自决的原则下获得独立。

罗斯福进一步主张：英国在印度可以得到特惠的经济地位，这就应该满足了，必须允许印度人民获得政治上的独立；至于越南，战后不能交还法国，法国至多接受联合国的委托，暂时获得委任统治权，如果联合国认为越南已有自己管理的能力，法国就应该把独立宗主权交还给越南；马来联邦与缅甸都应该一步步地走向政治独立的方向。（参见《罗斯福见闻秘录》，第 131 页，中国人民解放军总参谋部 1959 年版。）

最后，罗斯福笑着询问蒋介石，战后对于日本赔偿问题有什么计划。蒋介石答道："我想战后的日本对中国的赔偿可仿效一次大战后德国对协约国的赔偿，应由日本以工业机器、军舰、商船、铁路、火车头等实物来抵偿。还有，战后必须剥夺日本的武装，这可以交给中美英联合参谋长会议或拟议中的远东委员会制订具体措施。"

罗斯福对蒋介石的意见表示同意，并向他表示，战后美国希望同中国订立某种共同防御的协定。蒋介石对此大喜过望，立即表示完全赞同。

蒋介石与罗斯福的会谈一直持续到深夜十二点。这次会谈具有十分重要的意义，随后起草的《开罗宣言》，其基本精神就是以这次会谈的内容为依据的。

在与蒋介石会谈以后，罗斯福的儿子问他对蒋介石的印象如何，罗斯福回答说："我想他与我所想象的差不多。他和蒋夫人昨晚在这儿吃晚饭——到十一点左右才走。他知道他需要些什么东西，而同时他也知道他不能得到他所需要的全部。可是我们多少总可以想个办法出来的。""从昨晚和蒋氏夫妇的谈话中，我倒知道了很多关于中国的事情，远胜过那四小时的参谋长联席会议。"

"你知道了些什么呢？"小罗斯福问。

"关于那陷入停滞状态的战争，以及为什么蒋介石的军队不打日本人——虽然他们还是在报纸上登载许多战事的消息。他说他的部队没有训练，没有装备——这一点我倒容易相信他。可是这却决不能解释他为什么极力阻挡史迪威将军训练中国军队。而这也不能解释他为什么把他大部分最精锐的军队屯在西北——红色中国的边境上。"（《罗斯福见闻录》，第 115 页。）

显然，罗斯福在与蒋介石热情友好会谈的背后，仍然对蒋深怀不满。罗斯福对于蒋介石的"友好拉拢"，最根本的原因还是出于对美国战略利益的考虑，要充分利用中国的抗战力量。因此，罗斯福对他的儿子坦率地说："事实上，在中国的工作只有一个要点：我们必须使中国能够继续抗战，以牵制日本的军队。"（《罗斯福见闻录》，第 116 页。）

宋美龄再展外交风采

在整个开罗会谈中，宋美龄扮演了一个十分引人注目的角色。她以蒋介石夫人与翻译员的身份出席了所有会议和宴会，并单独出去访友，代表蒋介石向各方致意。宋美龄优雅的谈吐、丰富的外交知识以及大方得体的服饰，给与会者留下了深刻的印象。

小罗斯福曾在开罗会议期间代表他的父亲出席蒋介石夫妇举办的一次鸡尾酒会。他在回忆录中写道："蒋夫人走到我的身旁，毫不停留地把我带到两张并排放着的椅子上坐下。我觉得她像一位颇为老练的演员。差不多有半小时之久，她生动地、风趣地、热心地谈着——而她老是设法把我来作为我们谈话的中心。这种恭维与魅惑的功夫之熟练到家是多少年我难得碰到的。她谈到她的国家，可是所谈的范围只是限于劝我在战后移居到那儿去。她问我是否对畜牧农场发生兴趣。那么中国的西北对我简直是最理想的地方了。她为我描画出一个有能力、有决心的人从中国苦力的劳作中所能集积起的财富的金色的画面以后，她把身子靠向前来，闪耀着光彩的眼睛凝视着我，同意我所说的每一句话，她的手轻轻地放在我的膝盖上。在最初的几分钟内，我极力地对自己说：这位夫人只是对我们之间的谈话感到浓厚的兴趣，而在她的心中绝无其他任何动机。可是在她的神态之中却有一种与绝对的真挚不相融洽的生硬的欢愉的光彩。我绝对不会相信我是如此重要的一个人物，以致她认为必须将我征服，使我很快地变成她的好友，为了任何将来的其他的目的。不过我却相信蒋夫人多少年来始终是以一种征服人的魅惑与假装对她的谈话对方发生兴趣的方式来应付人们——尤其是男人——以致现在这变成了她的第二性格。"（《罗斯福见闻录》，第122－123页。）

小罗斯福的评论中既有他深刻的观察力，也有他自身傲慢的影子。

宋美龄在这次谈判中也确实起到了一些有意义的作用。

当蒋介石与英国将军蒙巴顿谈论缅甸作战计划时，蒋介石坚持在缅甸战役发起后，喜马拉雅山航线的物资运输必须保持一万吨，并坚持要有五百三十五架飞机。蒙巴顿向蒋介石解释，即使能搞到那么多飞机，翻越喜马拉雅山输送如此大量的物资也是很难办到的。同时，他特别提出，在缅甸的雨季使用空降袭击是无法办到的。蒋介石不理蒙巴顿关于雨季的话题，强调罗斯福总统已经同意了自己的请求。

当时，蒋介石的态度令蒙巴顿十分惊讶，他瞪大了眼睛，雨季是东南亚的自然现象，是战争中必须考虑的重要问题，蒋介石为何置之不理呢？他们互相瞪着对方，半晌不说话，场面十分尴尬。这时，宋美龄在一旁用英文开玩笑地向蒙巴顿说道："不管你信不信，他不懂得雨季的事。"蒙巴顿听后，表示理解地笑了，谈话气氛又开始轻松起来。

11月24日下午，霍普金斯将《开罗宣言》的草案交给了王宠惠，王立即将其译成中文送交蒋介石。当蒋介石正在阅读中文草案时，宋美龄已经读完了英文本。她指着英文本中关于"例如满洲、福摩萨和小笠原群岛，应归还中华民国"一段话，说："王秘书长，这里的小笠原群岛是不是错了？昨晚委员长和罗斯福的谈话中可没有提到它，应该是澎湖列岛吧？"

王宠惠接过文本一看，果真错了，自己翻译的时候竟没有注意到，立即用笔将"小笠原群岛"划去，在旁边写上了"澎湖列岛"字样，心中也暗自钦佩宋美龄的细致。

26日，英国方面提出了一份修改案，主张有关台湾问题的条文可修改为"日本由中国攫去之土地，例如满洲、台湾与澎湖列岛，当然必须由日本放弃"。英国外交次长贾德干称："此项修改之拟议，盖因英国会或将质询英政府，为何关于其他被占领地区并未说明归还何国，独于满洲、台湾等，则声明归还中国。上述各地固属中国，但殊不必明言耳。"

随行的中国国防最高委员会秘书长王宠惠立即指出："如此修改，不但中国不赞成，世界其他各国亦将发生怀疑。世界人士均知此次大战，由于日本侵略我东北而起，而吾人作战之目的，亦即在贯彻反侵略主义。苟其如此含糊，则中国人民乃至世界人民皆将疑惑不解。故中国方面对此段修改之文字碍难接受。"

美国代表、驻苏大使哈里曼表示赞成王宠惠的意见，说："吾人如果措辞含糊，则世界各国对吾联合国一向揭橥之原则，将不置信。"

经过激烈的辩论，中美双方主张不变，英方最后不得不同意维持原稿，即：三国之宗旨"在使日本所窃取于中国之领土，例如东北四省、台湾、澎湖列岛等，归还中华民国"。蒋介石顺势还进一步提出，要使当时之台湾海峡及东南亚的交通不为日本所利用，应在 1945 年以前用武力收复台湾。蒋的建议一度曾为美军所接受并列入作战计划，后因其内部分歧而作罢。

11 月 28 日，蒋介石在日记中说："此次开罗逗留七日，其间以政治收获为第一，军事次之，经济又次之，然皆获得相当成就。本月大部精力，皆用于会议之准备与提案之计划，慎重斟酌，未尝掉以轻心。故会议时各种交涉之进行，其结果乃能出于预期，此固为革命事业中之一项重要成就。"

总体来说，开罗会议是在积极的气氛中结束的。会谈结束后，罗斯福、丘吉尔和蒋介石夫妇合影留念。当闪光灯亮起的时候，罗斯福正面对着正襟危坐的蒋介石，像是在说什么；宋美龄则面露妩媚的微笑，与丘吉尔亲密交谈。这张照片，与开罗会议一起，被永久地载入史册。

《开罗宣言》的发表

开罗会议于 1943 年 11 月 26 日下午结束，27 日上午，罗斯福、丘吉尔及其僚属乘坐各自的专机飞离开罗，前往德黑兰，参加与斯大林的另一个巨头会议。当天晚上，蒋介石与宋美龄一行登上返航的飞机，于 12 月 1 日回到重庆。

12 月 3 日，重庆、华盛顿、伦敦分别公布了《开罗宣言》。

《开罗宣言》是由美国人霍普金斯起草的。内容如下：

"罗斯福总统、蒋委员长、丘吉尔首相，偕同各该国军事与外交顾问人员，在北非举行会议，业已完毕，兹发表概括之声明如下：

三国军事方面人员关于今后对日作战计划，已获得一致意见，我三大盟国决心以不松弛之压力从海陆空各方面加诸残暴之敌人，此项压力已经在增长之中。

我三大盟国此次进行战争之目的，在于制止及惩罚日本之侵略，三国决不为自己图利，亦无拓展领土之意思。三国之宗旨，在剥夺日本自从一九一四年第一次世界大战开始后在太平洋上所夺得或占领之一切岛屿；在使日本所窃取于中国之领土，例如东北四省、台湾、澎湖列岛等，归还中华民国；其他日本以武力或贪欲所攫取之土地，亦务将日本驱逐出境；我三大盟国稔知朝鲜人民所受之奴隶待遇，决定在相当时期，使朝鲜自由与独立。根据以上所认定之各项目标，并与其他对日作战之联合国目标相一致，我三大盟国将坚韧进行其重大而长期之战争，以获得日本之无条件投降。"

蒋介石在 12 月 4 日的日记中写道："昨日发表开罗会议公报以后，中外舆情无不称颂为外交史上空前之胜利，寸衷唯有忧惧而已。"

12 月 7 日，蒋介石致电罗斯福，高度赞扬了开罗会议的成就，电报说："我们最近在开罗举行的会议，是极重要的，也是历史性的。会后的官方公报，被中国军民一致赞扬，一如在其他地方所受到的赞扬。……这次会议阐明了我们在远东的战争目的，亦证明了同盟国的通力合作与坚强团结。……事实上，它已立下了轴心国无条件投降后的公正持久的和平的基石。……我确信，这次会议的成功，必然对世界的军事情势发生有利的影响。"

12 月 24 日，圣诞节前夜，罗斯福发表了关于开罗会议和德黑兰会议的著名演讲。他说道：

"在开罗，丘吉尔首相和我同蒋介石委员长共同度过了四天。这是我们第一次有机会同他亲自详细讨论远东的复杂形势。我们不仅得以决定明确的战略，而且还就我们认为今后若干世代确保远东和平的一些长远原则进行了讨论。

"那是一些既简单又带根本性的原则。它们包括把被窃取的财产归还合法原主的问题，承认远东亿万人民不受干涉建立各自的自治政体的问题。太平洋和世界其他地区的和平与安全要求永远消灭作为潜在侵略势力的日本帝国。

"在亚洲大陆，委员长领导的中国地面部队和空军，在美国空军的辅助之下，在即将发动将侵略者赶下海去的攻势中，正在肩负着重大责任。

"在同委员长的会见中，我发现他是一个具有远见、有勇气的人，他对当前和今后的各种问题具有非常敏锐的了解。我们讨论了从各个方向对日本发起决定性打击的各项军事计划，我认为我可以说，他回到重庆时，对彻底战胜我们的共同敌人是有明确的信心的。我们同中华民国友谊深厚和目标一致，今天更比以往任何时候更加密切了。"(《罗斯福选集》，第 451 — 452 页。商务印书馆 1982 年版。)

12 月 31 日，蒋介石在日记中写道："本年自一月英美平等新约订立，乃至美国对华限制移民律撤销案之通过，以及开罗宣言东北与台湾交还中国，加之战后朝鲜独立之声明以后，我国次殖民地之地位与百年来所受之国耻，已扫除尽净。"可以看出，1943 年是蒋介石颇为得意的一年。他在美国的支持之下取得了一个个引人注目的成果，自然是欢欣鼓舞的。

开罗会议的成果自然是令中国人民感到兴奋的。中国各界人士纷纷发表谈话，高度评价会议的成就。

中国官方人士强调：开罗会议是联合国的一大成功。三国领袖，会晤一堂，意见一致，得到重要的成就，尤其共同加强反攻日本，直到它无条件投降为止。不独给予轴心国以重大打击，而且给予被敌寇侵略的各民族以安慰与兴奋。罗斯福总统和丘吉尔首相的高明远大眼光，尤其为我国人士所钦佩。

东北籍国民参政会主席莫德惠说：三大领袖决定迫使日本将东北四省和台湾澎湖等地归还我国一事，我以为一方面固属国际间正义与公理伸张的表现，同时也是我国七年来坚决抗战的正确国策所应该得到的结果，因为我东北人士，乃至全国人民，在领袖英明领导之下，七年来艰苦奋斗，从无反顾者，就是寸土誓必收复。这项声明发表后，很是感奋，过去对东北问题不清楚的少数国际人士，此后也必定能够将他们的疑虑一扫而空。在敌人蹂躏下的东北三千万同胞，更将坚定其不屈不挠的抗敌精神，而前仆后继的忠勇将士与十二年来被压迫入关的东北同胞，更可以加强他们复土归乡的信念，而且也获得莫大的安慰。希望国人尤其东北人士，继续努力，以期提早迎接胜利的到来，恢复失地。

台湾革命同盟会执委会主席谢南光发表讲话说：今后我们的革命工作，必将达到一个崭新阶段，换句话说，就是加紧组织敌后武力以协助国军争取胜利。要知道抗战胜利之日，就是台湾投入祖国怀抱的时候。（参见《开罗会议全貌》，第 12 - 14 页，上海经纬书局 1945 年版。）

中国人民在欢迎开罗宣言的同时，也对其中的一些问题提出了批评。

他们说："开罗会议的第一缺点，在我们看来，总觉没有把琉球归还中国这件事明白规定下来，实在是深深感到遗憾的。如果美国认为这是她在相当时期中，有用为军事根据地的必要，但至少琉球的宗主权必须交还中国。中国与琉球的历史关系是如此长久，地理关系是如此密切，美国如不能交出琉球，在一般看来，美国还是不能做到'大公无私'的地步。美国，还是不够伟大的。"

他们又说："要知道香港、九龙不交还中国，是中、英两国间的大祸根，是中、英邦交上无法磨灭的大仇恨。占世界总人数四分之一的中国人民不能与英国携手，这是英国前途的一大危机。"（《开罗会议》，第 27 - 28 页，大成出版公司 1948 年版。）

欧美各大报刊也纷纷发表评论，讨论开罗宣言之意义。

华盛顿《新闻报》说："此宣言保证日本帝国之毁灭与新中国兴起为远东重要之国家。宣言承认过去外力左右中国政府之时期已成过去，并预期中国将与列强并驾齐驱。"

伦敦《新闻记录报》称："此次会议可认为第二次世界大战中最大事件之一。此会议实际上已宣布日本在世界上已无同情之呼声。中国久欲与日本清算此种旧账，中国此次将清算一切，对我人此为极悲惨之反省。因在一九三一年若有此种联合组织，则将无日本之侵略，且无此次世界大战发生。澄清满洲，必发生人种问题，故须彻底清除日本的大批移民。"

英国《每日邮报》说："此次会议将使忍耐之中国人民欢腾。中国为一反抗侵略之大国，单独作战六年以上。当中国人民在此艰苦挣扎与失望之期中，如其民族缺乏忍耐，则在此种阻碍之下早经解体。然中国继续抗战，将获得信心与忍耐之酬报，此次会议将保证日本必被击溃。"（《开罗会议》，第31页。）

开罗会议讨论的决议共有十八项，经过美、英、苏三国首脑召开的德黑兰会议之后，有十二项决议变为空文。在德黑兰会议上，罗斯福、丘吉尔与斯大林达成了协议，同意于1944年5月在欧洲开辟第二战场。于是，英国将开罗会议上决定的中、英联合反攻缅甸的计划一笔勾销，决定将兵员、物资转移于欧洲战场。12月5日，蒋介石收到了罗斯福和丘吉尔联名发来的电报，说："经与斯大林会晤，将在明年晚春，在欧洲大陆发动一次规模较大的联合作战，此战须使用巨型登陆艇数额甚大。因此，不能调用足数登陆艇从事明年孟加拉湾之两栖作战。"

在德黑兰会议上，斯大林答应美国于击败德国后出兵中国东北，但同时又要求对中国东北铁路和港口的特权，对此罗斯福均表示同意。这些都是巨头们背着蒋介石作出的承诺。

事实上，开罗会议余音未了，蒋介石这个"巨头"就被另外三个巨头出卖了。

四、美蒋争权　钩心斗角

太平洋战争爆发后，作为美国远东战略的一部分，必须拉住中国抗日，并且要让中国在对日作战中继续发挥主要战场的作用，以减少美军对日作战的伤亡与代价。史迪威被作为中国战区统帅部的参谋长派到了中国，帮助蒋介石这个所谓的中国战区最高统帅来指挥对日作战。史迪威坚决执行了美国当时的对华政策，但他的行动危害了蒋介石政权的根本利益，因此，史蒋矛盾愈演愈烈，从一个侧面反映着美国与蒋介石政权在战争主控权上的斗争。

史迪威来华

珍珠港事件发生后的第二天，中国国民党政府跟在美国后面正式对日本宣战。美国总统罗斯福致电蒋介石，为中国抗战四年半而重生敬意，并呼吁共同努力打倒日本。蒋介石也致电罗斯福、丘吉尔和斯大林，建议在反轴心各国间组织某种联合军事会议。1941 年 12 月 23 日，在蒋介石的主持下，有关东亚战争的联合军事会议在中国的重庆召开。1942 年元旦，在华盛顿发表了由美、中、英、苏领衔的二十六国联署的《联合国共同宣言》，约定"加盟诸国应尽其兵力与资源以打击共同之敌人，且不得与任何敌人单独媾和"。

1月3日，由罗斯福提议，蒋介石被正式推举为盟军中国战区最高统帅，担负起中国及泰国、越南地区联军部队总指挥的任务。这一任命使蒋介石喜出望外，受宠若惊。他在元月的《反省录》上写道："二十六国宣言发表后，中、美、英、苏四国已成为反侵略之中心，于是我国遂列为四强之一；再自我充任中国战区最高统帅之后，越南、泰国列入本区内，国家之声誉及地位，实为有史以来空前未有之提高，甚恐受虚名之害，能不戒惧乎哉。"事实上，美国人推荐给蒋介石的头衔正是一个"虚名"。他们"为了让蒋介石具有正式地位，盟国单独辟出中国战区，请他担任中国战区盟军最高司令。但是，到目前为止还不打算派盟军到中国作战，这等于是告诉蒋介石，他指挥的范围仅限于他本国的军队"。（[美]巴巴拉·塔奇曼著《史迪威与美国在华经验》，第335页，商务印书馆1985年版。）即便是蒋介石指挥的中国军队，美国也想插一手加以控制。

当上了中国战区的最高统帅以后，蒋介石自作多情地要求美国派遣一名高级将领来华担任中国战区统帅部的参谋长。蒋介石的本意是想借助一位美国总统的亲信，在中美之间架起沟通的桥梁，可以顺利地将美国援助中国的军事物资源源不断地运过来。

对于美国来说，这位参谋长也是一个举足轻重的人物。美国想让这位参谋长有效地推动中国战场的抗日作战，以减轻美军在太平洋战场其他地区的压力。选派高级将领到中国战区担任参谋长的任务，由当时担任美国陆军部参谋长的马歇尔和陆军部长史汀生负责。他们首先考虑的人选是美第一集团军总司令德鲁姆中将。这是一位狂妄自大、桀骜不驯的家伙。当时，史迪威的副官多恩曾经调侃地说："蒋介石是个自命不凡的人，那就让我们给他派一个最自命不凡的家伙吧！"结果，德鲁姆在得知美国并不打算向中国战区派遣美国军队，只是要他设法调遣中国军队的时候，他断然拒绝了对他的任命。随后，这项派往中国战场的任务，转到了史迪威的身上。

史迪威是一个长期在中国工作的美国外交军事人员。他1883年生于加利福尼亚，比蒋介石大四岁。史迪威毕业于美国著名的西点军校。1911年

11 月中国辛亥革命爆发后一个月，他曾首次来华。这一次他是利用度假的时间，由上海到厦门，再从香港到广州，匆匆十七天，浏览了旧中国的风光。

1920 年至 1923 年，史迪威代表美国陆军再次来华，是当时美国驻华使馆的少校随员，在北京学习汉语。在此期间，他先后到过中国的山西、陕西，担任筑路计划总工程师，使他获得了与中国官员、民工接触的机会，从更多的角度来认识中国。不久，他就成了"中国通"。

1926 年，他第三次来华，出任美国驻天津第十五步兵团营长。1927 年当中国北伐军接近徐州时，史迪威向美国使馆递上了一份关于北伐军的情报，说："他们的士气、训练和信心很高，他们兴高采烈地服从、不掠夺、为群众所欢迎……他们的连级军官是十八至二十二岁的学生，坚定而有信心，与督军部队中的废物形成对照。后者的连级营级军官多数是未受教育的苦力。虽然装备比北方军队缺乏，但他们能击败督军这乌合之众。"在当时的美国驻华第十五步兵团的刊物《步哨》上，有一个专栏叫"中国局势中的人物"，史迪威是这个专栏的经常作者，他对中国的政治、军事形势以及中国政治舞台上活跃着的各色人物，都有相当深刻的认识。

史迪威于 1929 年回国，1935 年 1 月再次被任命为美国驻华使馆武官，再度来华。从 1936 年 4 月开始，史迪威在中国进行参观、考察。他从华南到东北，去了不少通都大邑，访问了不少国民党的军政要员，甚至在七七事变以后，在汉口见到了共产党人周恩来和叶剑英。他与周叶二人共同进餐，并对他们产生了好感。史迪威在日记中写道：他们"一致地坦率，有礼貌，友好和直截了当。和穿着皮领子，靴子上有马刺的国民党新式拿破仑形成对照——这些人只是装模作样和傲慢"。

相反，他对蒋介石的印象非常不好。他在日记中写道："他没有做些事情的意图，或者他对与一等强国作战应如何作准备的意义全无理解。"

在国民党打完台儿庄会战之后，史迪威见到了白崇禧和李宗仁。白崇禧与他谈了中国抗战积小胜为大胜的道理，而史迪威却认为，白的"头脑里体会不了进攻的概念"。1938 年 10 月，史迪威去华南考察，得出的结论是："中国士兵是极好的材料，但为笨拙的领导所浪费和出卖。"他认为蒋介石应该为中国部队中经常出现的指挥混乱与失败负责任，因为蒋不是信任和放手使用部下，而是尽可能地控制与操纵他的部下，以"使他的地位不受威胁"。不久，他就在自己的日记中为蒋介石取了一个轻蔑的绰号——"花生米"。

这样，一个对于中国的黑暗与混乱有着充分的了解，又有一副美国将领特有的狂妄自大脾性，同时对蒋介石及其政府充满蔑视的人物，来到中国战区担任参谋长的职务。他是很难与蒋介石搞好关系，协调好两国间利益的。

1942年1月，在史迪威来华前，美陆军部长史汀生和总参谋长马歇尔分别找史迪威谈话。史汀生在与史迪威谈话过后，对史迪威产生了强烈的好感与信任。他在日记中写道："他给我留下了非常深刻的良好印象。他对中国了如指掌，在半个小时里所谈的关于中国军队英勇作战的第一手材料，比我以前了解的所有情况都要丰富。他对中国军队的英勇精神评价很高。""我找到了一个人才，他将极有助于解决今后的问题。"(《史迪威与美国在华经验》，第317页，重庆出版社1994年版。)

马歇尔在与史迪威的谈话中明确了史迪威在中国的职责。马歇尔说："你的主要工作是协调同盟国的关系，消除分歧，监管滇缅路运输，同时使中国的各派力量联合起来，争取掌握指挥权，给他们下达总体的作战任务。美国会在经济上和装备上给予大力支持。"马歇尔问史迪威，他是否认为去中国任职有把握取得明显成效？史迪威回答："是的，如果给我指挥权的话。"(《史迪威与美国在华经验》，第317页，重庆出版社1994年版。)马歇尔答应将就史迪威的职权问题通过宋子文向蒋介石提出要求。

随后，美国就史迪威的使命问题正式与中方交涉。1月19日，史汀生约见宋子文，向他通报了美方准备派史迪威赴华的决定，并详细提出了史迪威所应拥有的职权，主要是：第一，监督和管理美国援华军用物资的分配与使用；第二，在蒋介石的统辖下，指挥所有在华美军及经指定的中国军队；第三，作为美国军事代表，参加在中国举行的一切国际军事会议，并担任蒋介石的参谋长；第四，管理和改善中国境内的滇缅路运输。为使中国能够接受这些要求，史汀生表示将增加华南和缅甸地区的美国空军，并向所有交由美方指挥的中国军队提供全部武器装备。

1月22日，蒋介石电复宋子文，一方面表示欢迎史迪威来华任职；另一方面表示必须向美方申明"联军参谋长须受统帅之命令而行，此点应先决定，则其他问题皆可根本解决也"。可见，蒋介石对于他手中的权力看得十分重要，一点也不含糊。宋子文将蒋介石的意见函告史汀生，算是对美国的要求给了一个正式的答复。

1942年1月29日，美国陆军部正式发表了史迪威担任中国战区参谋长的任职。史汀生与宋子文以换文的方式，就史迪威的任务和职权达成了协议。

就在史迪威这个"光杆司令"出发到中国的时候，美国国会通过了五亿美元的对华巨额贷款。陆军部还准备通过海运，向中国派去四百名教官和技术人员，帮助训练中国军队。其时，美国财政部长摩根索曾要求严格掌握对中国的贷款。他要求中国以"每月一次，预支一个月"的方式，接受和使用美援，并且美援只用于支付中国士兵的军饷。也就是说，美国人用美元来购买中国士兵在中国战区抗日，牵制日本军队，如果中国军队不打仗，美国人就不给钱。摩根索还解释说，这就是以美元购买愿意按美国人意图卖命的"一百万突击队员"。（《摩根索日记》第一卷，第597页。）摩根索的建议虽然遭到美国总统罗斯福的否决，因为这毕竟太伤中国人的颜面了，但是，史迪威是拿着这张王牌来对付蒋介石的。

史迪威指挥中国军队入缅作战

史迪威到达中国之际，正是滇缅路发生危机之时。

当时，从缅甸的首都仰光到中国云南昆明的滇缅公路运输，是抗日战争中中国从海外获得援助物资的唯一国际通道。它对于坚持抗日战争四年多，在物资供应方面几乎处于山穷水尽之境的国民党政权来说，是坚持进行有效抗战的一线生机，所以必须想尽办法保护这一通道。

而缅甸一直是英国的殖民地，这个最早侵略中国的帝国主义国家虽然在第二次世界大战中被德国人整得够呛，却仍然要在中国人面前摆殖民主义者的臭架子。英国虽然同中国政府签订了《共同防御滇缅路协定》，却不让中国军队进入缅甸协助英军防守滇缅路。当 1941 年底在重庆召开由蒋介石主持的中、英、美三国会议上，蒋介石向当时任盟军远东战线最高司令官的英国将军韦威尔提出，派遣中国军队入防缅甸的时候，遭到了韦威尔傲慢的拒绝。韦威尔用殖民者惯用的口吻回答蒋介石说："要中国人来保卫缅甸，实在是大英帝国的耻辱。"蒋介石只好将已经准备好入缅协防的中国军队留在境内，让他们"暂勿入缅"。

连美国人对于英国人的傲慢都有点看不下去了。史汀生批评韦威尔"过于武断，不讲方法，还以旧日的英国方式对待中国"。罗斯福也竭力劝诫丘吉尔不要过于轻视中国的作用。罗斯福认为中国应该在战后填补日本留下的真空，他对丘吉尔说："如果人口众多的中国走上日本近一个世纪来所走的道路，并拥有现代化武器，将会出现什么情况呢？"他要求丘吉尔抛弃殖民帝国的成见，如果要中国在未来发挥大国的作用，现在就必须像对待大国一样对待它。丘吉尔不以为然地回答说："我出任英国首相不是为了主持大英帝国的葬礼。"（《史迪威与美国在华经验》，第 311 - 312 页，重庆出版社 1994 年版。）也就是说，英国人要在亚洲尽力保持其殖民主义者的地位。

实际上，英美两国在中国问题上的矛盾，一方面是美国想扶持蒋介石政府，以表面的"尊重"与风光来换取中国的抗战，以减轻美国人在太平洋战场的损失，并且在战后建立一个跟随美国的大国；而英国人在远东参战的目的只是要维持现状，他们并不希望中国在战后强大起来。然而，他们的共同点却是，要求中国军队为他们的战略利益服务，为他们抗击日本军队，保护他们在远东的利益。

太平洋战争爆发后很短的时间内，日本军队便席卷了菲律宾、泰国、马来亚、香港、荷属东印度等地，缅甸自然也在日军的算计之内。早在 1940

年就制订的日军作战计划中，就包括了进攻缅甸的内容，其作战目标是：1. 保障马来半岛作战的侧背安全；2. 切断援蒋路线；3. 加大对印度和中国的压力。而英国人却错误地认为："日本至少在马来亚的战争还没有胜利结束以前，不会对缅甸发动一次大规模的战役。"（丘吉尔《第二次世界大战回忆录》第四卷，第 216 页，商务印书馆 1975 年版。）因此，缅甸在英国的远东防御体系中并未被重视。

史迪威于 1942 年 2 月 13 日离开美国到中国赴任。他途经南美洲，越过大西洋到非洲，经开罗、伊拉克，于 2 月 25 日抵达印度新德里。他在来华的途中便听到了战争的坏消息。2 月 15 日，保卫新加坡的盟军八万余人，其中半数是英军，另一半为印军和澳大利亚军，他们都无一例外地向日军无条件投降了。一向高傲的丘吉尔，面对残酷的现实，不得不承认这是"英国历史上最惨痛的灾难和人数最多的一次投降"。与此同时，侵入缅甸的日军第十五军共两个师团六万余人，在二百架飞机的掩护下，于 2 月 9 日突破萨尔温江，正在向锡唐河一线推进。一旦日军占领缅甸，下一个作战目标就是印度。如果日军占领印度，德军占领埃及，轴心国就将形成东西对攻，钳制欧亚大陆的战略局势了。史迪威得到这些消息，不由得在日记里哀叹道："我的天哪！这到底是怎么回事？难道世界正在崩溃吗？"

直到这时，丘吉尔才突然改变了他对中国的傲慢态度。2 月 16 日，他在给缅甸总督的电报中说："我认为，缅甸以及同中国联系在整个（东方）战区中是重要的一环。"（丘吉尔《第二次世界大战回忆录》第四卷，第 191 – 192 页，商务印书馆 1975 年版。）其时，驻守缅甸的英印缅军只有两个师、两个旅，四万余人。英国同时向中国和澳大利亚求救，澳方拒绝了由丘吉尔亲自出面的请求，蒋介石立即响应了英军的邀请。当时蒋介石正在印度访问，他于 2 月 16 日从印度给重庆军事委员会发电称："据英方代表之请求，仰光情况紧急，请速派第五军入缅，……第五军大约使用于东吁仰光附近地区。"（《林蔚报告书》，中国军事图书馆存。）

2 月 23 日，日军突破英军的锡唐河防线，驻守该线的英印第十七师被打得溃不成军，仅有师长以下三千三百人逃回东吁。日军继续向仰光的侧后逼近，仰光已陷入一片混乱。英国远东最高司令官韦威尔这时也失去了往日的威风，他极其沮丧地说："这是历史上最惨重的军事灾难。日军的凶猛进攻、狡猾的战术和空中优势，使英军产生了一种难以名状的恐惧感和自卑感，几乎完全丧失了战斗意志。"

1942年3月6日，史迪威在重庆正式拜会了蒋介石。史迪威向蒋介石申明了美国方面赋予他的职责，并谈了他对缅甸战事的初步看法。接着，他就向蒋介石提出了他最关心的军事指挥权问题。蒋介石明确地回答他，中国入缅作战的部队将由史迪威全权指挥。得到这个允诺，史迪威如释重负，说："这使我松了一口气。现在我不用每天早晨在惶恐不安中醒来，发愁到底能做些什么来证实自己的存在了。那种日子实在令人难以承受。"

就在中国军队陆续入缅参战之时，英军却决定不再坚守仰光。他们在炸毁仰光的大炼油厂及进行其他破坏后，全部撤出仰光。3月8日，日军第三十三师团几乎兵不血刃地进占仰光。

3月9日，蒋介石与史迪威讨论入缅中国军队的作战指导问题。蒋介石对于初来乍到的史迪威突出强调了"谨慎"二字。他告诉史迪威，中国派出的远征军第五军和第六军是国民党的精锐部队，必须谨慎地使用这支部队，不能拿出去冒险。蒋介石认为，英国人很可能会放弃缅甸逃跑，如果把大批中国军队贸然投入第一线，很可能招致重大损失。蒋介石告诉史迪威："英方作战于撤退时，事前多不通知在同一战区内活动之友军，更不欢迎我方参谋加入其总部中工作。"（秦孝仪《中华民国重要史料初编——对日抗战时期》第二编，第225页，台湾"中央文物供应社"1981年版。）因此，蒋介石对于英军极不信任，认为英军并不打算在缅甸认真作战，也不能与中国军队协调作战，故不能让英国人指挥中国军队。他希望史迪威能够协调好中英军队的协同作战问题。

应该说，蒋介石当时对于英国人的判断是正确的，他对中国远征军命运的担忧也是很有道理的。但是，这时候急于"立功"，显示其"存在"的史迪威听不进去。他认为蒋介石的论调是在兜售一种"外行的战术"，目前缅甸局势应当趁日军立足未稳，迅速集中兵力发起反攻。蒋介石不赞同史迪威的观点，耐心地向他解释，中国军队在三倍于日军兵力时，可以打防御战，在五倍于日军兵力时，可以打进攻战。因此，入缅部队应采取"纵深防御"的战术，先建立稳固的基地，了解敌人兵力集结的情况，如果日军没有新的增援，西线英军能守住阵脚，那时再发动攻势。

蒋介石的这套战略战术与史迪威一贯使用的美国式"进攻"战略完全对不上路子，所以，史迪威并不把蒋介石的叮嘱当回事。在随后的几天中，蒋介石又一再叮嘱史迪威，中国入缅的部队第五军和第六军都是中国的精锐部队，入缅作战只能胜不能败。随后，蒋介石向中国远征军发出手令："对史参谋长之命令应绝对遵守。"就这样，蒋介石痛心地将他的部队交给了这个美国人。

中国入缅参战部队于3月12日正式成立"中国远征军第一路司令长官部"，由卫立煌任司令长官，杜聿明任副司令长官，卫立煌因故一直未能到任，由杜聿明代理司令长官。中国远征军第一路共有三个军，即国民党的第五军、第六军和第六十六军，第五军军长由杜聿明兼任，第六军军长甘丽初，第六十六军军长张轸。三军各辖三个师，总兵力约十万人。

史迪威于3月11日由重庆飞往缅甸腊戍。在史迪威临时拼凑的指挥部里，人手单薄，只有十四名美国军官和五名美国士兵，其余由四十名中国官兵担任警卫、通信、交通和勤务等工作。这些人工作能力参差不齐，一般都没到过缅甸，对当地的政治、经济、地形、交通等情况几乎一无所知。再加上通讯联络不畅，敌方情报不灵，要他们实施有效而正确的指挥实在是难为他们了。当时就有一个英国人认为，史迪威的参谋班子难以胜任指挥中国十万远征军的重任，是不无道理的。

史迪威到达腊戍之时，中国远征军的先头部队第五军的第二〇〇师，已于3月8日南进至东吁一线组织防御，准备迎击日军，掩护军主力展开。英军弃守仰光之后，沿伊洛瓦底江北撤，转移到东吁以西的卑谬地区占领阵地。

两国军队在仰光以北二百五十多公里处，形成了一条平行的防线。3 月 25 日，英军驻缅部队主帅亚历山大飞抵重庆见蒋介石，对中国远征军入缅表示感谢，同时表示英军将坚守卑谬，准备反攻克复仰光。蒋介石见亚历山大态度坚决，遂命令中国入缅部队前方坚守阵地，后续部队加紧入缅。

3 月 15 日，侵入缅甸的日本第十五集团军确定其在缅甸境内的作战计划为："大致于 5 月末以前，在曼德勒附近（广泛包括曼德勒为中心的缅甸中部地方）捕捉、歼灭英蒋联军主力，随后将残余之敌从缅甸境内一扫而光。"（[日]服部卓四郎《大东亚战争全史》，第 269 页，日本原书房 1970 年版。）

日军随即不待后援部队到达，开始分路向北的作战行动。日军西路第三十三师团由仰光地区沿伊洛瓦底江向仁安羌进攻；中路第五十五师团由勃固地区出发，向东吁进攻，然后向曼德勒发展；其后续部队第五十六师团和第十八师团在东吁附近集结，以第五十六师团向东路进攻，经莫契、垒固、东枝、雷列姆，直插腊戍，切断中国远征军的归国路线，第十八师团加入中路主攻方向，进攻曼德勒。

就在日军分路北进之时，中国远征军也赶到前线，以第五军担任日军主攻方向的曼德勒正面作战；以第六军担任东路莫契、雷列姆方向作战；第六十六军集结于曼德勒附近地区待机；西路伊洛瓦底江沿岸作战，由英缅军担任。

3 月 17 日，史迪威飞回重庆，向蒋介石汇报缅甸战况和与英军商量的作战计划。他要求中国远征军向南挺进至东吁一线展开作战，而蒋介石认为仰光陷落，缅甸南部已对中国失去意义，因此主张将远征军主力部署在曼德勒地区，守住缅北的中印交通线。史迪威驳回了蒋介石的全部主张，坚持他的进攻战略。

3 月 18 日，日军飞机四十余架分三批轰炸东吁，全城终日大火，毁成瓦砾。20 日，日军以第五十五师团一个团的兵力向东吁发起进攻。中国远征军第二〇〇师与敌激战至第二日，歼敌三百余人，守住阵地。

22 日，日军狂炸英军马圭基地，炸毁英机二十八架，重创八架，轻创二十一架。从此，英国在缅空军失去应战能力，日军掌握了缅甸战场的制空权。

25 日，日军第五十五师团全部出动，由南、西、北三面围攻东吁，中国远征军顽强抵抗，双方伤亡均大。其后数日，日军继续猛攻东吁，并向我阵地施放毒气，日军后续部队第五十六师团也赶到东吁，并立即向锡唐河东岸移动，攻击我东吁守军之左侧背。此时，我增援东吁之新编第二十二师和第九十六师在日军顽强阻击下，进展缓慢，东吁守军战至 29 日，几乎弹尽粮绝，陷于险境。

史迪威在前线不停地奔波，向远征军各部队下令，要求他们坚守东吁，向东吁之敌发起反攻。而杜聿明看到远征军已不能迅速集中主力与敌决战，以解东吁之围，遂决定放弃东吁，下令第二〇〇师于 29 日晚突围，东渡锡唐河，在耶达谢集结归还第五军建制。至此，东吁保卫战结束，中国远征军共歼日军五千余人。

此战，中国远征军以一个师深入缅甸南部，与数倍于己且拥有强大空中优势的日军血战十二天，然后主动有序地安全转移，不仅粉碎了日军在东吁聚歼中国远征军主力的计划，而且重创日军第五十五师团，有力支援了原驻守部队英缅军的撤退。

4 月 5 日，蒋介石飞赴缅甸眉苗，主持召开了第五军、第六军高级将领会议，要求集中主力在彬文那与敌决战，同时，要求英军固守亚兰谬以为策应。同一天，日军第五十五师团依次向新编第二十二师防守的耶达谢、斯瓦等阵地展开猛烈攻击。11 日，日军第十八师团也加入这个方面的进攻。中国远征军新编第二十二师部队采取逐次抵抗，并以两侧埋伏分队不断施行反击的作战方式阻击敌人，使日军付出重大伤亡，不敢冒进。双方激战至 16 日，我新编第二十二师完全退入彬文那既设阵地。

就在中国远征军主力基本集结于彬文那地区，准备与日军决战之际，彬文那会战的两翼却出现了问题。其东路莫契—垒固—东枝一线，由远征军第六军暂编第五十五师分兵防守，力量薄弱。占领东吁的日军第五十六师团以主力向这个方向进攻，远征军第五十五师被击溃，日军于 4 月 9 日占领莫契后长驱直入，直捣南帕，对集结于彬文那的远征军主力部队的左翼构成威胁。与此同时，西路位于彬文那地区右翼的英军已全无斗志，他们决意放弃缅甸，退守印度，竟然不顾与中国远征军协调拟定的彬文那会战计划，于 4 月 1 日放弃卑谬，5 日放弃亚兰谬，甚至在其撤退途中要求中国远征军到西路英军驻守的沙斯瓦、马圭接防，以掩护其撤退。14 日，英军又放弃马圭。这个老牌殖民主义者的懦弱、自私与卑鄙暴露得淋漓尽致！

在左右两翼全部受到威胁的情况下，史迪威和新任中国远征军司令长官罗卓英只好下令放弃彬文那会战计划，率领部队向北转移，准备在曼德勒地区与敌会战。

西路英军在撤退途中受到日军强有力的围追堵截。4 月 17 日英缅军第一师在仁安羌以北被日军第三十三师团围困。英缅军惊恐万状，向中国远征军发出紧急呼救。中国远征军第六十六军新编第三十八师第一一三团在师长孙立人的亲自带领下迅速赶至仁安羌地区，中国军队于 17 日正午到达阵地即对包围英军的日军展开猛烈攻击。孙立人在看到我军兵力少且处于仰攻之不利状态时，果断下令停止攻击，准备调整部署，带部队迅速进至宾河北岸，乘夜完成攻击准备，次日晨发起进攻。被围的英缅军第一师师长焦急万分，在无线电话中一再呼吁："本师饮水及食粮断绝已经两日，困难万分，官兵无法维持，势将瓦解。"（蒋纬国编《抗日御侮》第八卷，第 220 页，台北黎明文化事业公司 1978 年版。）孙立人则反复向英军解释请他们再坚持几小时的重要性，并斩钉截铁地表示："中国军队，包括我在内，纵使战至最后一人，也一定将贵将军解救出来。"

19 日拂晓，中国远征军第一一三团向日军发起猛攻，双方反复冲杀，阵地得而复失、失而复得三次，在火网中夹杂着肉搏。中国远征军英勇鏖战至下午三时，终于以一个团的兵力，击溃了日军凶猛的第三十三师团，杀敌一千二百余人，从日寇的魔爪下救出了英军七千余人、汽车一百余辆、战马千余匹，解救出被俘的英军、美国传教士以及新闻记者等五百余人，随后又掩护英缅军第一师向宾河北岸陆续撤退。

仁安羌一战，中国远征军新编第三十八师一个团以少胜多，反客为主，击溃优势日军，解救出被围数日的英军，战果卓著。这一仗不仅打出了中国远征军英勇顽强、敢打硬仗的精神，而且显示了中国军队良好的道德教养，给傲慢的英国军人以很深的印象。事后，英国政府曾向孙立人和第一一三团团长刘放吾等人颁发了荣誉勋章。

"崽卖爷田心不痛"

在日军的猛烈进攻之下，史迪威并未能发挥其指挥才能，扭转缅甸战场的被动局面。4月18日，日军主力向曼德勒发起进攻，中国远征军第五军第九十六师依托既设阵地进行了八天英勇的阻击战。"所惜苦战结果所取得之宝贵时间，我主力军既没有用以掩护撤退，又没有用以击破他方之敌，徒使战士之血膏于原野，而于全般战局上未能发生有效作用。"（《林蔚报告书》，中国军事图书馆存。）26日，曼德勒地区的英军在中国远征军的掩护下向印度英帕尔撤退，赶在雨季来到之前逃至印度边境。随后，史迪威和罗卓英急忙下令放弃曼德勒会战，各部队分别西渡伊洛瓦底江，沿八莫、密支那大道撤向国内。

这一仗的失败，史迪威难辞其咎。他曾在东吁战役结束后，对于中国远征军第二〇〇师主动撤出东吁阵地极其不满，跑到重庆向蒋介石咆哮："我名义上是总指挥，但军长和师长们都不服从我的命令，而我又没有足够的权力强迫他们。我不能撤他们的职，更不能枪毙他们，仅仅同他们讲道理是毫无用处的。"他向蒋介石表示辞职不干了，并威胁说："如果指挥官不服从我的命令，我就不能让美国空军第十航空队去支援这支部队。"（参见《史迪威和美国在华经验》，第363页，重庆出版社1994年版。）

蒋介石无奈，只得与宋美龄一起于4月5日飞到缅甸眉苗，一方面布置彬文那会战，另一方面向中国远征军宣布了五条命令：第一，史迪威是我的参谋长，由他担任指挥远征军在缅作战的职责；第二，罗卓英接受史迪威的指挥，远征军各部都要听罗长官的指挥；第三，一切问题由史迪威将军全权作最后决定；第四，史迪威有提升、撤职和惩罚所有军官的全权；第五，对英方一切问题的交涉由史迪威将军接洽。

这样才使获得进一步权力的史迪威稍稍平息了心头的怒火。他与蒋介石、宋美龄拍下了那张手挽手、笑容满面的"最友好"的照片。

其时，失去远征军代理司令长官一职的杜聿明很不服气，他向蒋介石控诉说："校长，远征军大多是您的精锐部队，我不能不负责任。如果照史迪威的命令，二〇〇师早就断送了。他既不了解中国军队的情况，也可以说不懂战术。……"蒋介石没有让他继续说下去，为了得到美国人的支持，为了中美关系大局，蒋介石决定忍下去。

随后的战况说明，史迪威全权指挥中国军队作战，确实有"崽卖爷田心不痛"之嫌。他让中国军队顶在日军的枪口之下，只讲进攻，不讲代价，加之不能控制英军协同作战，故而造成了缅甸战局的全线败绩。这位美国将军以中国远征军的流血和牺牲显示了他的"存在"。

曼德勒会战失败以后，中国远征军进入了撤退途中前所未有的艰难历程。

从曼德勒撤退以后，史迪威下令中国远征军向印度境内撤退。杜聿明率第五军主力不愿撤入印度境内，因为英国人曾表示，中国军队进入印度要按照"国际惯例"，以"难民"身份接待，也就是说要收缴武器，接受检查。他于 5 月 6 日致电罗卓英："我军战败入印，将为印人所不齿，拟仍向密支那转移，与菀町进攻密支那之敌决一死战，胜则保存缅北之一隅，败则在腾冲国境守备。"同时，他也向蒋介石发电请示。蒋介石于 7 日电示杜聿明表示同意杜的计划："我军应即向密支那、片马转移，勿再犹豫停顿。"（蒋纬国编《抗日御侮》第八卷，第 227 页，台北黎明文化事业公司 1978 年版。）

杜聿明在撤退途中，得知八莫、密支那已经陷入敌手。杜聿明遂率部队向孟关、大洛之线转进，企图取道孟关、大洛、葡萄之线返国。撤退途中，道路越走越艰难，前途莫测，孙立人决定脱离第五军主力，率其新编第三十八师转而向西折往印度英帕尔。新三十八师得以较好保存，并以整齐的军容进入印度境内，受到盟军的一致好评。

杜聿明率第五军直属部队及新编第二十二师，冒雨在缅甸境内号称"死亡之谷"的胡康谷地苦苦挣扎。5月31日，蒋介石电令该师退往印度利多。但是，缅甸可怕的雨季已经来到，暴雨连日，山洪暴发，部队粮尽药绝。在新背洋附近，部队绝粮八天，挖遍草根树皮充饥，饥病伤亡两千余人，杜聿明本人也患上了回归热，命在旦夕。后史迪威派出美军飞机，不断空投粮食，才使这支部队免遭全军覆没的危险。7月25日，杜聿明、廖耀湘率部到达利多，撤退时两万多人的部队只剩下三千余病残官兵。

中国远征军第五军第九十六师和炮兵、工兵各一部，奉命经孟拱、孟关、葡萄返回滇西。部队于6月14日转进山高路险、毒蛇蚊蚋遍野的野人山区，粮尽药绝，辗转求生，历尽千辛万苦，付出惨重伤亡代价，于8月17日抵达滇西剑川。

第五军之第二○○师沿八莫、南坎间撤退，5月与第六十六军新编第二十八师会合。在穿越西保、摩谷公路封锁线时，遭到日军伏击。师长戴安澜在率领部队奋战中壮烈殉国。部队在师步兵指挥官郑庭笈的率领下，于6月17日抵达腾冲附近。全师仅余两千六百余人。

同年秋季，国内为戴安澜将军举行隆重的追悼会。国共两党均给予这位血洒缅甸的英雄将军以崇高的评价。李济深代表蒋介石致祭文，毛泽东寄来挽词：

外侮需人御，将军赋采薇。
师称机械化，勇夺虎罴威。
浴血东瓜守，驱倭棠吉归。
沙场竟殒命，壮志也无违。

周恩来的挽词是：黄埔之英，民族之魂。

在这个追悼会上，表示了国共两党共御外侮的同仇敌忾。

中国远征军第六军在整个入缅作战中几乎没有起到任何作用。其暂编第五十五师在彬文那东路被击溃，师长陈勉吾回国后受到军法处置。第四十九师和第九十三师由景栋撤退回国。

第六十六军，除孙立人一师退入印度境内以外，其余两师弃守腊戌之后，经腾冲转回怒江一线，最后退往滇西碧江。

中国远征军第一次出征以十万人雄赳赳入缅作战，历时半年，在缅境内转战一千五百余公里，浴血奋战，歼敌二万余人，为当时太平洋战场少有的歼敌战果，多次予英缅军以有力支援，给入缅日军以沉重打击。然而，中国军队在混乱的指挥和不良的协作下，付出了十分昂贵的代价。十万远征军付出了六万一千人伤亡的惨重损失，生还者仅四万人。

愈演愈烈的史蒋冲突

作为中国远征军总指挥的史迪威，在下达了向印度撤退的命令后，带着他的指挥部成员，脱离了远征军的主力部队，于 5 月 24 日到达印度的丁苏基，随后改乘飞机到达了印度的新德里。他在从缅甸撤退的途中，给驻重庆的马格鲁德将军发了一份电报，说："我们现在英多以西五十公里处，开始步行，带有武器、食品和地图，请勿担心。中国军队也将沿这条路线撤往印度，现部队已化整为零，由各部统率，已不需用命令指挥。这是短期内我的最后一份电报，再见。"（《史迪威与美国在华经验》，第 384 页，重庆出版社 1994 年版。）史迪威傲慢地没有发给蒋介石任何消息。

对于英国人对中国远征军的一再耍弄与抛弃，史迪威实际上也十分清楚。1942 年 4 月 15 日，他在给马歇尔的一份电报中说：英国人恐怕已经打算放弃缅甸了，如果他们真要打的话，在印度的英国驻军足以挽救缅甸的局势。亚历山大之所以不愿出兵，是因为他从伦敦得到了命令，叫他只是象征性地抵抗一下，然后撤出缅甸。(《史迪威与美国在华经验》，第 369－370 页，重庆出版社 1994 年版。)事实正如史迪威所说的那样，丘吉尔在他的回忆录中坦承："在亚洲一片黑暗的那段日子里，罗斯福却要我为中国人看守缅甸，我不知道还有什么建议比美国人的这种胡思乱想更令人沮丧。……对英国人来说，放弃一百个缅甸也不会比丢掉一个印度更重要。"

中国远征军历尽千辛万苦要去帮助的人，竟是这样不讲信义的混蛋！丘吉尔甚至在 5 月 10 日发表了一篇演说，热情洋溢地赞扬了苏联和美国在反法西斯战争中肩负重任，而对当时正在缅甸流血牺牲的中国远征军竟然只字未提。蒋介石对此极为愤慨，他在 5 月 10 日的日记里写道："丘吉尔的态度，对我国等于唾弃，以怨报德，徒有势利而无信义，固无论矣。而史迪威对我在缅军队亦掉头不顾，对余无一请示，亦无一报告，独自径避印度，此实出于人情之外。"当他从美国驻重庆的马格鲁德将军那里得到史迪威的电报时，更是怒不可遏，在马格鲁德的文件上批道："史迪威脱离我军，擅赴印度，只来此电作为通报，不知军纪何在？"

从此，蒋介石与史迪威的关系蒙上了破裂的阴影。

史迪威对这次的缅甸作战作了一份总结。他认为失败的原因是：技术上的落后——在空军、坦克、大炮、机枪、迫击炮、弹药和运输工具等方面的劣势；当地居民的敌意；日军的主动性；愚蠢而软弱的指挥；蒋介石的插手；英国人管理混乱的铁路；糟糕的通信系统；英国人失败主义情绪；盟军在战术上处于挨打地位，等等。(《史迪威与美国在华经验》，第388－389页，重庆出版社1994年版。)

在这份总结中，史迪威并没有责备自己的意思。他所说的"愚蠢而软弱的指挥"指的是蒋介石部队的军长、师长们。这从他后来向蒋介石提出的改革军队、惩罚在缅甸作战中失职的中国军官的名单中，可以清楚地了解他的意思。

史迪威从缅甸作战失利联想到中国国内的腐败情形。他看到蒋介石的三百个师被"乱糟糟地分散在中国各地"，兵员不足额达 40%，指挥官则领取足额的军饷吃空额，"军官富起来，士兵由于营养不良和患疟疾、痢疾、霍乱等疾病，奄奄一息，病人干脆无人过问。弹药和武器被偷卖掉。在各条战线上都有人与敌人公开来来往往……运输工具被用来进行走私，而不是用来运送兵员的"。(《史迪威与美国在华经验》，第397页，重庆出版社1994年版。)

应该说，史迪威对于当时国民党军队内部的腐败现象的看法是对的，他希望蒋介石能够有效地改造他的军队，以适应同盟国让中国担负的抗日任务。同时，他也不真正了解蒋介石的状况，蒋介石对于中国国民党的一些地方军队并不能做到有效的调动，一些地方实力派拥兵自重，也并不把蒋介石的命令放在眼里。

缅甸战事的失败，使蒋介石对于美国的热情一落千丈。原本以为加入"四强"之列，得了中国战区最高统帅的头衔后，国家和自己的地位大为提高，美国的援助也将源源而来。开辟缅甸通道，为的就是得到更多的美援。结果，缅甸失守，使得中国通往海外的唯一运输路线断绝了。美英等国表面上把中国列为"四强"，实际上却仍然蔑视中国。他们不让中国参加联合参谋长会议和军火分配委员会，同盟国的重大作战行动和租借物资的分配，中国无法参与意见。英美在"先欧后亚"的战略方针之下，将租借物资的大部分都给了英国和苏联，分配给中国的份额仅为整个租借物资的1.5%，而缅甸运输通道的陷落，使这1.5%也几近断绝。

宋美龄在1942年5月写给美国租借法案管理局局长劳克林·柯里的信里提到，中国的士气"从未这样低落过"，委员长本人也"第一次感到悲观"。同时，蒋介石也向美国发出了警告：除非让中国清楚地看到盟国给予帮助的证据，否则中国对盟国的信任将会完全动摇，这也将预示着中国的抗战形势将会全面崩溃。(《史迪威与美国在华经验》，第395－396页，重庆出版社1994年版。)史迪威到中国来的目的原本是推动中国的抗战，却起了恰恰相反的作用。罗斯福对于中国发生的一切极为关注，他要求美国军方研究一切可能的方式，向中国空运物资，以防止中国抗战信念的崩溃。

1942年6月3日，史迪威由印度飞返重庆。蒋介石和宋美龄表面上热情如故地接待了他。史迪威没有看出蒋介石对他的强烈不满，也许他也不在乎一个有求于美国的人对自己有什么看法。他在检讨缅甸战事时，首先抨击了英国人的背信弃义，说："英国人只关心保卫对他们具有战略意义的印度，从一开始就没有决心坚守缅甸。他们不屑于同中国军队合作，以致延误了许多重要的战机。"

紧接着，他就毫不留情地批评了中国远征军的指挥官们，说："中国军队的普通士兵和下级军官都是好的。他们作战勇敢，不怕艰苦，服从命令，遵守纪律。营、团级军官虽然表现各异，但大多数是很不错的。师和军的指挥官是个大问题，他们当中只有很少人是称职的。"史迪威赞扬了第二〇〇师师长戴安澜和新编第三十八师师长孙立人，随即便指责杜聿明、甘丽初、暂编第五十五师师长陈勉吾和第九十六师师长余韶等人。史迪威认为"有相当一部分高级指挥官应该枪毙"，他建议枪毙第六军军长甘丽初，还有两个师长一个团长。（参见《史迪威与美国在华经验》，第 397 － 398 页，重庆出版社 1994 年版。）

蒋介石明显地对于史迪威将责任推向中国军官的头上很不乐意，但看在美国援助的面子上，他还是假装热情地问这问那。史迪威直截了当地向蒋介石提出了他想到的对中国进行军事改革的三点意见：

1. 必须对军队进行整编。中国军队过于庞大，以致现有的装备难以满足需要。因此，应该合并一些步兵师，使各部队达到满员，然后把现有的全部装备发给那些能够作战的部队。

2. 必须撤换一批无能的高级军官。如果不清除这些人，无论再提供多少物资援助，军队还得照样打败仗。被撤换的军官，可以送到训练班去培训，对他们进行野战训练，同时提拔一批有能力的军官。

3. 必须建立有效的指挥系统。在以后的作战中，应当挑选可以信赖的人担任前线总司令，给他以总的指示，然后让他全权掌握部队和指挥作战，其他任何人，不论是谁，都不要横加干涉。

这最后一条显然是冲着蒋介石来的。因此，蒋介石对于史迪威提出的改革计划不置可否，先把它晾在一边。

6月15日，史迪威再次见到了蒋介石。这次他谈起了在印度组织和训练中国军队的计划。他建议把已经和即将到达印度的中国部队留在印度接受训练，同时利用美军飞机向中国空运物资的回程，继续向印度运送部队，以便在那里组建两个军六个师共十万人的部队，就近取得美式装备。

原本蒋介石并不放心将自己的部队放在外国和史迪威的手中，但在印度堆积的数万吨美国租借物资，对他却有极大的吸引力。他必须作出让步以换取美国的物资。所以，蒋介石最终答应了史迪威有关装备和训练中国军队的计划，甚至答应根据史迪威的要求逐次向印度空运五万中国军队。关于指挥权的问题，蒋介石也同意由史迪威担任中国驻印部队的总指挥并负责训练工作，另派罗卓英主管行政和军纪。

以此为条件，蒋介石又进一步向史迪威提出，由美国提供五百架作战飞机和保证每月向中国空运五千吨物资。史迪威对于蒋介石两眼盯着美国物资十分反感，冲着蒋介石就说："中国军队的软弱固然有缺少武器装备方面的原因，但主要的原因并不在此。要赢得战争的胜利，唯一的出路就是要彻底地重新整顿陆军部队。"应该说，史迪威的这些话不是没有一些道理。

史迪威对于蒋介石个人的反感与日俱增。他在日记中写道："中国政府掌握在一个无知、专横、顽固的人手中，他用恩威并施的手段维持其统治基础。这个政府与某些家族和财团紧紧地连在一起，一旦脱离这种联系，它就会在顷刻间土崩瓦解。面对危急的情况，它除了硬撑下去之外，拿不出其他办法来。"

就在史迪威和蒋介石相互反感不断加强的时候，在美国援华物资问题上又出现了新的矛盾。1942年6月21日，隆美尔率领的德意联军攻占了利比亚东部的托布鲁克，英国守军三万余人缴枪投降，埃及和整个中东面临着落入德意之手的巨大危险。为了挽救中东危局，美军参谋部不经与中国商量，便命令原本支援中国的第十航空队的重型轰炸机和空运司令部的运输机全部调往埃及，空袭德军的后方运输线，同时还命令把一批正在运往中国途中的

A－29 型轰炸机，留在苏丹的喀土穆以支援英军作战。

这个消息让蒋介石气炸了。他立即约见史迪威，向他说道："既然罗斯福总统把第十航空队交给中国战区使用，就该归我指挥。为什么如此重大的调动，竟然不经我同意？"他又说："倘若英美认为中国战场仍有保持的必要，就绝不该一再无视中国的利益。我要你马上派人回去报告，我想知道英美是否还把中国战区当作同盟国的一个战区，否则我自有办法。"宋美龄在翻译蒋介石的话时，更加上一句："请记住，委员长要同盟国就中国战区有无存在和支持的必要，作出'是'或'不是'的回答。"

随后不久，蒋介石又正式向美国提出了带有时间限制的三点要求：调派美军协助打通滇缅交通线；保证每月空运五千吨援华物资；免除史迪威对租借物资的控制权。

史迪威认为这是蒋介石卑鄙而愚蠢的要挟，他当场就"狠狠地反驳了他们"。7 月 2 日，他又向蒋介石递交了一份措辞强硬的备忘录：

第一，本人作为美国代表出席在中国举行的所有军事会议。在这种场合之内，我必须代表和维护美国的政策，本人的其他地位一概无效。第二，本人负责指挥中国、缅甸和印度的美国军队，因此其职权超出了中国战区之外。第三，本人代表美国总统负责监督和管理租借物资，并决定移交这些物资的时间和地点。此项物资移交之前，美国总统随时可以根据法律予以收回，移交之后，由大元帅负责支配，本人有权确保这些物资只能用于有效的对日作战。第四，本人是大元帅之联合参谋部的参谋长，负责有关计划、组织、训练和作战的事宜，没有采购物资的任务。第五，本人是一名宣誓要维护美国利益的美国军官，这是我的基本立场。第六，在上述职责范围内，我的唯一目标就是为了我们的共同事业，有效地进行对日作战。

史迪威的这份备忘录等于给了渴望获得美国平等待遇的蒋介石一记响亮的耳光。蒋介石马上致电自己的外交部长宋子文，要他转告美国政府，由于史迪威在中国战区任职又代表美国政府利益的双重身份，使他无法下达命令，因此请美国政府自动召回史迪威。

罗斯福在给蒋介石的复信中坚决地支持了史迪威的观点。他明确地肯定史迪威主要是向美国负责，并说："让史迪威将军完全服从于你的命令是不可行的，即使召回史迪威，任何继任者都将握有同样的权力。"（《史迪威与美国在华经验》，第 409－410 页，重庆出版社 1994 年版。）

蒋介石对于美国人强加在他头上的"权力"感觉不快。他决定不再理睬史迪威，拒绝再见史迪威和看他交来的文件。史蒋矛盾日趋严重。

史迪威得到自己政府的支持以后，遂进一步建议美国以援华物资为筹码，逼迫蒋介石加强对日作战和整编中国军队。他在给美国政府的报告中说："蒋介石政权可能把美国当成傻瓜来捉弄；这个政权敷衍塞责，言而无信；它虽然期望同盟国胜利，但却不尽自己的本分去努力争取胜利，而企图到战争结束时囤积一大批军火，以维持他们的统治。"因此，他建议美国必须利用租借物资控制蒋介石政权，避免上蒋介石的当。

美国陆军部根据史迪威的建议向总统提出了方案，而罗斯福总统认为，对一个受到敌人围困的盟国提出条件是不慷慨、不大方的举动。他通知蒋介石，美国将于 1943 年起每月经过驼峰航线空运五千吨物资给中国，另向中国战区调拨二百六十五架飞机。罗斯福没有将此作为交换条件，但还是在电报中强调要中国"改组军队"。

1942 年 7 月底 8 月初，经过美国特使柯里的调解，蒋介石重新召见史迪威，二人"言归于好"。通过对史蒋二人的观察，柯里显然感到蒋介石更"通情理"，而史迪威的性格过于生硬，建议罗斯福同意蒋介石的意见，把史迪威调开。罗斯福就此事商询陆军部时，被马歇尔一口拒绝了。马歇尔说："找不到比史迪威更合适的人选了。担负重新打通缅甸重任的人必须是一个美国人和一个能够率领部队作战的统帅，而不是一个'只会与重庆发展和谐关系的'协调者和物资供应者。"（《史迪威与美国在华经验》，第 423－424 页，重庆出版社 1994 年版。）罗斯福也无话可说。

在史蒋的权力之争，也就是美蒋的权力之争中，美国保持着强硬态度。

中国远征军第二次入缅作战

1942 年 8 月 4 日，史迪威飞往印度，开始执行其训练中国军队的任务。

训练营设在印度的兰伽。经蒋介石批准，在这里成立了"中国驻印军总指挥部"，史迪威为总指挥，罗卓英为副总指挥。不久，罗卓英就因与史迪威无法合作而被赶回了国。从此，印度的中国军队由史迪威一手控制。

从 1942 年 9 月起，每月由昆明空运中国士兵到印度，使中国驻印军不断加强。兰伽训练营以训练步兵和炮兵为主，学习使用美械装备和若干专门课目。随后为了适应缅北丛林作战需要，又进行了丛林沼泽地区作战训练。

中国士兵表现出良好的素质和精神面貌。一位指导训练的美国将军斯利尼说："感谢上帝，尽管我们不会说中国话，也没有足够的翻译。我们示范，他们就跟着学。中国人是全世界最好的模仿家，学得非常非常快！那些来自田间的农民从没见过机器，可他们却在一周内学会了使用榴弹炮、机枪，还学会了操纵战地电话和电台。"（《史迪威与美国在华经验》，第428页，重庆出版社1994年版。）

1942 年 10 月底，兰伽训练营即有了新编第一军，下辖新编第二十二师和新编第三十八师，由郑洞国任中将军长。随后，又由国内空运第三十师到兰伽接受训练。至 1944 年 1 月，兰伽训练营共训练和装备了中国军官二千六百余人，士兵近三万人。这支部队全部由美式武器装备，通信能力、机动能力、火力打击能力均大为增强，官兵体质和作战技能都有明显提高。1944 年夏，又有两个师的中国军队到印度接受训练和装备，中国驻印军扩编为两个军——新编第一军和第六军。

史迪威在训练出一批中国军队以后，积极推动反攻缅甸作战。1943 年 2 月 17 日，蒋介石正式任命陈诚为远征军司令长官。3 月 12 日，史迪威和陈诚一同赶到昆明，按照他们商定的计划开始具体的准备工作。中国方面确定参加整训的部队共有十一个军三十一个师。这时候，史迪威感到比较满意，因为中国军队真的准备打仗了。他说："自从到中国以来，我第一次觉得我们正在进行真正的合作。"对蒋介石来说，通过组建远征军，可以使自己的军队获得美式装备，也可以加强其嫡系部队的战斗力，对于国民党政权的稳固是有好处的。

1943 年 10 月，中国远征军以驻印军为主力，联合英、美军各一部，正式开始缅北反击作战。

中国驻印远征军主力由新编第二十二师和新编第三十八师组成，兵力约三万五千万人。部队从利多出发，越过缅甸境内的野人山中的胡康河谷和孟拱河谷，一路崇山峻岭，河流纵横，人迹罕至，行军极为艰难。远征军当面之敌是日军第十八师团，约三万二千万人。这是一支凶悍无比的部队，曾经参加占领上海和南京的作战，横扫过越南、泰国和马来亚，在新加坡以少胜多，迫使八万多英军缴械投降，随后又在缅甸作战，有长期在热带雨林作战的经验。

11 月上旬，两军在缅甸的于邦地区交火。新三十八师经过六天激战，全部夺占了于邦的日军阵地，日军第五十六联队丢下三百多具尸体仓皇而逃。

12 月，中国远征军以新编第三十八师为左纵队，新编第二十二师为右纵队，向孟关方向攻击前进，一路与敌激战，斩兵杀将，兵锋直指孟关。

1944 年 3 月，中国远征军攻克胡康河谷日军的核心据点孟关。5 月，缅北雨季开始，中国远征军为迅速打通中印公路，在恶劣的气候条件下，继续向孟拱开进，先后攻占了日军据守的马拉高、甘马因等重要据点十多处，于6 月挺进孟拱。美国麦支队准将致电孙立人说："兹庆贺贵部一一二团神异之推进，余确知该团所经过之地区，其地形之艰险，为地图上所表示不出者，敝部对贵师深致钦佩，并庆幸能与贵师并肩合作。"6 月 23 日，中国远征军孙立人部包围日军在孟拱的守军，经两昼夜血战，攻占孟拱。

7 月 11 日，新编第三十八师和由密支那攻入缅甸境内的中国远征军新编第三十师会合，打通了从甘马因经孟拱到密支那的铁路、公路交通线。

1944 年 8 月至 10 月上旬，中国远征军新编第一军集中于密支那地区整训，新编第六军在孟拱附近整训。

10 月 10 日，史迪威下达了缅北反攻第二阶段作战命令。中国远征军先后攻占莫马克、曼西、八莫、曼大、南坎、腊戍等日军重要据点，于 1945 年 3 月 20 日与自纳巴南下的英印军第三十六师会师于乔梅。至此，中国驻印远征军完成了缅北反攻、打通中印公路的作战任务。

1944 年 5 月，集结在云南的中国远征军以第二十集团军为攻击军，第十一集团军为防守军，强渡怒江，向滇西高黎贡山及腾冲的日军发起攻击，先后攻克日军驻守的重镇腾冲、龙陵、畹町、芒友等地，于 1945 年 1 月 27 日在芒友与缅北反攻作战中的中国驻印远征军会师。滇西反攻作战胜利结束。

中国远征军约十七万大军，在缅北、滇西的反攻作战，从 1943 年 10 月至 1945 年 3 月，历时十七个月，在复杂的地理气候条件下，挺进二千四百余公里，收复缅北大小城镇五十余座，消灭日军四万八千人，缴获大量武器装备。中国远征军也付出了重大牺牲，官兵伤亡六万七千人。

中国远征军入缅作战的胜利，受到同盟国的高度评价。美国《纽约时报》说："入缅之战，开创了大陆反攻的新阶段。""从侧翼牵制了太平洋地区，可巩固印度，完全打破了轴心国会师远东的企图。"（《纽约时报》1944 年 5 月 16 日。）1944 年 11 月号的美国《皇冠》杂志称："中国军队是世界上最优秀的军队"，缅北作战"表现出中国军队忍受无限艰难的伟大，世界上任何军队都望尘莫及"。

与中国远征军一同作战的美国军官布朗上校说："中国人是我看到的最勇敢的军队，我必须向他们脱帽致敬。"并表示："我愿意追随他们到任何地方。"（［美］《中国现代军事史》，第 188 页，普林斯顿大学出版社 1956 年版。）

赶走史迪威

在中国远征军筹备与出征的过程中，蒋介石与史迪威的矛盾继续恶化。

1943 年初，史迪威致信马歇尔说："蒋介石变化无常，很难对付，无论我们给他什么，他总会不断地提高要价。除非我们用更加严厉的口气对他说话，否则，他的这种态度还会继续下去。我们为他做的每一件事，都应当从他那儿讨回一个保证。"马歇尔将这封信转给了罗斯福，并建议罗斯福考虑史迪威的意见。

3月8日，罗斯福写信给马歇尔，责备了史迪威，并阐述了美国当时的对华政策。他说："我的第一印象就是，史迪威在与蒋委员长打交道时采取了完全错误的方式。委员长认为，必须保持他的至高无上的权威。他既是行政首脑，又是最高统帅，我们不能用严厉的口气同这样的人说话，或是像对待摩洛哥苏丹那样去逼迫他作出许诺。……我相信史迪威和委员长的关系会得到改善，同时我希望不要妨碍陈纳德以适当的方式与中国人讨论空中作战问题。我们和中国的关系有重要意义，希望你告诉史迪威和陈纳德，他们作为我们在那里的代表，应当更清楚地意识到这一点。他们应当成为我们在中国的最好的外交使节，这与他们承担的军事任务是完全一致的。"（参见《史迪威与美国在华经验》，第471页，重庆出版社1994年版。）

史迪威对向他转达总统意见的马歇尔说：总统"丝毫不了解蒋介石的人品、打算、权威和能力"。他私底下说，蒋介石政府是"一个单人玩的独角戏。国民党是他的工具，蒋夫人是他的门面，愚蠢的美国宣传是他的手段。我们都是上当者"。他还再次写信告诉罗斯福，美国的一再让步已经使蒋介石确信，只要他坚持，美国就会妥协。

1944年4月，日军发动打通大陆交通线的豫湘桂战役，在连续八个月的作战中，国民党军一溃千里，丧师失地，先后丢失了河南、湖南、广西、广东和福建等省的大部。这引起了美国对于蒋介石抗战不力的强烈不满。罗斯福对孔祥熙说："我正试图找出中国军队在何处，为什么他们不同日军打仗？看来日军想把他们赶到哪里就能把他们赶到哪里。"（《史迪威与美国在华经验》，第620页，重庆出版社1994年版。）

史迪威在发动缅北反攻战役期间，感到蒋介石在暗中阻挠云南远征军的推进，故而对蒋介石更为敌视。他给马歇尔写了一封信，要求美国施加更大的压力，迫使蒋介石交出军队由他指挥。史迪威在信中说："如果总统将发给蒋介石一封语气强硬的信，强调我们在中国的援助，在中国的利益，并且强调中国忽视军队肯定已经处于严重的困难中，并坚持重病要用猛药治疗，蒋介石也许能被迫给我指挥军队的职务。我相信中国军队愿意接受我。何应钦必须不当参谋长，或者挂个名，不掌实权。如果对军队没有绝对的指挥权威，我不会接受指挥职务。"(《史迪威与美国在华经验》，第619页，重庆出版社1994年版。)

1944年7月6日，罗斯福向蒋介石发出了一封语气强硬的信，说："我认为中国目前的严重局势，需要将权力赋予一个人，以便协调在中国的盟军的各种军事力量，包括共产党的力量。我完全了解你对史迪威将军的看法，虽然如此，我以为除了史迪威以外，没有其他人有这种能力、力量和决心来消除威胁中国的灾难并执行我们战胜日本的全面计划。我决定晋升史迪威为上将军衔并请你予以最紧迫的考虑，把他从缅甸召回，并把他置于你之下指挥所有的中国部队和美国的军队，并给他以完全的责任和权力，协调并指挥制止敌人前进的作战行动。我认为中国的情况是如此的紧迫，如不立即采取有力而适当的对策，我们的共同事业将受到严重的挫折。"(《史迪威与美国在华经验》，第620－621页，重庆出版社1994年版。)

蒋介石对于罗斯福明显有些无礼的信，决定忍下去，不予计较。同时，因为豫湘桂战场上日军的猛烈攻势，蒋介石抽不出更好的部队进行抵挡，遂考虑调回远征军参加国内作战。这些都是史迪威所不能容忍的。他继续给美国陆军部和总统写信痛斥蒋介石。

罗斯福于9月18日再次以强硬措辞致电蒋介石。这封电报由史迪威收转蒋介石。电报说："近几个月来，我曾屡次敦促你采取果断的行动来抵御正在日益临近中国和逼近你本人的灾难。现在由于你还没有让史迪威将军指挥中国所有军队，我们面临着在中国东部丢掉一个极重要的地区的危险，而这有可能带来灾难性后果。"罗斯福在电报中暗示，如果蒋介石不马上把军队指挥全权交给史迪威，美国可能停止对中国的援助。(《史迪威与美国在华经验》，第 651 页，重庆出版社 1994 年版。）

接到罗斯福这份电报的史迪威，感到电报说到自己的心坎里了，欣喜万分，情不自禁地想看一看蒋介石尴尬的面孔。因此，他立刻下令让人把电报译成中文，然后拿着电报赶到蒋介石正在开会的黄山公馆。当时，蒋介石正和美国特使赫尔利、宋子文、何应钦、白崇禧开会。史迪威先将电报原文给赫尔利看。赫尔利出于外交家的本能，认为不要直接把电报交给蒋介石看，而是采取口译的方式告诉蒋。史迪威不愿意。他要的效果就是让蒋介石难堪。因此，在这件事过后，史迪威曾得意地写道："把这束辣椒交给了'花生米'，然后坐到椅子上出了一口长气。这下正好打中这个小鸡奸者的太阳穴，把他刺穿了。"（《史迪威与美国在华经验》，第 652 – 653 页，重庆出版社 1994 年版。）

蒋介石看了由史迪威交过来的罗斯福总统来信的中文译稿以后，面无表情地说了句："我知道了。"随后便宣布"散会"。

史迪威看到了蒋介石内心的痛苦，感到终于出了一口恶气，浑身轻松，并且对自己掌握中国军队的前景充满憧憬。当天晚上，史迪威高兴地写下了一首打油诗，并寄给了自己的妻子：

> 我等待复仇已久，
> 终于机会来到，
> 我瞪眼直视"花生米"，
> 一脚踢在他的裤裆。
>
> 决心已定，时间终于到来，
> 使用过的鱼叉已经准备好。
> 我紧握着鱼叉的柄，
> 刺他个前后穿透。

小杂种吓得发抖，

已经说不出话了。

他脸色铁青肌肉颤抖，

强忍着不发出呼叫。

经历过厌倦的多次战斗，

还有恼人的日日夜夜。

我终于有了好运，

今朝大煞"花生米"威风。

我知道我还得受罪，

令人厌倦的竞走尚未结束，

但是，啊！多么愉快，

一巴掌打在"花生米"的脸上。

（《史迪威与美国在华经验》，第 653－654 页，重庆出版社1994年版。）

　　然而，史迪威低估了蒋介石。

　　蒋介石在当天的日记里写下了"实为余平生最大之耻辱也"。正是罗斯福的这封信，促使蒋介石决心在美援和自尊之间，选择自尊。同一天晚上，蒋介石约请美国特使赫尔利共进晚餐。吃饭时，他告诉赫尔利，已经命令宋子文正式请求罗斯福更换史迪威。

　　9 月 20 日，经过一天的思索，蒋介石又接见赫尔利，对他说："中国军民恐不能长此忍受史迪威等等侮辱，此殊为中美两国合作之障碍物也。"（《蒋"总统"秘录》卷十三，第 157 页，1976 年台北版。）24 日，蒋介石又和赫尔利长谈，着重指出：中国绝不许赤化；中国主权与蒋个人人格不容许损害；中美合作必须是友好的、和善的，决不许有一丝强制性。蒋介石所强调之赤化问题，是因为史迪威曾经一再建议使用共产党的军队。

26 日，蒋介石经过宋美龄向罗斯福转达了下列意见："余对罗平时主张与意见无不尊重，但关于中国之三民主义与中国之主权，以及中国国家与个人之人格，如稍有损丧，则余必不惜任何牺牲，决不能因循迁就，否则即使联盟国作战完全胜利，则虽胜犹败。余决不能使中国赤化与主权动摇，并望友邦间能互相尊重人格也。……但无论美国如何变化，余自信抗战根据地与军队，决不致崩溃。吾人如再恢复独立抗战之态势，则对内政与军事情势，决不能比现在更坏。"（《战时外交》（三），第 675 页，台北 1981 年版。）

蒋介石在同时提交的备忘录中说："唯事实证明，史将军非但无意与余合作，且以为受任新职后，余将反为彼所指挥，故此事因而终止。如罗总统指派之任何美国将领，而富于友谊合作精神，以接替史将军，余必竭诚欢迎，且将尽力之所及支持其作战，加强其权限也。"（《战时外交》（三），第 673 － 674 页，台北 1981 年版。）

为了挽救中美关系出现的裂痕，稳住中国抗日的决心，加上美国正在进行的总统选举，罗斯福不愿在这时出现导致中美关系不和的事件，因此决定对蒋介石让步。他于 10 月 5 日致信蒋介石，决定解除史迪威担任蒋介石的参谋长的职务和负责租借法案援助的职务，但仍然让他担任在缅甸和中国云南的中国远征军司令的职务。同时，罗斯福向蒋介石表示，美国不指派其他人担任中国司令。

蒋介石不接受罗斯福的方案。他要把史迪威彻底从中国弄出去。他写信告诉罗斯福：我不仅对史迪威将军无信心，而且对他的军事判断也无信心。史迪威将军和我对于缅甸战役的看法从来就不一致。从一开始，我就再三警告史迪威将军，在缅北采取有限的攻势代价过高，甚至是危险的。现在，我们收复了密支那，却几乎失去了整个华东。在这点上，史迪威将军是不能推卸其严重责任的。在云南和缅甸发生的事情已经立即对整个中国产生重大影响，将史迪威将军的权力限于云南和缅甸不能解决问题。我们所面临的如此广泛、复杂的问题，他是不能胜任的。

这时，在中国斡旋国共关系的赫尔利也倾向于支持蒋介石。他写信告诉罗斯福，如果放弃史迪威，可以再派一个美国人指挥中国军队，如果放弃蒋介石，那么将会丢掉中国。（赫尔利1944年10月10日致罗斯福函。）

马歇尔于10月15日从国外赶回华盛顿，企图为史迪威说情，留住史迪威。但是罗斯福这次不肯听他的了。罗斯福向马歇尔下令，立即召回史迪威。

罗斯福在给蒋介石的回信中，婉转地批评了蒋介石对缅北战役的指责，说这次战役是联合参谋长会议决定、他和丘吉尔批准的，战役目的是为了支援中国。同时，他告诉蒋介石，决定将中缅印战区，改划为缅印战区和中国战区。由萨尔坦将军接替史迪威在缅印战区的职务，由魏德迈接替史迪威担任蒋介石的参谋长和驻华美军司令。

史迪威对自己的事情也有了不祥的预感。他在给妻子的信中说："罗斯福显然抛弃了我。如果这个老傻瓜在这上面让了步，'花生米'从现在起就会失去控制，显然他已经这样做了。彻底的失败。我的良心是清白的，我贯彻了给我的命令。我没有什么可遗憾的，除了看着美国受到欺骗。"

就这样，在一场控制与反控制的权力斗争中，蒋介石赢了美国一个回合。

1944年10月20日，蒋介石要授给史迪威一枚青天白日勋章，以表彰他对中国抗战的贡献，史迪威拒绝接受。蒋介石对史迪威说：我之所以要求将你调回国，只是因为我们性格上的差异。今后希望彼此通信，并继续做中国的朋友。史迪威告诉蒋介石：无论你对我有何想法，请你记住，我的动机只是为中国好。

史迪威回国之际，美国的《纽约时报》发表评论说：史迪威从中国召回，是中国"垂死的反民主政权的政治胜利"，而另派一位美国人给蒋介石当参谋长，"实际上是要我们默认一个不开化的残忍的独裁政权"。这个政权不能代表我们的好盟友中国人民。这篇评论在美国社会引起很大的舆论风潮。

史迪威回国后曾一度担任美国陆军地面部队指挥官，负责训练事宜。他写了一部书稿，叫《中、缅、印战区史》，全稿装满了一铁箱。书中阐述了这样的思想：第一，美国执行了一项"游移不定的政策，致使公共资金消耗于无益的输血中"；第二，他在野战区中，缺乏命令部队的权力，指挥趋于无效，其结果是他既不能制定战略，也不能指挥战术；第三，继续谴责蒋介石政府、责备美国对它的支持，预料这个政府必将垮台。

史蒋斗争终于落下帷幕。

五、美使穿梭　扶蒋反共

抗日战争进入相持阶段以后的蒋介石，逐渐由积极抗日转向消极抗日、积极反共。他对中国共产党军事力量在抗战中的日益壮大深感不安，先后发动了三次有计划的反共高潮。对于蒋介石的反共军事行动，美英各国均极反对，他们希望中国各派联合起来共同抗日。美国先后派出副总统华莱士、总统特使赫尔利等来中国帮助调停国共关系，并派出美军观察组赴延安考察。抗日战争后期，美国对华政策由联共抗日转向了扶蒋反共。这一政策，助长了蒋介石军事"剿共"的决心，引发了国共两党之间长达三年的内战，也最终将蒋介石送到了台湾岛上。

美军观察组去延安

蒋介石下决心赶走史迪威的原因，不仅是史迪威在争权斗争中十分嚣张跋扈，而且因为史迪威时时要与共产党合作的念头戳到了蒋介石的痛处。

史迪威对于中国共产党在抗日战场的作战能力十分欣赏，并对八路军、新四军在抗日战场所处的有利位置更加关注。因此，他曾一再向蒋介石提出派遣观察组到八路军的抗日根据地视察，以便更好地与八路军协调作战的问题，但遭到了蒋介石的断然拒绝。

史迪威在云南训练国民党远征军时，曾建议每百名士兵中容纳二十名共产党的士兵。结果当时负责训练的国民党官员萧毅肃对他说："如果这样做的话，那么两个星期后，这一百名士兵就全部成了共产党的士兵。"于是，史迪威只好作罢。

史迪威与蒋介石的矛盾，也使得美国舆论起了微妙的变化，一些报道从赞扬中国抗战转到批评蒋介石政府的腐败。美国驻华人员中也多了一些反蒋的报告。1944 年 5 月 1 日美国《生活》杂志刊登的一篇文章说："国民党是某些最坏的恶习集于一身的腐朽政治集团。""国民党……逐步恶化使得将来同共产党人打内战的结局令人难以捉摸。"美国驻昆明总领事在发回政府的报告中说："如果中国的最高层无人事变动，任何办法也解决不了中国的问题"，"只有蒋介石死去或是发生一场成功的革命，中国目前的趋势才能改变"。美国驻华使馆的外交官谢伟思也在报告中指出：要支持中国的开明分子，撤销对中国政府无条件支持，实行自由选举，这样，80% 的选民会抛弃这个政府。如果美国政府因循目前的政策，则是"目光短浅的权宜政策"。他要求美国政府派人访问延安，认为美国如果不访问延安，便不能制定出明智的政策。（美国国务院档案，中国部，第 893.00 / 14969 号。）

鉴于蒋介石在日本发动的豫湘桂战役中的惨重失败，美国政府认为有必要联合中国境内的一切武装力量，改善中国的抗日形势。1944 年 6 月，罗斯福派出副总统华莱士访华，专门就国共合作问题与蒋介石会谈。华莱士提议蒋介石同共产党达成某种妥协，以加强中国对日作战的力量，并表示美国愿意在国共之间进行斡旋。

蒋介石坚持了顽固的反共立场。华莱士在向美国政府的报告中指出：蒋介石没有治理战后中国的才能和政治力量，战后中国的领导人要么从演进中产生，要么从革命中产生。现在看来，更可能是从革命中产生。他认为美国的对华政策应当具有灵活性，以便能在更有希望的中国领导人或集团出现时利用他们。（［美］伊·卡恩：《毛泽东的胜利与美国外交官的悲剧》，第 97 页，群众出版社 1990 年版。）

在华莱士的坚持下，蒋介石不得不同意由美国派遣一个观察小组访问延安，其宗旨是"考察共产党对战争所能作出的贡献"。

1944 年 7 月 22 日和 8 月 7 日，美军观察组分两批抵达延安，受到了以毛泽东为首的中共领导人的热烈欢迎。8 月 15 日，《解放日报》发表了毛泽东亲自修改审定的社论《欢迎美军观察组的战友们》。8 月 18 日，中共中央专门就美军观察组来延安作出《关于外交工作的指示》，指出："这次外国记者、美军人员来我区及敌后根据地便是对新民主主义中国有初步认识后有实际接触的开始。因此，我们不应把他们的访问和观察当成普通行为，而应把这看作是我们外交工作的开始。"指示要求接待人员在外交工作中站稳民族立场，"一方面加强民族自尊心自信心，而不是排外；另一方面要学习人家长处，并善于与人家合作，但决不是惧外媚外"。（《中共中央文件选集》第十四卷，中共中央党校出版社 1992 年版，第 314、317 页。）

8 － 9 月间，毛泽东向共产党领导的各抗日根据地发出十余份电报，要求各根据地在军事情报、修建机场、沿海登陆等方面配合美军。他明确表示，与美军合作是我们党的既定方针。他在 9 月 9 日致华中局的电报中指出："机场修筑好后，大批美军人员陆续飞来军部及各师，我们应表示欢迎，……放手与美军合作，处处表示诚恳欢迎，是我党既定方针。"（《毛泽东年谱》中卷，第 544 页，人民出版社、中央文献出版社 1993 年版。）毛泽东还与美军观察组的成员谈到了为什么中国共产党愿意与美国合作的原因，他说：中国共产党的政策不过是主张民主和社会改革，甚至最保守的实业家在我们的纲领中也找不到任何值得反对的东西，中国必须工业化，这只有通过自由经营和借助外国资本帮助才能做到。因此，中国与美国能够而且必须合作。（〔美〕谢伟思《美国对华政策》，第 228 页，中国社会科学出版社 1989 年版。）

美军观察组成员在延安、山西等抗日根据地进行了实地考察。在实际了解了八路军的抗日情形之后，许多人对中共表示出明显好感。他们先后向美国政府发出五十余份报告书，对中国共产党及其领导下的军队、根据地作了

比较客观的报道，并建议美国政府对中国共产党领导下的抗日力量实行更公
正的援助计划。

美军观察组成员谢伟思在写回美国的报告中说："从来没有一个共产党社
会像中国共产党在 1944 年 7 月到 1945 年 3 月这八个月期间那样对美国如此
开放。大批美国人在他们的每一块领土上都进行了旅行，进行了多种形式的
合作，探索各个方面的情况，在延安和前线每天同共产党领导人和一般工作
人员亲密友好地接触并生活在一起。"（［美］谢伟思《美国对华政策》，第
217 页，中国社会科学出版社 1989 年版。）

观察组成员戴维斯在他的报告中写道："共产党已经历了十年的内战和七
年的抗日战争。他们经历了不只是比中国中央政府军队所曾受的更大的压力，
并且也经历了蒋的严密封锁。他们生存下来，并且壮大了。……具有这种显
著的生气和力量的原因，是简单而又基本的，即是群众的支持和群众的参加。
共产党的政府和军队，是中国近代史上第一次受有积极的广大人民支持的政
府和军队。他们得了这种支持，是因为这个政府和军队真正是属于人民的。"
（《美国与中国的关系》下册，第 509 - 510 页，中国现代史资料编辑委员会编。）
戴维斯在他的报告中还认为："中国内战是不可避免的，共产党的胜利几乎是
必然的"，美国"必须放弃它对蒋介石公开承担的义务"，"在即将到来的争取
中国的斗争中'倾向'共产党人"，"支持共产党人是'使我们自己同中国最
团结、最进步、最伟大的势力站在一起'的最好办法"。（［美］迈克尔·沙勒《美
国十字军在中国》，第 192、195 页，商务印书馆 1982 年版。）

美军观察组的组长包瑞德上校则在后来的回忆录中写道："当回顾我在
迪克西使团（即美军观察组——作者注）的服务时，我完全愿意承认，我在
某些方面是过分地被共产党打动了。这部分地归因于，我认为他们正在尽一
切可以预料的努力与日军战斗，考虑到他们武器装备的极度缺乏，就尤其是
如此。依我看来，他们的贡献似乎与当时国民政府军队的全部战争努力一样
大。""许多人，包括我本人，对延安共产党政权基本上持赞赏态度的一个原
因是，那里的一切事物所具有的外貌是绝大多数美国人都倾向于赞同的。在

重庆，我们所到之处都能看见警察和卫兵；在延安，我所见到的任何地方，包括第十八集团军总指挥部，都没有一个卫兵。在毛泽东朴素简陋的住处前面，即或有什么人在站岗，这对于一个偶然的过路人来说，也是不显眼的。"（［美］包瑞德《美军观察组在延安》，第108－109页，解放军出版社1984年版。）

包瑞德还曾多次建议美国政府将美国对中国的军事援助公平地分配一部分给抗日的共产党军队。他说："在延安期间，我力图对共产党军队对日作战的全部潜力作一估计。我得出了这样的看法，他们是优秀的游击战士，但是自从百团大战之后，他们几乎都没有参加任何大规模的作战。在百团大战中，他们主要是在基层部队的武器装备方面遭受了十分严重的损失，以致他们此后再也不能和强大的日军正面对抗并进行大的战斗了。但是我相信，经过一些训练，再装备以适当的美国武器装备，他们也完全能够参加正规的对日作战。"（［美］包瑞德《美军观察组在延安》，第119－120页，解放军出版社1984年版。）

美国政府对蒋介石政权的失望和对共产党军队抗日的基本估价，促使美国进一步采取推动国共合作的政策。但是，美国总统特使赫尔利来华以后，他在国共关系的调停中进一步站到蒋介石一边，大力推动美国政府的对华政策迅速走向扶蒋反共，从而使得中共与美国之间的友好合作成为一段短暂的历史。

赫尔利在延安与重庆的穿梭

1944年9月，赫尔利作为美国总统罗斯福的私人代表来到重庆。赫尔利毕业于乔治·华盛顿大学，获法学博士学位。参加过第一次世界大战，战后从1929年至1933年曾任胡佛政府的陆军部长。期间，日本发动九一八事变占领中国东北，赫尔利曾代表美国政府到日本，与日本军界领导人会谈，对日本的侵华行动表示谅解。太平洋战争爆发后，赫尔利被罗斯福任命为驻新西兰公使。随后经常被罗斯福派往世界各地解决困难问题，与罗斯福的私人关系极好，深得罗斯福的信任。

美国政府交给赫尔利的来华使命是：1.防止国民政府的崩溃；2.支持蒋介石作为中华民国的主席与军队的委员长；3.使蒋委员长与美国司令官间的关系和谐；4.增进中国境内战争物资的生产并防止经济崩溃；5.为击败日本计，统一中国境内一切军事力量。(《中美关系资料汇辑》第一辑，第139页，世界知识出版社1957年版。) 这个使命说明，这时美国政府关注的要点已不完全是抗日问题，而更多地关注战后中国政权的稳定问题。

赫尔利在来华以前，特意绕道苏联，试探苏联对中国共产党的态度。在得到了斯大林和莫洛托夫不支持中国共产党的保证之后，赫尔利乐观地感到，中国的国共两党之间的矛盾不难解决。而事实上，赫尔利的想法是完全错误的。

赫尔利来到中国后，帮助蒋介石赶走了史迪威，并随后接替高思担任了美国驻华大使。

10月，中共代表林伯渠、董必武在重庆会见赫尔利，要求赫尔利帮助中国建立一个真正的政治联盟作为中国的联合政府，同时成立有中共参加的"联合最高指挥部"，统一指挥全国军队。美援应该在国共之间公平分配。赫尔利在试探蒋介石对国共合作的看法时，蒋介石向赫尔利表示可以，但条件是中共必须交出独立的武装。

11月7日，赫尔利飞往延安，想就国共合作统一问题与毛泽东磋商。其时，他并未真正了解中国这两大党各自究竟需要的是什么，而是一厢情愿地想以美国人的方式把国共双方都圈入一个总原则之中，并使他们并入一个赞成法制和秩序的委员会里。在重庆时，他一再向蒋介石强调了统一中国一切军队的必要性和好处。现在，他又尝试让中共进入他所划定的圈子。

11月8日，赫尔利在与毛泽东的第一次正式会议上就拿出了一份由他拟定的包括五项条款的文件。毛泽东看了这份文件后立即问，这五条代表了什么人的思想。赫尔利答道，这些观点是他自己的思想，"不过是我们大家制订出来的"。言下之意似乎蒋介石也同意了。经过两天两晚的热烈讨论，赫尔利的方案得到了修正，最终形成了《中共与中国政府的基本协定》，其主要内容如下：

1. 中国政府、中国国民党与中国共产党应共同工作，统一中国一切军事力量，以便迅速击败日本与重建中国。

2. 现在的国民政府应改组为包含所有抗日党派和无党无派政治人物的代表的联合国民政府，并颁布及实行用以改革军事政治经济文化的新民主政策，同时军事委员会应改组为由所有抗日军队代表所组成的联合军事委员会。

3. 联合国民政府应拥护孙中山先生在中国建立民有民治民享之政府的原则，联合国民政府应实行用以促进进步与民主的政策，并确立正义、思想自由、出版自由、言论自由、集会结社自由、向政府请求平反冤抑的权利、人身自由与居住自由，联合国民政府亦应实行用以有效实现下列两项权利：免除威胁的自由和免除贫困的自由之各项政策。

4. 所有抗日军队应遵守与执行联合国民政府及其联合军事委员会的命令，并应为这个政府及其军事委员会所承认，由联合国得来的物资应被公平分配。

5. 中国联合国民政府承认中国国民党、中国共产党及所有抗日党派的合法地位。[《中国国民政府中国国民党与中国共产党协定》(此件系最后稿复印件)，1944年11月。]

这一文件似乎把各党派联合起来的安排加以具体化了，通过这种安排，将引申出某种民主的多党制来。赫尔利认为，这些条款的大部分内容与美国的传统精神相符合，只要双方接受这些原则就可以共同合作了。他在写给总统的报告中说："我们以最紧张热烈、最友好的方式，争辩，一致，不一致，否定，承认，对我的五点方案来回讨论，直到最后加以修正……"11月10日，赫尔利即将离开延安的时候，他向毛泽东提议在五点建议上一起签字。他说："主席，你我在这些条款上签字吧。我认为这是适宜的，它表明我们经过考虑认可了这些条款的合理性。"（［美］包瑞德《美军观察组在

延安》，第82页，解放军出版社1984年版。）于是，毛泽东和赫尔利分别在
这些条款上签了名，并给蒋介石留出了签名的空白地方。

与中共达成协议的赫尔利兴奋不已，于签字当天致信毛泽东："我感谢你
的光辉的合作与领导。这种合作与领导表现在你率领你的政党提出协定上，
这一协定你已授权我带给蒋介石主席，我同样感谢你要我转交美国总统的卓
绝的信件。阁下，请信赖我对于你用以解决一个最困难的问题的智慧和热忱
的品质，深感愉快。你的工作，是对于统一中国的福利及联合国家的胜利的
贡献。这一光辉的合作精神，不仅将继续于战争的胜利中，而且将继续于建
立持久和平与重建民主中国的时期中，这是我们的恳切愿望。"（《中共中央文
件选集》第十四卷，第394－395页，中共中央党校出版社1992年版。）

毛泽东在同一天交给赫尔利带给罗斯福总统的信中，表达了中国共产党
与美国合作的真诚愿望。毛泽东在信中说：

"我很荣幸地接待你的代表赫尔利将军。在三天之内，我们融洽地商讨
一切有关团结全中国人民和一切军事力量击败日本与重建中国的大计。为此，
我提出了一个协定。这个协定的精神和方向，是我们中国共产党和中国人民
八年来在抗日统一战线中所追求的目的之所在。我们一向愿意和蒋主席取得
用以促进中国人民福利的协定。今一旦得赫尔利将军之助，使我们有实现此
目的之希望，我非常高兴地感谢你的代表的卓越才能和对于中国人民的同情。

"我们党的中央委员会已一致通过这一协定之全文，并准备全力支持这
一协定而使其实现。我党中央委员会授权我签字于这一协定之上，并得到赫
尔利将军之见证。

"我现托赫尔利将军以我党及中国人民的名义将此协定转达于你。总统
阁下，我还要感谢你为着团结中国以便击败日本并使统一的民主的中国成为
可能的利益之巨大努力。

"我们中国人民和美国人民一向是有历史传统的深厚友谊的。我深愿经
过你的努力与成功，使得中美两大民族在击败日寇、重建世界的永久和平以
及建立民主中国的事业上永远携手前进。"

（《中共中央文件选集》第十四卷，第 397－398 页，中共中央党校出版社 1992 年版。）

当赫尔利登上去重庆的飞机时，他心里想，现在的任务就是如何说服蒋介石接受这些条款了。周恩来随同赫尔利一起去重庆，准备与蒋介石就细节问题作进一步商谈。

赫尔利从延安带回的方案，受到了蒋介石及其国民政府的强烈反对。宋子文的评论是："共产党把你给骗了。国民政府决不会同意共产党的要求。"赫尔利原以为，协议中使用"民主"的词句，作出一些这类承诺是无关紧要的，一向喜欢独裁的蒋介石却不这样看，对于权力问题，他寸步不让。因此，他向赫尔利表示，"建议案最终会导致共产党控制政府"。赫尔利希望说服蒋介石接受这些条款，他告诉蒋介石，联合政府将使国民政府巩固起来，共产党曾保证接受蒋委员长的领导，等等，而蒋介石则直截了当地告诉他，接受了这种联合就意味着国民党的全面失败。

11 月 21 日，赫尔利交给周恩来一份蒋介石的三点反建议：

1. 国民政府允将中共军队加以改编，承认中共为合法政党；

2. 中共应将其一切军队移交国民政府军委会统辖，国民政府指派中共将领以委员资格参加军委会；

3. 国民政府之目标为实现三民主义之国家。［国民政府代表王世杰提交的三点反建议（复印件），1944 年 11 月 21 日。］

当赫尔利接到蒋介石的三点建议时，正好被美国政府任命为驻华大使，他感觉到有必要进一步站在中国政府的立场上解决问题。于是，他又打起精神试图说服共产党接受蒋介石的方案。

周恩来看到这三点反建议，大失所望，他立即向赫尔利提出了关键性问题："蒋介石对联合政府的态度如何？"赫尔利回答："啊，这件事已经过去了。"他告诉周恩来，蒋介石已允许共产党参加政府，但不愿写在建议上。周恩来感到了赫尔利态度的转变，认为蒋介石没有丝毫解决问题的诚意。

12 月 2 日，周恩来将毛泽东来电中的意见转告赫尔利。毛泽东说：政府三项与延安五条距离太远，我们认为联合政府与联合军事委员会是解决目前时局问题的关键。这既不能获得蒋介石的同意，因此无法挽救危局。周恩来应回延安参加会议，不必再留重庆。

12月4日，赫尔利再度约会周恩来，提出："联合政府目前尚不可能。参加政府，参加军事委员会，蒋委员长则已答应。我希望你们参加进来，然后一步一步改组。你以为如何？"周恩来答道："联合政府本为毛主席在延安向赫尔利将军所提出者，赫尔利将军亦认为合理。至于参加政府及军事委员会之举，即令做到，也不过是做客，毫无实权，无济于事。"赫尔利说：总希望你们参加，"先插进一只脚来"。周恩来表示，他对这样做客，已经疲倦了。（《周恩来传》，第577－578页，中央文献出版社1991年版。）

赫尔利要求美军驻延安观察组组长包瑞德上校与周恩来一同回延安，尽一切可能说服毛泽东接受蒋介石的条款。不久，赫尔利就收到了包瑞德关于同毛泽东会谈的报告，报告摘录了毛泽东谈话的要点：

"由委员长向我们提出的三点建议的首要之点是，共产党的军队必须服从全国军事委员会的改编。这就意味着把我们的军队完全置于委员长的控制之下，其结果将是，他们可以随心所欲地裁减我们的武装力量，那时，我们将任凭其摆布。

"与这种相当于完全投降的交换条件相应的是，总共才给我们一个全国军事委员会的席位，而这个名额是没有任何实际作用的。当年的重要将领冯玉祥、李济深二位将军也是全国军事委员会的成员，但是他们对军事委员会的决定毫无影响。事实上，整个全国军事委员会已经很长时间没有开会了。

"赫尔利将军说，如果我们接受全国军事委员会的这个席位，那么我们将得到所有的军事报告，从而我们将知道政府的行动，并且我们将处在影响政府决策的地位上。我难于接受赫尔利将军的意见。我们明确地告诉他，虽然有一位共产党人参与全国军事委员会，但是他对该会也不会比局外人有更多的发言权，我们是清楚我们所说的那种情况的。

"赫尔利将军还说，接受了全国军事委员会的代表席位，将使我们的'一只脚跨进大门'，并以此作为能够扩大我们地位重要性的起点，从而逐渐使我们的影响增加到这样一个程度，即最后我们将控制政府。我们相信，这是一个带根本性错误的概念，但是我们已不能使赫尔利将军确信这是一个根本性的错误。我们所能说的一切乃是，如果双手被反绑着，即使一只脚跨进了大门也是没有任何意义的。

"魏德迈将军说，如果我们同委员长达成协议，他就能给我们武器，并派出美军军官训练我们，和我们一起工作。我们衷心地欢迎这种帮助，但是不能指望我们付出这样的代价，即我们在接受这种帮助时，要由委员长批准。

"我们不像蒋介石，我们并非必须要别的国家的支持，我们能够挺立着，像自由的人们一样自由地行走。如果美国放弃我们，我们将万分的遗憾，但是这不会损害我们对你们的友好情谊。任何时候，无论是现在还是将来，我们都将怀着感谢的心情，接受你们的帮助，我们将不附带任何条件，在美国将军指挥下尽心履行自己的义务，这就是我们对你们的友好情谊。如果你们在中国海岸登陆，我们将在那里同你们会合，并且将听从你们的指挥。

"在'五点建议'中，我们已经作了我们将要作的全部让步，在同意委员长作为领导上作了让步，在同意我们的军队接受全国军事委员会的统一指挥上作了让步，在美援物资方面我们也作了让步（除去我们应该得到的公平的一份外，我们毫无所求）。我们将不再作出任何进一步的让步了。

"我们完全理解，赫尔利将军不能保证委员长接受'五点建议'。我们知道他仅仅能说，这些条款是公平的，他将尽力使委员长接受这些条款。但是，在蒋介石拒绝这些公平的条款之后，我们不希望赫尔利将军反过来强迫我们同意需要我们去牺牲自己的反建议。"（参见包瑞德《美军观察组在延安》，第91－97页，解放军出版社1984年版。）

毛泽东对蒋介石和赫尔利的答复，深刻揭露了蒋介石坚持独裁，反对民主改革，企图吞并抗战果实，和平"消灭"共产党及其抗日军队的真实面目。他的答复也巧妙地讽刺了赫尔利的不公正立场，表示了中国共产党坚持独立自主，以人民利益为重，不为蒋介石威胁利诱所动的坚定立场。

与此同时，毛泽东也不想就此关上谈判的大门。1944 年 12 月 12 日，毛泽东、周恩来在致王若飞的电报中，嘱他转告包瑞德："牺牲联合政府，牺牲民主原则，去几个人到重庆做官，这种廉价出卖人民的勾当，我们决不能干。这种原则立场，我们党历来如此。希望美国朋友不要硬拉我们如此做。我们所拒绝者仅仅这一点，其他一切都是好商量的。"

1945 年 1 月 7 日，赫尔利致函毛泽东和周恩来，提议在延安召开有他参加的国共两党会议。毛泽东复信说，这种会议不会有结果，应该在重庆召开有国民党、共产党和民主同盟三方参加的国事会议的预备会议，如果蒋介石同意，那么周恩来可去重庆磋商。于是，1 月 24 日，周恩来又一次飞抵重庆。

2 月 2 日，周恩来起草了一个关于党派会议的协议草案交给国民党代表王世杰，主张先解决民主，后解决军队。国共双方又在是否改组政府问题上争论不下。13 日，周恩来会见蒋介石，蒋竟以十分傲慢的态度宣称："党派会议，等于分赃会议，联合政府，无异推翻政府。"这种态度使周恩来十分惊异，怒不可遏，遂决定中止谈判返回延安。

赫尔利开始扶蒋反共

就在国共之间就联合政府问题争论不休之时，赫尔利已开始明确地站在蒋介石一方，企图以高压的手段帮助蒋介石统一中国的政权。他阻止了美军观察组成员制订的一系列与中共合作抗日的计划建议。其时，包瑞德提出了一个提议美国派遣四五千名突击队员到中共地区参加抗日作战的方案；美军观察组成员伯德则建议美国战略情报局，向中共二万五千名官兵提供军援情报物资，与中共建立联合情报网；美军观察组成员还制订了一个"连云港计划"，即美国在连云港附近把武器空投给共产党部队。这些计划全部遭到赫尔利的扣压。

中国共产党感觉到了赫尔利偏袒蒋介石的倾向，但并未放弃与美国合作的愿望。1945 年 1 月 9 日，毛泽东、周恩来通过延安美军观察组提出了一个访问华盛顿的建议。建议说："延安政府希望派一个正式团体去美国，向那里对中国当前局势感兴趣的美国人民和美国官员进行解释和说明该政府严格限制不加公布的建议。如果罗斯福总统表示希望把他们作为中国主要政党的领袖予以接待，毛和周即愿立即单独或一同去华盛顿举行探讨性的会议。"（〔美〕巴巴拉·塔奇曼《假如毛和周来到华盛顿：如何抉择》，载《外交》，1972 年 10 月。）这份电报表明，毛泽东和周恩来想绕过蒋介石和赫尔利的封锁，直接与罗斯福、美国人民发展抗战中的合作关系。

赫尔利得到这份电报后暴跳如雷，不仅立即扣压了电报，而且于 1 月 14 日向罗斯福发出一份电报称：在中国有一个破坏总统政策的阴谋，有一些不忠诚的美国人已在促使毛泽东、周恩来相信可以拒绝和国民党合作，谋求直接得到华盛顿的承认和支援。赫尔利建议罗斯福拒绝会见中共代表，并设法在雅尔塔会议上，赢得苏联对蒋介石的支持，从而把中共强迫到谈判桌上来。

在赫尔利的压力下，中国战区参谋长魏德迈召集所有驻华美国外交人员，公布了由他签署的一份文件，宣布：我们美国军事人员奉命支持中国中央政府，我们将不给中国战场内任何个人、任何行动、任何组织以任何支持。

罗斯福接受了赫尔利的建议，并帮助赫尔利对在中国服务的美军人员中的亲共分子进行了清洗。他们调回了美军观察组的包瑞德、戴维斯和伯德等人。新任的美军观察组组长莫里斯·帕德斯上校给毛泽东、周恩来带来了赫尔利颇具威胁性的信件：中共只有对蒋介石妥协并为蒋介石接受后，才能得到美援和支持。

美国人在强迫中国共产党听命于蒋介石的时候，罗斯福却于 2 月 4 日在苏联境内召开的美英苏三国首脑雅尔塔会议上，以出卖中国主权为代价，赢得了苏联出兵中国东北和支持蒋介石的承诺。美英苏三大国在背着中国政府的情况下，制定了一个危害中国主权利益的秘密协定。雅尔塔协定中关于日本问题的协议要点是："苏美英三大国领袖同意，在德国投降及欧洲战争结束后两个月或三个月内，苏联将参加同盟国方面对日作战，其条件为：1. 外蒙古的现状须予维持；2. 由日本 1904 年背信弃义进攻所破坏的俄国以前权益须予恢复，即：甲、库页岛南部及邻近一切岛屿归还苏联；乙、大连商港须国际化，苏联在该港的优越权益须予保证，苏联之租用旅顺港为海军基地须予恢复；丙、对担任通往大连之出路的中东铁路和南满铁路应设立一苏中合办的公司以共同经营之；经谅解，苏联的优越权益须予保证而中国须保持在满洲的全部主权。"[《国际条约集（1945－1947）》，第 8 页，世界知识出版社 1959 年版。]

雅尔塔协议在中国问题上将日本侵占的部分领土主权转到了苏联的名下，让中国这个艰苦抗战八年的战胜国仍然以丧失外蒙古的大片国土和部分港口的主权为代价，来品尝战败的苦果，充分暴露了大国强权政治的丑恶本质。美国政府在中国的抗战中一方面扮演着支持中国人民反侵略战争的正义角色，另一方面却又在背地里进行着出卖中国主权利益的与侵略者差不多的勾当。同时，雅尔塔协定使蒋介石的大国领袖梦完全破产。在开罗会议上，罗斯福曾一再强调中国的大国地位，明确同意战后将日本侵占中国的一切领土归还中国，并与蒋介石协定在就任何有关亚洲问题作出决定之前，中国和美国应彼此进行磋商。而事实上，罗斯福还是把蒋介石当作了事后签字的"小兄弟"，也并没有把中国真正放到一个平等的大国位置上来对待。由此可见，中国的地位不能依靠美国来确立，它必须要中国人自己站立起来，才能得到世界的公认。

被雅尔塔会议的秘密协定蒙在鼓里的蒋介石，当时也顾不上与其他大国争地位，他正在为自己国内政权的巩固而操心。因为在对付中共的问题上得到了赫尔利的全力支持，蒋介石一时颇为得意，腰杆子很硬，说话的气也粗了。3 月 1 日，蒋介石在重庆宪政实施协进会上发表演说，强调：在国民大会召开前，政府不能将政权交与各党各派组成的联合政府。第一，"政府不能违反建国大纲，结束训政"；第二，"国民政府如将一切政权或责任交给各党各派"，其结果必使"抗战崩溃，革命失败"。蒋介石以国民大会召开前没有一个"可以代表全国人民,使政府可以征询民意之负责团体"为由,拒绝成立联合政府。

在这个演说中，蒋介石还将国家不能顺利实施宪政的责任，栽到共产党头上，说国家和军队的统一是推行宪政的先决条件，而共产党及其军队"不受中央命令"，阻碍了国家的统一，因此，"共产党不应有军队，这是很明显的道理"。

蒋介石的话等于宣布了国共谈判的破裂。

1945 年 3 月 4 日，赫尔利和魏德迈回美国述职。赫尔利用自己的观点说服了罗斯福，要求美国确立扶蒋反共的对华政策，获得了罗斯福的支持。4 月 2 日，赫尔利在美国国务院召开的记者招待会上公开宣布：美国只同蒋介石合作，不同中国共产党合作。他还攻击中国共产党是封建军阀，阻止了中国的统一，说："只要（中国）武装的政党和军阀还有足够的力量敢于反抗国民政府，中国就不可能有政治联合。"（《美国外交文件》，1944 年，第 7 卷，第 233 页。）赫尔利的讲话标志着美国政府抗战后期扶蒋反共政策的确定。

赫尔利对于中国共产党的挤压其实并没能像他自己想象的那样，将中共强迫到国共谈判的桌上来，实行向蒋介石妥协投降的政策。相反，还增强了毛泽东与美蒋斗争的坚定决心。

毛泽东在随后撰写的《评赫尔利政策的危险》一文中，痛斥了以赫尔利为代表的美国对华政策将会对中国政治产生恶劣影响。毛泽东说："一九四四年十一月，赫尔利以罗斯福私人代表的资格来到延安的时候，他曾经赞同中共方面提出的废止国民党一党专政、成立民主的联合政府的计划。但是他后来变卦了，赫尔利背叛了他在延安所说的话。这样一种变卦，露骨地表现于四月二日赫尔利在华盛顿所发表的声明。这时候，在同一个赫尔利的嘴里，以蒋介石为代表的国民党政府变成了美人，而中共则变成了魔怪；并且他率直地宣称：美国只同蒋介石合作，不同中共合作。当然这不只是赫尔利个人的意见，而是美国政府中一群人的意见，但这是错误的而且危险的意见。就在这个时候，罗斯福去世了，赫尔利得意忘形地回到重庆的美国大使馆。这个以赫尔利为代表的美国对华政策的危险性，就在于它助长了国民党政府的反动，增大了中国内战的危机。假如赫尔利政策继续下去，美国政府便将陷在中国反动派的又臭又深的粪坑里拔不出脚来，把它自己放在已经觉醒和正在继续觉醒的几万万中国人民的敌对方面，在目前，妨碍抗日战争，在将来，妨碍世界和平。"（《毛泽东选集》第三卷，第1114－1115页，人民出版社1991年版。）

美国扶蒋反共的对华政策确实助长了蒋介石发动反共内战的危险性。驻华美军中的一些有识之士认为，赫尔利的做法破坏了中国争取和平的任何机会，并把美国政府与国民党完全连在了一起。

1945年5月5日，蒋介石在国民党第六次全国代表大会上宣称："我们二三百万精锐的军队，力量足以消灭中共军队。我们的法币有十万万美金作准备，财政物价都不成问题。""今天的中心工作，在于消灭共产党。"（王俯民《蒋介石详传》下册，第1047页，中国广播电视出版社1993年版。）

毛泽东则在中共七大上作了《愚公移山》的报告，指出："昨天有两个美国人要回美国去，我对他们讲了，美国政府要破坏我们，这是不允许的。我们反对美国政府扶蒋反共的政策。但是我们第一要把美国人民和他们的政府相区别，第二要把美国政府中决定政策的人们和下面的普通工作人员相区别。""美国政府的扶蒋反共政策，说明了美国反动派的猖狂。但是一切中外反动派的阻止中国人民胜利的企图，都是注定要失败的。"（《毛泽东选集》第三卷，第1102、1103页，人民出版社1991年版。）

美国"调处"国共关系

罗斯福去世后，美国新任总统杜鲁门继续实行了扶蒋反共的对华政策。

1945年8月8日，苏联对日宣战，百万苏联红军攻入中国东北，日本失败已成定局。八路军朱德总司令向所属部队发布受降及配合苏军作战等七道命令，命令各解放区的人民军队迅速前进，收缴敌伪武器，接受日军投降。

8月12日，赫尔利在致美国国务院的电报中说："我已建议依照投降条件，日本须将所有在中国的武器交给中国国民政府。"与此同时，美国将军麦克阿瑟以远东盟军总司令的名义，对日本政府和中国战区的日军下令，只能向蒋介石政府及其军队投降，不得向中国人民的武装力量投降。

8 月 15 日，日本宣布无条件投降。

美国政府继续利用日本投降之机实行其扶蒋反共的对华政策。杜鲁门在回忆录中供认：当时，"蒋介石的权力只及于西南一隅，华南和华东仍被日本占领着。长江以北则连任何一种中央政府的影子也没有"。"假如我们让日本人立即放下他们的武器，并且向海边开去，那么整个中国就将会被共产党人拿过去。因此，我们便命令日本人守着他们的岗位和维持秩序。等到蒋介石的军队一到，日本军队便向他们投降，并开进海港，我们便将他们送回日本。这种利用日本军队阻止共产党人的办法是国防部和国务院的联合决定而经我批准的。"（《杜鲁门回忆录》第二卷，第 72 页，生活·读书·新知三联书店 1974 年版。）

8 月 28 日，毛泽东、周恩来、王若飞等在赫尔利的陪同下从延安飞抵重庆，与国民党政府谈判。经过四十三天的谈判，国共双方签订了《政府与中共代表会谈纪要》，即《双十协定》。蒋介石被迫表示同意和平建国的基本方针，承认各党派的平等合法地位和人民的某些民主权利，并允诺召开政治协商会议，但是拒不承认解放区的人民政权。

美国政府继续大力支持蒋介石政权。杜鲁门答应继续供应物资以完成帮助装备国民党军三十九个师的计划，美国将供给蒋介石若干海军舰艇，用于沿海和内河防务，并为蒋介石装备一支数量适当的空军。美国军队除了直接帮助运送蒋介石的国民党军到达沿海和东北各重要地区外，还直接帮助蒋介石抢占中国沿海重要战略要点。美国的海军陆战队于 1945 年 9 月直接占领了天津塘沽、秦皇岛以北地区的葫芦岛以及青岛、北平等地。其时，在中国的美国军队达到十一万余人。

大量的美国援蒋物资从国外运来中国。1945 年 5 月，美国同意国民党政府取走在美国的黄金储备，并将 4000 辆卡车和 4500 万码棉布运往中国。据统计，从 1945 年 2 月至 10 月，美国仅通过滇缅公路向中国运输物资的卡车就达 25783 辆，运输总量达 161986 吨之多。仅 7 月，美国运到中国的援蒋物资就达 91183 吨。此外，美国政府从控制中国的目的出发，派遣各类人员参加国民党政府的军事、政治、经济、财政、交通、文化等部门，以各种名义支持和控制国民政府，为战后支配中国的命运做好各方面的准备。

美国的大力支持，刺激了蒋介石的内战信心，使蒋介石过高地估计了自己的实力，过低地估计了中共的军事力量，从而为中国在抗日战争胜利后迅速走向一场大规模的内战埋下了祸根。

抗日战争胜利后的重庆谈判实在是蒋介石所作的表面文章，他也知道共产党不会轻易交出他们的武装，因此，军事"剿共"是他的既定方针。蒋介石在庆祝抗日战争胜利的日子里就在日记中写道："呜呼！抗战胜利，而革命并未成功，第三国际政策未败，共匪未清，则革命不能日成也。勉乎哉！"（蒋介石 1945 年 9 月 9 日日记。）

事实上，国共之间的战争在日本投降的同时就已经开始了。蒋介石在进行国共谈判的同时，便迅速调动兵力沿平绥、同蒲、平汉、津浦等铁路线向解放区推进。其战略意图是：迅速控制华北、华东的战略要地和交通线，分割共产党的解放区，打开进入东北的通路并抢占东北，然后以强大的军事压力和制胜的军事格局，迫使中共在谈判中让步。

中国共产党则采取了"针锋相对，寸土必争"的战略，在国民党进兵的平汉、同蒲、平绥、津浦铁路沿线开展交通破击战，不断打击沿铁路进犯解放区的国民党军，并在巩固华北、华东解放区的基础上，挺进东北，完成战略展开。

1945 年 12 月 20 日，美军总参谋长马歇尔以总统特使的身份来华协调国共关系。马歇尔向蒋介石说明了美国政府对中国局势的希望。他说：美国政府希望看到中国早日实现和平与统一。美国人民强烈反对自己的政府卷入别国内部争论的任何行动。美国人民首要的利益在于世界和平，除非他们看到目前进行的获致和平解决中国内部争论的努力取得成功，他们将不允许总统保持对中国的军事援助和对中国的经济援助。随后，马歇尔开始了与各方代表的接触。23 日会见了中共代表周恩来、叶剑英。

马歇尔认为，通过停战、政治民主化和统编军队三个步骤，可以完成他的来华使命。他与蒋介石商定，成立一个由一名国民政府代表、一名中共代表和他本人组成的三人委员会来调处国共关系。于是，1946 年 1 月 7 日，成立了由共产党代表周恩来、国民党代表张群和马歇尔组成的三人委员会，10日达成国共停战协定。蒋介石坚持将东北列在停战协议以外。

1946 年 1 月 10 日至 31 日，有国民党、共产党和各民主党派的代表以及社会贤达参加的政治协商会议在重庆召开。会议通过了和平建国纲领、军事问题、宪法草案、政府组织问题、国民大会问题等五项协议。这些协议实际上否定了国民党的独裁统治和一党专政、内战政策。

在此和平露出一线曙光之际，美国对蒋介石的大量"援助"再次激起蒋介石军事"剿共"的"雄心"。2 月 25 日，杜鲁门决定设立美国陆海军联合驻华军事顾问团。他向美国国务卿、陆军部长、海军部长下达的指令是："这一顾问团的目标是帮助中国政府发展现代化的武装部队，并向其提供这方面的意见，以便使中国政府完成它在国际协议下将须负起的义务，对中国解放地区建立充分的控制，包括满洲与台湾在内，并维持国内的和平与安全。"（《中美关系二百年》，第 125 页，新华出版社 1984 年版。）

1946 年 3 月召开的国民党六届二中全会，是决定发动战争的会议。蒋介石决心撩开和平的面纱，亮出战争的利器。这次会议否定了政治协商会议达成的协议，公开批判了共产党。蒋介石在会议结束时兴奋地说："六届二中全会开得非常成功，标志着本党的觉悟提升到一个新的高度，大家真正认识了谁是最主要的敌人，谁是我们最好的朋友。"当然，这时的蒋介石已将抗日时的盟友——共产党人看成他"最主要的敌人"，而所谓"最好的朋友"，指的是美国。

3 月 11 日，马歇尔回国述职，同时与杜鲁门讨论将美国战时剩余物资和船只转让给国民党政府和向国民党提供贷款援助等事项。等到马歇尔 4 月 18日回到中国时，国共已在东北打得不可开交。马歇尔提醒蒋介石，国民党在东北的战线拉得太长，力量不足，建议蒋不要再往北推进。随即马歇尔约见周恩来，提出解决东北问题的方案：人民解放军撤出长春，国民党军也不再向北推进，以长春为国共谈判之前的停战点。马歇尔的提案明显是有利于国民党的。

6月14日，美国国会通过了"军事援华法案"，为蒋介石大胆发动"剿共"战争提供了物资保障。

6月22日，毛泽东发表声明愤怒地批评这个"军事援华法案"说："在日本投降以后，美国没有停止反而极大地加强了对于中国国民党政府的各种军事援助，并在此目的下派遣庞大的军队驻在中国的领土与领海之上，这种行动已经证明是中国大规模内战爆发与继续扩大的根本原因。""美国实行所谓军事援助，实际上只是武装干涉中国内政，只是以强力支持国民党独裁政府继续陷中国于内战、分裂、混乱、恐怖和贫困，只是使中国不能实现整军复员和履行其对于联合国的义务，只是危害中国国家安全独立与领土主权完整，只是破坏中美两大民族的光荣友谊与中美贸易的发展前途。中国人民今天所急需的并不是美国的枪炮及美军留驻中国领土，相反，中国人民痛感美国运来中国的军火已经太多，美国在中国的军队已经驻得太久，它们已经构成中国的和平和安定与中国人民的生存和自由之严重巨大威胁。在此种情况之下，中国共产党不得不坚决反对美国政府继续以出售、交换、租借、赠送或让渡等方式将军火交给中国的国民党独裁政府，坚决反对美国派遣军事使团来华，并坚决要求美国立即停止与收回对华的一切所谓军事援助，和立即撤回在华的美国军队。"（《中共中央文件选集》第十六卷，第 208、209 页，中共中央党校出版社 1992 年版。）

抗日战争胜利后，中国人民劫后余生，他们热切地盼望和平、期望安定。他们对于国共两党在重庆的和平谈判表示真诚和热烈的欢迎。他们拥护共产党提出的建立"联合政府"的主张，希望中国从此走上民主、富强的道路。但是，蒋介石却因为战后美国政府扶蒋反共的对华政策，国民党军在接收日军投降武器后所产生的虚假战斗力，以及为美国政府源源而至的物资援助所迷惑，以为到了军事解决中国共产党的时候了。

在 1946 年 1 月至 6 月马歇尔担任国共关系调解人期间，美国不仅供给蒋介石大量军火和其他作战物资，而且用美国的军舰、飞机，帮助蒋介石把五十四万多军队直接运到了内战前线。这个数字占蒋介石发动内战时进入前线总兵力的 80%。正是在美国的支持和帮助下，蒋介石于 1946 年 6 月不惜根本违背中国人民的意志，悍然发动了一场不义的"讨共"战争。

在决定发动战争的时候，蒋介石编造了一大串共产党的"罪状"，为发动战争找出了"理由"。他说："共产党假借革命，冒充抗战，企图篡夺党国，出卖民族，达成其赤化中国的目的。我们中华民族世代子孙，永为他人的奴隶牛马，而再无翻身的时候。过去八年之中，共产党在敌寇掩护之下，割据地盘，称兵作乱，自始至终，企图破坏抗战，颠覆政府，这种事实的经过，是路人皆知的。到了我们抗战胜利以后，他以为颠覆政府的机会已经错过了，所以他更不择手段，倒行逆施，暴露其危害国家、出卖民族的真面目，不惜公开叛变，一面则在东北阻止我政府接收主权，一面则在国内外大肆其虚伪的宣传，说我们本党如何专制，政府如何腐败，政治如何黑暗，尤其侮辱我们国民革命军全体官兵如何扰民，如何怕死，甚至说我们军官人人都是营私舞弊，举凡世界上可以侮辱诬陷的罪名无不加在我们身上。因之社会上一班投机分子、无耻之徒，亦丧尽天良，甘作共产党的走狗，吠影吠声，随声附和，更助长了共产党的毒焰，于是国际舆论，为其颠倒是非，社会视听亦被其混淆黑白。若长此以往，国家民族的地位与革命建国的前途，皆将为其所断送殆尽了。"（《"总统"蒋公思想言论总集》卷二十一，第 322 - 323 页。台湾中国国民党中央委员会党史委员会印。）

据此，蒋介石发动了全面内战。

1946 年 8 月 10 日，马歇尔和美国驻华大使司徒雷登发表联合声明，宣布"调处"失败，遂让蒋介石放手进行内战。

美蒋反共政策的彻底破产

战争开始时，蒋介石对于国民党军的实力作了"满打满算"的估计，因此"剿共"的信心十足。他说：比较敌我的实力，无论就哪一方面而言，我们都占有绝对的优势，军队的装备、作战的技术和经验，匪军不如我们，尤其是空军、战车以及后方交通运输工具，如火车、轮船、汽车等，更完全是我们国军所独有，一切军需补给，如粮秣弹药等，我们也比匪军丰富十倍，重要的交通据点，大都市和工矿的资源，也完全控制在我们的手中。无论就哪一方面的实力来比较，共产党绝对不能打败我们。

于是，蒋介石采取了倾其全部军力全面进攻、速战速决的基本战略。在兵力部署上，他以刘峙的二十二万余人围攻中原解放区；以薛岳的四十六万余人进攻山东、华中两解放区；以郑州、徐州两绥署的二十五万人，进攻晋冀鲁豫解放区；以孙连仲、傅作义的二十六万人进攻晋察冀、晋绥解放区；以胡宗南的十五万五千人准备进攻陕甘宁边区。其余，在东北、华南各有十六万和七万余军队参加作战。一时真是战云密布，来势汹汹。

蒋介石扬言要在三至六个月内全部消灭共产党。其作战纲领是：先占领据点，掌握交通，由点来控制线，由线来控制面。然后步步进逼，使之被迫决战，然后一举歼灭。其具体的作战目标是：以铁路干线为轴线，主力由南向北进攻，首先占领各解放区重要城市和交通线，歼灭共军主力；或将黄河以南的共军逐步压迫至黄河以北，聚歼于华北地区。

毫无疑问，蒋介石对自己的军事力量作了过于乐观的估计。他轻率地采用了日本大举进攻中国本土的战略方式，企图速战速决，从而也就重蹈了日本失败的覆辙，只是比日本侵略者失败得更快、更惨。

蒋介石在决定发动全面战争的时候，曾去东北视察内战情况，对于中国共产党的军事力量也作出了错误的判断。他说："我这次到东北，曾召集前线将领问他们这次在东北的剿匪战役中，共产党的战术究竟比在江西的时候有什么进步没有？他们一致认为无论在四平街、在本溪湖各战役中，共产党的战术和江西时代一样，并无多大进步。只有外濠加深加宽，同时能就地取材利用当地钢板和木材，将工事加强，如此而已。由此可知共产党的战术并没有什么进步。他们在东北虽然得了不少的日式武器，但并不知道运用。尤其是他就地新裹胁来的民众，都不愿意共党杀人放火、漫无人道的兽行，因之匪军的官兵大多是离心离德形成了乌合之众，并无什么多大的实力。"（《"总统"蒋公思想言论总集》卷二十一，第326页，中国国民党中央委员会中央党史委员会印。）显然，蒋介石在敌我双方力量的估计上，已经陷入了肤浅表面的错误认识中，故而，他在战争一开始就犯下了轻敌冒进的错误。他低估了毛泽东，低估了毛泽东领导下的人民解放军。

毛泽东立即抓住了蒋介石进攻的弱点，针对蒋军要拿城市、进攻交通线的作战部署，作出了粉碎国民党进攻的作战方针。他于1946年7月起草的党内指示《以自卫战争粉碎蒋介石的进攻》中提出："战胜蒋介石的作战方法，一般地是运动战。因此，若干地方，若干城市的暂时放弃，不但是不可避免的，而且是必要的。暂时放弃若干地方若干城市，是为了取得最后胜利，否则就不能取得最后胜利。此点，应使全党和全解放区人民都能明白，都有精神准备。"9月，毛泽东又在《集中优势兵力，各个歼灭敌人》的指示中，进一步说明了战胜蒋介石军事进攻的作战方法。他说："集中兵力各个歼敌的原则，以歼灭敌军有生力量为主要目标，不以保守或夺取地方为主要目标。有些时机，为着集中兵力歼击敌军的目的，可以允许放弃某些地方。只要我军能够将敌军有生力量大量地歼灭了，就可能恢复失地，并夺取新的地方。"

1946年8月6日，毛泽东接见美国记者安娜·路易斯·斯特朗时指出：一切反动派都是纸老虎。"蒋介石和他的支持者美国反动派也都是纸老虎。提起美国帝国主义，人们似乎觉得它是强大得不得了的，中国的反动派正在拿美国的'强大'来吓唬中国人民。但是美国反动派也将要同一切历史上的反动派一样，被证明为并没有什么力量。在美国，另有一类人是真正有力量的，这就是美国人民"。（《毛泽东选集》第四卷，第1195页，人民出版社1991年版。）毛泽东表达了对付美蒋联合进攻的决心与自信。

对于中国正在进行的全面内战，美国政府也不满意，因为内战使得蒋介石的亲美政权不稳固了。这是美国对华政策的矛盾所在。他们一方面加强蒋介石政权，企图通过这个政权控制中国，同时，他们对蒋政权的支持又直接地刺激了蒋介石发动内战、武力征服中共的野心。因此，尽管美国政府不愿意看到中国发生大规模的内战，但中国的内战又是以美国扶蒋反共的对华政策为直接导因的。

8月10日，美国总统杜鲁门致电蒋介石："近几个月来，中国局势的急剧恶化，已成为美国人民所深为关切的问题。虽然美国仍希望在你的领导之下，能够建立一个有力的民主的中国，然而假若我不指出最近的发展所迫使我得出了的结论，即国共两党中的极端分子的自私自利在阻碍着中国人民的意志，那么我就不够诚实。"（《中美关系二百年》，第128页，新华出版社1984年版。）显然，这时的美国人对蒋介石是不满意的。

即便对蒋介石不满意，美国政府仍然不愿看到蒋介石在国共战争中失败，从而丢掉中国。这就像下了赌本的赌徒，要想中途退出还未赌完的赌局已经不可能了。美国政府把自己绑在了蒋介石的战车上。

8月31日，美国政府与国民党政府签署了《中美战时剩余物资出售协定》，将美国存放在印度、中国以及太平洋十七个岛屿上的原价为九亿美元的物资以低价让售于国民党政府。

毛泽东在9月接见美国记者斯蒂尔时指出："我很怀疑美国政府的政策是所谓调解。根据美国大量援助蒋介石使得他能够举行空前大规模内战的事实看来，美国政府的政策是在借所谓'调解'作掩护，以便从各方面加强蒋介石，并经过蒋介石的屠杀政策，压迫中国民主力量，使中国在实际上变为美国的殖民地。"（《毛泽东选集》第四卷，第1202页，人民出版社1991年版。）

世界上没有免费的晚餐。为了报答美国政府的支持，蒋介石在内战爆发后与美国先后签订了一系列出卖国家主权利益的商约与协定。1946年11月签订《中美商约》，12月签订《中美舰空协定》《海军协定》，1947年签订《中美救济协定》，1948年7月签订《中美双边协定》，等等。这些商约与协定使中国在经济上实际成了美国的专用市场，中国的海关总税务司由美国人李度担任。美国的军舰、飞机可以在中国所有的海港、领空自由来往，领事裁判权也交给了美国人。当时有人说，蒋介石交给美国人的权力比袁世凯、汪精卫送给日本人的还多。

但是，美国给予蒋介石政府的大量经济和军事援助，并不能使蒋介石在战场上打胜仗。1946 年的下半年，蒋介石在苏中五战五败，损失五万余人；在豫东进行的一系列战役中损兵折将达七万余人；在重兵进攻的中原和晋察冀等地国民党军也处处扑空，未能讨到一点便宜。1947 年 3 月，蒋介石被迫将他的全面进攻战略改为重点进攻战略，分别以二十五万人进攻陕甘宁边区、四十五万人进攻山东。至 1947 年 6 月两处战事也遭严重失败。

战争第一年的结果，国民党军在各个战场被歼 112 万人，共产党的解放军仅伤亡 35 万余人。双方在战争中都实施兵力补充。国民党因人民的广泛不满，征兵困难，兵力由开战时的 430 万人下降至 373 万人，共产党却因在解放区广泛实施土地改革运动，兵源大量涌入，由开战时的 127 万人发展至 195 万人。双方士气的衰弱与增长所产生的潜在转化动力，更是将双方的得与失向着各自的发展方向继续推进。

1947 年 7 月，杜鲁门看到国民党政权所面临的深刻危机，指令驻华美军总司令魏德迈率领一个特使调查团，"就中国目前及未来的政治、经济、心理和军事情况作出估计"，以便为美国政府继续援助国民党政府提供根据。

9 月中旬，魏德迈提交杜鲁门的调查报告指出："美国对华有条件的军事援助的目的，应该是促成国民党军队的改组，重新获得群众对军队的信任，保证国民党军队能够有效地抵抗共产党军队向国民党中国的继续进攻，并帮助中国建立稳定的局面。这种援助应当适合于促成一个政权的出现，而该政权应当沿着美国认为满意的方向发展，同时充当阻止黩武的共产主义逐渐伸张的作用。"（《中美关系二百年》，第 139 页，新华出版社 1984 年版。）

蒋介石开始抱怨美国人迟迟不来的援助了。他在 10 月 11 日接见美国众议院军事委员会委员时宣称："满洲的恶劣情况，责任在美国。"如果国民党政府最终被击败，这不是由于俄国或中国共产党，而是由于美国未能在急需的时候履行早就允诺的援助。

1947 年下半年，国民党军的战场形势日益恶化。人民解放军开始向南发动攻势作战，把战场推向国民党统治区域，国共作战的前线已从黄河一线迅速推进到长江一线。1948 年春，东北的形势更加不利于国民党，美国人帮助国民党在抗战胜利后运往东北的五十万军队，已被人民解放军分割包围在长春、沈阳、锦州几个互不相连的孤立地区，面临着严重的军事危机。

就在蒋介石政权即将土崩瓦解的时刻，美国政府仍在是否大力援华的问题上犹豫不决。1948 年 10 月 16 日，美国驻华大使司徒雷登向马歇尔报告称："国民党政府，特别是蒋委员长已比过去更加不孚众望，并且愈来愈众叛亲离了。""在这个为时已晚的时刻，除了大规模的武装干涉之外，很难使人理解在我们这一方面的任何力量足以避免更惨的军事灾难。因此，有可能出现某种形式的联合政府。"

22 日，马歇尔回电说："要想在最近的将来削弱中国共产党，使它成为中国一个完全无足轻重的因素，……美国就必须在实际上接管中国政府，管理它的经济、军事和行政事宜。但是，中国人对于中国主权遭受侵犯有着强烈的敏感，所有中国人都有强烈的民族主义情绪；与此同时，美国也无法供应大量合格人员，因而有充分的理由辨明不宜于策划这种解决办法。"（《中美关系资料汇编》第一辑，第 324 页，世界知识出版社 1957 年版。）

在解放战争中，中国共产党采取了尽可能"中立美国"的政策。同时，毛泽东也做好了应对美国直接进行武装干涉的准备。毛泽东在党内指示中指出："我们从来就是将美国直接出兵占领中国沿海若干城市并和我们作战这样一种可能性，计算在我们的作战计划之内的。这一种计算现在仍然不要放弃，以免在事变万一到来时，我们处于手足无措的境地。但是中国人民革命力量愈强大，愈坚决，美国进行直接的军事干涉的可能性也就将愈减少，并且连同用财政及武器援助国民党这件事也就可能要减少。"（《毛泽东外交文选》，第 76 页，中央文献出版社 1994 年版。）

　　到了 1948 年 11 月，司徒雷登在南京召集美国联合军事顾问团高级军官开会，讨论中国局势。会议认为：鉴于局势进一步趋于恶化，除非美国军队实际参加作战，任何数量的军事援助都不可能挽救目前的局势。鉴于不能使用美军直接作战，"因此，我们非常不愿意地得出这样的结论：国民党现政府的早日崩溃已是不可避免的了。要断定政府将由一个共产党政府还是由一个共产党控制的联合政府来代替，为时尚早。然而在任何一种情况下，我们都必须设法从恶劣局势中尽可能得到最好的结果"。（《中美关系资料汇编》第一辑，第 906 – 907 页，世界知识出版社 1957 年版。）

　　既然美国人不愿直接介入中国的内战，走投无路的蒋介石只好继续向美国求救并希望美国政府给予其精神上的支持。蒋介石于 11 月 9 日通过国民党政府驻美大使顾维钧向杜鲁门递交了一封信。信中急迫地述说："我以反对共产主义在全世界进袭与侵入之民主共同防卫者之资格要求你迅速给予并增加军事援助，并发表关于美国政策之坚定的声明，支持我国政府从事奋斗之目的。当此在华北华中正展开重要战斗之际，此一声明足以鼓舞军民士气，并巩固政府之地位。""阁下如能尽速派遣一高级军官与本政府共商有关军事援助之具体计划，包括美国军事顾问参加指挥作战，本政府当无任欣快之至。"（《中美关系资料汇编》第一辑，第 902 页，世界知识出版社 1957 年版。）

　　杜鲁门回信表示美国将继续尽力援助中国，但不提蒋介石要求美国政府发表支持声明一事，显然对蒋介石有敷衍之意。蒋介石不得已，只得再次请夫人出马赴美请求援助。

　　这一次宋美龄的美国之行风光不再。她与马歇尔见面时要求美国直接干预中国的战争，马歇尔"毫不动摇地坚决反对在中国进行军事干预"。杜鲁门则故意给了宋美龄冷面孔，声称："我不会像罗斯福那样让她住在白宫。我想她不会很高兴的。但她高兴不高兴，我并不在乎。"杜鲁门不仅拒绝了宋美龄提出的援助计划，还很不礼貌地向美国报界披露了美国援蒋总额已经超过了三十八亿美元的数额。

　　宋美龄在美国遭受的冷遇，实际上显示了美国政府对于蒋介石政权的基本态度。与此同时，美国政府还通过司徒雷登表达了他们想要蒋介石交出权力的想法。1948 年 12 月 13 日，司徒雷登对张群说："曾同我交谈过的多数美国人的印象确实认为，广大中国民众感到蒋委员长是结束战争的主要障碍，应该削除蒋委员长的权位，而中国人民的思想和要求是美国制定政策的主要因素。"（《中美关系资料汇编》第一辑，第 908 页，世界知识出版社 1957 年版。）

在美国政府的操纵下，蒋介石不得不在 1949 年 1 月宣告引退，由副总统李宗仁代行总统职权。

面对即将垮台的国民党政权，美国政府内部再次掀起了一场是否援助中国的争论。美国国务卿艾奇逊在致外交委员会主席的信中说：美国政府自对日战争以来给予中国大量援助，但是中国政府在经济和军事上仍然恶化到如此地步。尽管如此，"美国对于它继续承认的中国政府管辖区域，不应突然停止援助"。而美国驻天津总领事却向美国国务院提交了一份强烈反对继续援华的备忘录，说："他们目睹共产党军队占领了天津。这些军队所配备的，几乎全部是从满洲国民党军队那里实际上是未经作战而缴获的美国武器和其他装备。""美国进一步援助这样一个政府的唯一后果，只会更加增强共产党的力量，这个政府已证明是如此的颟顸无能，以致我们所给予的援助大部分已转入共产党的手里。""我们反对共产主义的世界性政策，不应该强使我们去支持一个已经失掉本国人民支持的、悲惨的、无能的和腐败的政府。"（《中美关系资料汇编》第一辑，第 341 页，世界知识出版社 1957 年版。）

针对人民解放军统一全中国的顺利攻势和蒋介石集团面临彻底失败的局势，1949 年 5 月下旬，美国召集英、法等十二国会商对华政策，并且向青岛增派美国军舰，英国也向香港不断增兵，企图对中国革命进行联合武装干涉。毛泽东命令人民解放军第二野战军和第三野战军共八十六万余人，都是能征善战、敢打敢拼之师，分向中国东南沿海一带出击，准备抗击美国直接出兵参加战争。对于解放军，这样一种势如破竹般的军事进攻，加上如此厚集兵力于东南沿海一带严阵以待，美国不能不有所顾忌，美国最终也未敢在军事上轻举妄动。

随着解放战争的顺利进展，美国政府最终慑于"中国人对侵犯主权之强烈及其浓厚的民族主义思想"，担心出兵干涉会"引起极严重之后果"，而不敢直接对华进行武装干涉。美国承认："不幸的但亦无法逃避的事实，是中国内战的不幸结果为美国政府控制所不及。美国在它能力的合理限度以内，所曾经做过或能够做的都不能改变这个结果。美国所未做的，对于这个结果也没有影响。这是中国内部势力的产物，这些势力，美国亦曾试图加以影响，但不能有效。"（《中美关系二百年》，第159页，新华出版社1984年版。）1949年8月美国政府发布的《美国与中国的关系》白皮书，进一步表示了对蒋介石政权的失望，表明美国已不再支持蒋介石政权，从而宣告了美国"扶蒋反共"政策的彻底失败。

蒋介石就这样在中国人民和美国政府的同时唾弃下彻底地失败了。

六、孤岛飘摇　蒙羞忍辱

开罗会议以后，蒋介石便开始着手收复台湾的准备工作。随着抗日战争的结束，国民党政府顺利完成了台湾的收复工作，蒋介石看重台湾的战略价值，注意对台湾的政治、军事、经济等各方面的经营，为他最后逃离大陆留下了一块"宝地"。逃往台湾以后的蒋介石，遭到国内和国际上空前的冷落与孤立。美国政府在对华政策上的公开争论，把蒋介石推向一个十分尴尬难堪的境地，并且最终抛弃了蒋介石。

台湾回归祖国

台湾自古便是中国领土不可分割的一部分，已是毋庸赘言之事。然而，台湾同胞却在外国殖民主义的侵略下，两次从祖国分割而去。第一次是1624年沦为荷兰的殖民地。1661年，民族英雄郑成功在大陆和台湾各族人民的支持下收复台湾。他在致荷兰侵略者的招降书中义正词严地宣布："台湾省，中国之土地也，久为贵国所据，今余既来索，则地当归我。"

台湾第二次的丢失，是中华民族近代历史中最惨痛的一页。当参加中日马关谈判的清朝代表李鸿章签订了丧权辱国的《马关条约》以后，日本的谈判代表伊藤博文再次提醒李鸿章不要延误交割台湾的时间。万分沮丧的李鸿章答道："贵国何必急急？台湾已是口中之物。"伊藤露出一副垂涎欲滴的嘴脸说："尚未下咽，饥甚！"

落入日本"口中"的台湾同胞听到割台噩耗，鸣锣罢市，纷纷到清朝巡抚衙门哭诉请愿。当时的爱国诗人黄遵宪写道："城头逢逢播大鼓，苍天苍天泪如雨，倭人竟割台湾去……"

1943年，蒋介石在开罗会议上赢得美英等国首脑对于台湾回归中国的承诺以后，最先感到欢欣鼓舞的便是身受日本侵略者凌辱几十年的台湾同胞。其时，在大陆参加抗日斗争的台湾同胞立即致电蒋介石："顷见报载开罗会议重大成功，台澎等地归还中国，凡我台胞同深感奋，如蒙鞭策，愿效驰驱。"随后，台湾岛上的同胞也从美军飞机空投的传单上得知台湾即将回归祖国的喜讯，无不喜不自胜，奔走相告，期待着回归祖国的那一天。

蒋介石也着手筹划台湾收复工作。1944年春，他命令行政院高级官员张厉生研究并拟具复台政治准备工作、组织与人事等切实办法呈核，批准成立了国防最高委员会中央设计局台湾调查委员会，由当时的行政院秘书长陈仪担任主任委员。台调会的任务是：调查台湾实际情况，编辑有关台湾的资料刊物，研究有关台湾问题的意见及方案，训练台湾行政、警察、银行、教育等干部和专业人员，规划未来台湾行政体制和接收办法，等等。

1945年7月26日，美、英、中联合发表《波茨坦公告》，宣布"开罗宣言之条件必将实施，而日本之主权必将限于本州、北海道、九州、四国及吾人所决定其他小岛之内"。8月14日，日本政府宣布接受《波茨坦公告》，15日，日本天皇广播投降诏书。由此加快了台湾实际回归祖国的步伐。

8月24日，蒋介石在国民党中常会、国防最高委员联席会议上说："台湾不能回到祖国怀抱，则国家的独立自由就无从谈起，而抗战的目的亦无由达成。"他要求其部属全力以赴迅速完成台湾回归工作。27日，蒋介石任命陈仪为台湾省行政长官，不久又让陈仪兼任台湾警备总司令。9月4日，国民政府颁布《台湾省行政长官公署组织大纲》，规定：台湾省行政长官公署，于其职权范围内，得发布署令，并得制定台湾省单行规章。台湾省行政长官公署，受中央之委任得办理中央行政。台湾省行政长官，对于台湾省之中央各机关有指挥监督之权。

1945 年 10 月 25 日，中国政府在台北举行了盟国中国战区台湾省受降仪式。中国政府长官陈仪向原日本台湾总督安藤利吉下达第一号命令曰：本官奉命"接受台湾、澎湖列岛地区日本陆海空军，及其辅助部队之投降，并接收台湾、澎湖列岛之领土、人民、治权、军政设施及资产"。安藤利吉表示："对于本命令及以后之一切命令、规定或指示，本官及所属与所代表之各机关部队之全体官兵，均负有完全执行之责任。"

随后，陈仪代表中国政府向全世界庄严宣告："自即日起，台湾及澎湖列岛，已正式重入中国版图，所有一切土地、人民、政事皆已置于中国主权之下。此一极有历史意义之事实，本人特向中国同胞及全世界报告周知。"（《台湾史话》，第 94 页，台湾省政府印刷厂 1974 年版。）

这一天，台北四十余万回归祖国的同胞，"老幼俱易新装，家家遍悬灯彩，相逢道贺，如迎新岁，鞭炮锣鼓之声，响彻云霄，狮龙遍舞全市，途为之塞"。台湾人民回归祖国的喜悦之情，由此可见一斑。

1946 年 1 月 13 日，中国政府正式通告：自 1945 年 10 月 25 日起，台湾同胞恢复中国的国籍，隶属于中国主权与法律行使的范围。同时，又将 10 月 25 日定为台湾光复节。自此，台湾已在国际公认和事实履行的基础上回到祖国大陆的怀抱。

自然，在收复台湾问题上，蒋介石起到了一定的历史作用，因此他对台湾也格外关注。1946 年 10 月 27 日，蒋介石借台湾光复一周年之际，第一次踏上台湾土地，巡视台湾省。他在这次巡视台湾以后发表感想说："此次来台，得见全省复员工作已完成百分之八十，尤其交通与水电事业皆已恢复到战前标准，因此一般经济事业都能迅速恢复，人民都能安居乐业，至以为慰。我们今日检讨台湾复员工作的成就，对于盟邦美国于战斗初停之际，即协助我国遣送五十万日本侨俘回国，使台湾的社会秩序，得以迅速恢复，此种出于友谊的协助,实令我们深表感佩。台湾的教育已经普及,社会组织亦颇健全,今后的工作,应提高人民的文化与生活水准,尤其要发扬我民族固有的德性,使台省同胞人人知道团结与合作的重要,并具有自尊自重的品德,来共同努力建设台湾为中国的模范省。"(《"总统"蒋公思想言论总集》第三十二卷,第 160 页,台湾中国国民党中央委员会党史委员会印。)

就在这样一篇短短的感言之中,蒋介石仍然没有忘记感谢美国人对他的帮助。这在客观上也因为,收复台湾要凭蒋介石自己的武力是很成问题的,而美国的外交支持对他来说至关重要。

蒋介石退守台湾

蒋介石发动的不得人心的反共内战,不以他的愿望为转移,一步步向着共产党的胜利和国民党的失败走去。美国政府对于蒋介石的不满与愤怒也随着国民党在战场上的失败与日俱增,他们以停止美援为胁迫逼蒋下野,蒋介石不得不在 1949 年 1 月 21 日宣布下野。他在下野之前,已经选定了台湾作为他最后失败的落脚点。

这一点,蒋介石在 1952 年召开的国民党第七次代表大会上说得很清楚:"当三十七年底与三十八年初(指 1948 年底和 1949 年初——著者按),我们军事失败之时,内部顿呈分崩离析,一般党员甚至中枢最高干部都认为,我不下野,共产党不会与政府和谈;我不下野,美国援助亦不会再来。这在我是看得特别明白,我曾同他们说:'我下野以后,美援更不会来。我在南京,与共匪和谈,或许还有希望,如我一下野,那和谈不仅不可能,就是你们要投降他,他也不会要你了。'""当时我的考虑,认为我下野以后,在西北、西南,至少总可以维持三年至五年的时间,打算下野后,先埋头整顿党务,从头做起,以求恢复党的革命精神,重建党的革命力量。……我下野时还有一个重要考虑,就是台湾地位的重要。在俄帝集团侵略之下,宁可失了整个大陆,而台湾是不能不保的。如果我不下野，死守南京，那台湾就不能兼顾，亦就不能成为反共抗俄的坚强堡垒。三十五年我到台湾看了以后，在日记上曾记着这样的一句话：'只要有了台湾，共产党就无奈我何。'就算是整个大陆被共产党拿去了，只要保持着台湾，我就可以用来恢复大陆。因此我就不顾一切，毅然决然的下野。"（《"总统"蒋公思想言论总集》第二十五卷，第 133－134 页，台湾中国国民党中央委员会党史委员会印。）

　　蒋介石在大陆军事战败的情况下选择台湾作为其负隅顽抗的落脚点，有一定的合理因素。其时，西北、西南的军事状况岌岌可危，且那些地区历来是国民党地方实力派盘踞之地，蒋介石要想插手全面控制那里的局势难以成功。而台湾不同。台湾四面环水，有利于国民党发挥海、空军的优势，在这方面共产党的军事能力还一时"无奈他何"，加上，台湾离得美援更近了，只要美国人再度支持他，台湾的海外通道比起抗战中的缅甸通道和驼峰运输线不知要便利快捷多少倍。

　　据此，蒋介石在下野之前全力进行逃往台湾的准备工作。1948 年 12 月 30 日，他下令由原已在台湾养病的嫡系亲信陈诚接替魏道明担任台湾省主席。1949 年 1 月 16 日，又任命陈诚兼任台湾省警备总司令。为了确保退守台湾战略的成功，蒋介石又在沿海邻近台湾的省份作了大幅度的人事调整。1949 年 1 月 19 日任命方天为江西省主席，21 日又任命嫡系朱绍良为福州绥靖公署主任，薛岳为广东省主席，余汉谋为广州绥靖公署主任，汤恩伯为京、沪、杭警备司令。

　　除了一番人事安排之外，蒋介石还为他"定居"台湾作了充分的经济准备。据继蒋介石下野后担任代总统的李宗仁回忆："蒋先生在决定引退之时，即已准备放弃大陆，退保台湾，以贯彻其改造党政军，成为三位一体的心愿，维持一个清一色的小朝廷。他更深信大陆放弃之后，国际情势必益恶化，第三次大战亦必随之爆发，即可因人成事，回大陆重温接收政权的美梦。为布置这一退路，蒋先生于三十七年（一九四八年）十二月二十九日突然命令孙科的行政院任命陈诚为台湾省主席。""陈诚上任后，蒋先生便密令将国库所存全部银元、黄金、美钞运台。因自民国三十七年八月'金元券'发行之后，民间所藏的银元、黄金、美钞为政府一网打尽。据当时监察院财政委员会秘密会议报告，国库库存金钞共值三亿三千五百万美元。此数字还是依据中国公开市场的价格计算；若照海外比值，尚不止此数。库存全部黄金为三百九十万盎司，外汇七千万美元和价值七千万美元的白银。各项总计约在美金五亿上下。"（《李宗仁回忆录》，第 670－671 页，广西人民出版社 1988 年版。）

除此之外，蒋介石还将中国故宫藏品也大量运至台湾，其中包括铜器、瓷器、玉器、漆器、珐琅、文具、书画等 1424 箱，图片画册 1344 箱，历史文献 204 箱，共计有 23 万余件。其中许多文物皆为稀世国宝。

李宗仁在回忆录中对这一阶段蒋介石与美国的关系作了一番颇为形象的批评，他说："蒋先生统兵、治政的本领均极端低能，但其使权谋、用诈术则天下第一。三十八年以后，美国本想撇开蒋介石另行支援新兴的力量，而蒋先生却有本事玩美国政客于股掌之上，使美国讨厌他却仍不得不支持他那独裁反动的政权。在这方面，美国人的笨拙和蒋先生的厉害，恰成一尖锐的对比。"李宗仁又说："至于台湾，我知道美国今后必继续予以援助。蒋先生在台既已造成清一色的局面，他今后在台湾的横行霸道，独裁专制，将十倍于大陆之时。"（《李宗仁回忆录》，第 726 页，广西人民出版社 1988 年版。）应该说，与蒋介石"共事"并"斗争"多年的李宗仁对于蒋介石与美国关系的这段评论，是入木三分的。

蒋介石于 1949 年 1 月 21 日宣布"下野"以后，由李宗仁主持的国共和谈很快就宣告破裂。毛泽东决定不给蒋介石以任何喘息之机，立即发动渡江战役。

1949 年 4 月 20 日，人民解放军第二、第三野战军发起渡江战役，22 日全线突破国民党长江防线，23 日占领南京，国民党政府仓皇迁移广州。

解放军打过长江后，蒋介石在溪口再也待不住了。他于 4 月 22 日飞抵杭州，召集李宗仁、何应钦等商讨"最后一战的全面作战计划"。26 日，蒋介石携蒋经国到上海布置防守计划，给守军们鼓劲。上海被围后，蒋介石父子乘坐"太康"号军舰两次到吴淞口外眺望上海战情，心情之沉重无以复加。他在日记中咬牙切齿地写道："今天黑暗重重，危险艰苦，但我凭着一线光明的希望……我一定要不屈不挠地奋斗下去。"

5月26日，眼看上海战事就要结束，蒋介石返回老家溪口，率领儿孙对其祖先墓地一一祭扫拜别，又到母亲墓前痛哭一场，喃喃述道："不肖子瑞元，此刻辞别您老人家，不知何日再来重扫您的陵墓。"其情其景十分悲哀、苍凉。同日，蒋介石带着蒋经国坐着"江静"号军舰到达台湾高雄，先住在高雄的寿山，随后又移居台北郊区的草山。在这一年的7月和12月，蒋介石又从台湾飞往广州和成都，指挥国民党军的残兵败将们抵挡人民解放军的进攻。然而，国民党的大势已去，西北、西南败绩频传，蒋介石不得不在1949年12月底飞离成都，逃往台湾。

在蒋介石失去大陆的最后日子里一直陪伴在他身边的蒋经国，目睹了蒋介石离开大陆时内心的无比痛苦与煎熬。蒋经国后来写道："民国三十八年，可以说是中华民族的危急存亡之秋。父亲所处的地位和环境，乃空前未有的恶劣和复杂。国运正如黑夜孤舟，在汪洋大海的狂风暴雨和惊涛骇浪中飘摇震荡；存续沦亡，决于俄顷。我们身历其境，当时也懵懵惚惚，不知不觉，恍如浮光掠影，随波而逝。可是到了今天追忆起来，闭目沉思，始觉得当时国脉民命系于一发，真令人动魄惊心，不寒而栗了。"（蒋经国《负重致远》，第117页。）

逃往台湾的蒋介石差不多遭到举世唾弃，连美国的报纸说到"中华民国政府"时也加上了"Dying"（垂死的）一词，表示对它的蔑视。

然而，正如李宗仁所评论的那样，蒋介石也有耍弄权谋的老手段。他于1950年3月1日，踢开李宗仁，在台湾宣布复行"总统"之职。他在复行视事的文告中说："李代总统自去年十一月积劳致疾，出国疗养，迄今健康未复，返旆无期，于是全体军民对国事惶惑不安，而各级民意机关对中正责望尤切。中正许身革命四十余年，生死荣辱早已置诸度外，进退出处，一惟国民之公意是从。际此存亡危急之时期，已无推诿责任之可能。爰于三月一日复行视事，继续行使总统职权。抗战胜利结束至今不及五年，而国事演变至此，中正领导无方，弥用自责。惟有鞠躬尽瘁，补过去之缺失，策未来之成效。"（《"总统"蒋公思想言论总集》，第三十二卷，第254－255页，台湾中国国民党中央委员会党史委员会印。）

从此，蒋介石开始了在台湾岛上飘摇动荡的晚年岁月。

"台湾地位未定"论的出笼

从大陆惨败逃亡台湾，是蒋介石从权倾一国的权力高峰跌入其生命最低谷的时刻。在这段时间里，美国政府却对他做了点雪上加霜的事情。

美国政府对台湾的态度与中国人民的态度之间有着本质的区别。在中国，无论是国民党还是共产党，都将台湾回归祖国看作是国家统一、领土完整的充满民族情感的大事。国共两党虽然在战场上打得你死我活，但在涉及台湾问题的民族情感方面尚有不少的共同点。而美国则不同。他们首先关心的是台湾在美国对外关系中的战略地位，以及能否确保台湾在战后控制在美国的势力范围之内。

美国政府对于台湾岛的关注早在开罗会议召开以前就开始了。1942年初，任职于美国五角大楼远东战略小组的柯乔治向军方提交了一份备忘录，其中就台湾问题提出了未来可能实行的"三条道路"：1. 台湾"独立和自治"；2. 把台湾"移交中国"；3. 先将台湾"托管"，然后通过"公民自决"的方式决定台湾的政治命运。柯乔治本人倾向于美国政府实行第三条道路，理由是台湾"具有在西太平洋边缘的军事战略重要性"，对于美国经济上和战略上有"潜在的"重要意义，因而美国不能"轻易将台湾交给中国人控制"。（柯乔治《被出卖的台湾》，第19－20页，台湾新观点丛书出版。）

国民党在收复台湾一年以后，由于其政治上的高压政策和经济管理上的一统形式，台湾省内失业率居高不下，经济衰退，粮食匮乏，物价高涨，引起台湾人民对政府的不满。1947 年初爆发的"二二八"事件，成为台湾市民与国民党政府正面冲突的导火线。

1947 年 2 月 27 日，台湾专卖局缉私员和警察在台北市街头殴打一名女烟贩，激起围观群众公愤，一名缉私员竟开枪打死一名围观群众，事态由此扩大。28 日，台北市民举行了全市罢工、罢课、罢市和示威请愿活动。示威群众涌向台湾省行政长官公署，要求惩办凶手、赔偿损失、撤销专卖局。随后，事件又向台湾其他城市蔓延。国民党政府将此事件定性为"叛乱"，于 3 月 8 日从大陆抽调大批军队登岛，以武力残酷镇压了人民起义。

在"二二八事件"的动荡时期，台湾有些人跑到美国驻台北总领事馆要求政治避难，也有些人乘机煽动"台湾独立"。于是，美国一些官员开始主张美国政府干预台湾事务。

1947 年 3 月 3 日，美国驻台北总领事馆向华盛顿建议，以目前台湾在法律上还是日本的一部分为由，"立即以美国自身的名义或以联合国的名义"，对台湾局势加以"干预"，以防止"政府武装的大屠杀"。同时向中国政府保证，待有了一个"负责的中国政府"后再归还台湾。这是美国政府在台湾问题上策划"台湾地位未定"论和"联合国托管"等方案的一个先声。不过，台北总领事馆的这份建议中也承认，台湾人民"强烈愿意有中国公民的地位"，他们反抗的只是"现政府"。(《美国对外关系文件》(FRUS),1947 年,第 433 页。)

4 月 18 日，美国驻华大使司徒雷登给蒋介石报送了一份"台湾形势备忘录"，向蒋表示美国人对国民党在台湾岛上的所作所为是不满的，同时，认为事件的升级与陈仪的处理不当和汇报有误有直接关系。这份"备忘录"直接断送了陈仪的政治生涯。蒋介石据此于 4 月 24 日下令改组台湾行政长官公署为省政府，由前驻美大使魏道明担任台湾省长。蒋介石对于美国人的"跟从"由此可见一斑。

1947 年 8 月，美国总统杜鲁门派出的魏德迈特使调查团，在中国大陆考察了各方面的情况以后到达台湾。魏德迈在其调查报告中就台湾问题指出：

在政治上，美国可以利用台湾当局和民众之间日益扩大的分歧来施加影响。报告说："我们在台湾的经历是最激动人心的。前行政长官陈仪已经使台湾民众同中央政府出现严重不和。这说明中央政府已经失去了机会，他们没有使中国和世界人民相信他们有能力在台湾提供可信的和有效的管理。台湾当局并不能将其失败一概归咎于共产党活动或持不同政见者。台湾人民曾真诚、热情地期待在摆脱日本的枷锁后会迎来转机。然而，陈仪及其刽子手却以残酷的手段，将一个腐败、贪婪的政权强加于幸福、顺从的民众。军队以征服者自居，中央政权为了加强统治，令秘密警察横行……"报告认为，台湾经济对于美国来说也是有利可图的。台湾物产丰富，能源充足，铁路、公路良好，人民教育水平高，与大陆形成鲜明对比。这个报告的结论部分说："有迹象表明，台湾人会接受美国监护或联合国托管。"（《美国对外关系文件》（FRUS），1947年，第725页。）

　　美国当局种种插手台湾并企图分裂台湾的行动，在当时便引起了中国人民的警觉。1947年11月27日，上海《新民晚报》刊载文章提到了魏德迈访问台湾的事情，并将此与美国一些报刊鼓吹"台湾托管"的言论联系起来，进一步揭露了美国在台湾建立空军基地、用台湾的工厂制造飞机配件等情况。文章还透露，美国驻台新闻总署官员曾与台湾一名市参议员密谈，提出台湾在对日和约签订之前归属未定的论点，表示如果台湾人想摆脱中国统治，或愿为美国托管，美国愿给予帮助。《新民晚报》的文章指出，美国"野心分子"正利用目前中国的危机，积极争取台湾上层人士，企图把台湾"托管"出去。（《美国对外关系文件》（FRUS），1947年，第471-474页。）

　　美国在台湾问题上的秘密活动引起了中国舆论界的强烈愤慨，而蒋介石政府又在有求于美国的情况下，不便公开批评美国这种带有一定官方色彩的秘密活动。但是，显然，国民党政府对于美国在台湾的分裂活动是十分重视与反对的。1947年12月，台湾省主席魏道明就此问题发表长篇讲话，以强烈的措辞批驳了分离台湾的言论。魏道明指出：谣传台湾人民希望脱离祖国而愿受外国的统治，这一说法不仅是对台湾人民的侮辱，也是对全体中国人的侮辱。他回顾了台湾为日本侵略者强占以及归还中国的过程，指出战后可能有一些远东遗留问题须待对日和会解决，但台湾归属问题决不在此列，《开罗宣言》已明确指出台湾应归还中国。失物应归还失主是合乎逻辑的。魏道明在讲话的最后表示，中国坚决反对在对日和会上讨论台湾问题，如果发生这种情况，六百万台湾人民和四万万五千万大陆的中国人民将不惜为之流血斗争。(《美国对外关系文件》(FRUS)，1947年，第477－479页。)

魏道明的讲话显然也就是国民党政府的意见。美国政府生怕因此而激起中国人民的愤恨，遂立即由美国驻台湾总领事克伦茨举行记者招待会，对《新民晚报》的报道进行辟谣，并否认美国有分裂台湾的图谋，声明美国无意介入台湾事务，等等。

尽管美国宣布"无意介入"台湾事务，但是，随着战后美苏关系的进一步恶化，美国对于台湾问题还是愈来愈有意介入了。所谓"台湾地位未定"的论点也逐渐为美国官方的一些决策人物所采用。

1948年3月，美国新成立的国家安全委员会制定了第一份对华政策文件。这份编号为"NSC6"的文件明确指出美国对华政策的长远目标是，"推动建立一个稳定的代议制政府，以领导一个独立和统一的、对美国友好的、并能够作为有效防止苏联在远东侵略的中国"。这个目标不仅要将战后的中国控制在美国的势力范围以内，而且要将中国纳入其反对苏联的战略需求之中。

随着蒋介石集团在大陆战场上的一再溃败，美国政府决策层进一步认为有必要将台湾问题和中国大陆问题分开来处理，探讨直接插手台湾，使之成为美国在远东对苏联实行"遏制"政策的一个战略基地的可能性。

1949年1月，美国在策划逼迫蒋介石下台的同时，开始正式考虑"台湾地位未定"的问题。1月19日，美国国家安全委员会在讨论"防止台湾失陷"的方针报告中，就台湾的归属问题提出："台湾为日本帝国之一部分，其最后归属有待和平条约而定。"而美国在二次大战后在台湾问题上的种种举动，只是"促进并认可了中国人对该岛屿的事实上的占领"。这就表明美国政府在它的对华政策中正式"接纳"了"台湾地位未定"论，并准备据此干预中国主权，开展分裂台湾的活动。

美国国家安全委员会在肯定"台湾地位未定"的前提下，向政府提出了解决台湾前途的四种方案：1. 按照日本投降的条件占领台湾，或通过与国民党政府谈判，或在该政府垮台之后采取直接行动；2. 同国民党政府谈判达成协议，使美国获得在台湾的治外法权和设立基地权；3. 在台湾支持国民党政府或一部分余党，作为美国所承认的中国政府；4. 支持台湾当地所得以维持下来的非共产党的中国人的控制。安全委员会的报告特别指出："美国的根本目的，是拒绝共产党对台湾和澎湖的占领。但要实现此目的，在目前最现实的途径是使该岛屿从中国大陆脱离，而我们自己单方面则不为其承担任何公开的责任或掌握权力。"（美国国家档案馆资料，NSC37 - 1，转引自苏格《美国对华政策与台湾问题》，第 93 - 94 页，世界知识出版社 1998 年版。）

这大概是美国对台湾问题实施其分裂政策而又"不为其承担任何公开的责任"的政策的开端。自此以后，美国在台湾问题上的基本政策实际上并没有本质的变化，尽管美国政府迫于中国人民的民族意志一再宣布只承认"一个中国"，而在其所有的对华和对台政策中却依然实施着他们的分裂政策。台湾在经过了日本五十一年的殖民统治以后，不幸又在私底下成了美国霸权者的"口中之物"。

1949 年 4 月 15 日，美国国务院发言人麦克德莫在回答记者提问时说："台湾之最后处置，须俟缔结对日和约后再定。""中国之占领台湾，正与苏联之占领千岛群岛相同，此两地之处置，将视对日和约而定。"（《新闻报》（上海），1949 年 4 月 17 日。）这个发言人的谈话标志了美国公开抛出"台湾地位未定"论。这一论调为朝鲜战争爆发后，美国军队直接介入台湾提供了"借口"，也开启了美国把台湾从中国大陆分离出去的一系列政治、军事活动的序幕。

美国对华政策的内部矛盾与争论

就在蒋介石的反共内战愈打愈艰难的日子里，美国政府内部展开了一场关于对华政策的激烈争论。

1948 年 11 月，美国国务院要求参谋长联席会议作出估计：一旦台湾及其附近岛屿置于"可能受克里姆林宫指使的"共产党政府管辖之下，美国的安全可能受到何种战略上的影响，同时指示奉调回国的美国驻菲律宾参赞经过日本时，就此问题征询麦克阿瑟的意见。

参谋长联席会议与麦克阿瑟的意见基本一致。他们都认为台湾对美国在西太平洋的安全具有重要的战略意义：1. 在中国大陆易手之后，美国即失去利用中国其他地区作为军事基地的可能性，因而台、澎地位更加重要，必要时可以用作战略空军行动的基地，并据以控制邻近航道；2. 如果为"不友好的"力量所控制，一旦发生战争，"敌人"就可以利用它控制马来亚地区到日本的航道，并进而控制琉球及菲律宾；3. 目前台湾是日本粮食和其他物资的主要来源地，如果切断这一供应来源，日本就会成为美国的负担而不是资产。基于以上考虑，参谋长联席会议得出结论："通过外交和经济手段，不让共产党统治台湾，从而保证其留在对美国友好的政府手中，是符合美国的战略利益的。"

麦克阿瑟则进一步分析说，苏联当时只有西伯利亚一条运输线，如果利用其现有港口，五十年内不可能向美国远东防线发动两栖攻势。但是随着"满洲落入苏联手中"，中国大陆又为共产党所控制，形势逐渐对苏联有利。如果台湾为其所利用，会使美国在远东的整个防线被打断。他并不建议美国在台湾建立军事基地，但是无论如何决不能让该岛为苏联所利用。

对于参谋长联席会议所作出的结论，国务院继续要求军方回答：如果美国运用政治和经济的手段不足以阻挡中共的力量到台湾来，是否可考虑军事手段？参谋长联席会议于 1949 年 2 月提出的报告称："目前在台湾承担任何的军事义务都是不明智的。"理由是美国在全世界承担的军事义务已与其实力不相称，特别是假设在台湾其他手段都失败而必须使用军事手段时，那需要投入的兵力将是大量的，这就会使美国无力应付其他地方的紧急情况。另外，台湾对美国在战略上固然有其重要性，但还没有像诸如冰岛等地区那样与美国的切身安全有关。但是，参谋长联席会议又建议，鉴于台湾的重要性，美国可用少量的军事力量支持其政治行动，如在台湾的一个或数个港口停泊少量舰队，并在有限的岸上设置一些维修与空中通讯等设施。（美国国家安全委员会文件，NSC37 / 3，第 284 - 286 页。）

　　其时担任美国国务卿的艾奇逊坚决反对参谋长联席会议提供的实施方案。他认为，既然美国不准备大规模使用武力干涉中国的内战，那么任何显示武力的做法都有害无益，只会对阻挠共产党扩大影响起相反的效果。他在国家安全委员会上发言说："我们企图发展台湾分离主义，就必然会碰到正在席卷广袤的中国大陆的潜在的要求收复失地的威胁。正当我们谋求利用苏联在满洲和新疆制造出来的真正收复失地问题时，我们特别希望避免冒出一个美国制造的收复失地的怪影。公开表示美国在台湾有利可图，从而破坏美国在中国正在出现的新地位，这代价是我们付不起的。在我们思想中的一个主要之点是：如果想要使我们当前政策在台湾有任何成功的希望，我们必须小心掩盖我们想使该岛脱离大陆控制的愿望。"为此，艾奇逊要求政府各部门进行"遵守纪律的合作"，要大家牢记，必须"克制对台湾表现出热心"。（美国国家安全委员会文件，NSC37 / 3，第 294 - 296 页。）

　　随后，艾奇逊加紧在美国政府各决策部门之间进行协商，争取得到有关部门在对华政策方面的一致看法。然而，就在美国的决策部门决定对中国大陆采取"脱身"政策、对台湾采取"暗中分离"政策的时候，美国政府内部以及舆论界开始就政府对华政策问题提出激烈批评。

　　对于以美国国务院为代表的决策机构在对华政策方面既想控制中国大陆和台湾，又不想为此承受国际责任的基本态度，在美国国内主要引起了两方面的批评意见：一方面的批评来自反蒋批评者，一方面的批评来自亲蒋批评者。他们都对政府的对华政策表示了极大的不满。

　　反蒋批评者认为，美国只有提供全面军事援助才能使蒋介石保持他在中国的统治地位，但是，如果美国为了维持蒋介石政权而采取直接的军事行动则将破坏中国的独立。他们希望蒋介石政权在中国的联合政府中维持一个优势的地位，但要求蒋政府必须实行必要的政治和经济改革。他们的目标是让美国为国共两党之间达成某种妥协而努力。反蒋批评者认为，美国政府过分热心地向蒋介石提供援助，只会阻止蒋介石实行必要的政治和经济改革，而且还会不断鼓励他不为与共产党谈判和解而作出必要的让步。这一派人认为，应该把美国援助作为一种武器，以便以一种温和的方式既保持蒋介石的势力，又不让他继续享有无可争议的权力。他们认为美国对华政策的缺点就在于，美国与蒋介石政府过分亲密一致，美国过分热心地满足蒋介石寻求物资援助的要求，因此，当大量事实证明，中国共产党人夺取政权已是势不可挡时，这种政策已经不必要地疏远和触怒了共产党人。

来自亲蒋批评者的意见更加尖锐激烈。他们指出，一个独立于俄国势力之外的中国，对于美国的安全是十分必要的。一个共产党中国或是一个由共产党掌握了重要权力的中国，就是一个受俄国控制的中国。因此，任何为不能阻挡共产党在中国取得政权所作的辩解，都是不能接受的。共产党对中国的征服，就意味着中国失去了独立，也意味着共产党将最终征服美国，因而使得美国感到迫切需要用一切可行的手段来阻止共产党获胜。他们还指出，从军事问题上看，共产党要在中国取代国民党政府原本是不可能的，现在这种结局只能被解释为是美国官员不可宽恕的背信弃义造成的，因为他们在这场浩劫发生时正在负责制定对华政策。

1947 年底美国的《中国月刊》刊登了一篇题为《美国出卖了阿穆尔河以南的中国》一文充分阐述了上述观点，并明确提出，中国的困难是美国在苏联侵略的面前出卖了蒋介石政府的结果。几个月后，这个刊物刊登的文章进一步说："根据在世的最伟大的美国人所述，人们经常要问他的问题是：在我们打败所有外敌，取得敌人无条件投降的胜利后的两年半期间，为什么竟会陷入这种困境？这是因为愚蠢呢？还是因为背叛？对此，他的回答是：'两者兼而有之，上面的愚蠢，下面的背叛。'"（艾弗尔雷德·科尔伯格《愚蠢，或背叛》，载《中国月刊》第九期，1948 年 6 月。）

其时，对于美国政府对华政策的批评意见左右了美国舆论，并获得了大多数民众的同情与支持，使美国政府陷于一种十分尴尬的境地。

美国对华政策《白皮书》的发表

面对来自在野的共和党及其亲蒋派势力的激烈攻击，美国国务卿艾奇逊再次向美国总统杜鲁门建议，把美国对华政策的内幕公之于世，以打击政府反对派的批评，并向不明真相的美国民众提供事实。最早提出这个建议的是美国国务院政策设计司司长凯南。他在 1948 年 11 月提出这项建议时，遭到了当时担任国务卿的马歇尔的拒绝。艾奇逊接任国务卿以后，终于说服杜鲁门总统同意了这项建议。

这份对华政策文件的编写班子由国务院远东司司长巴特沃斯和巡回大使杰塞普负责。他们于 1949 年 7 月 29 日向杜鲁门总统提交了《白皮书》文稿。8 月 5 日，美国政府正式发表了这份《白皮书》，全名为《美国与中国的关系——着重于 1844 年至 1949 年时期》。

美国对华政策《白皮书》连同其附件，共 1054 页。白皮书叙述了从 1844 年美国强迫中国签订《望厦条约》至 1949 年中国大陆基本解放期间的中美关系，其中特别评述了抗日战争和解放战争时期美国干涉中国内政而招致失败的经过。因为发表白皮书的目的在于说明中国大陆国民党的垮台并非美国援助不力，或美国政府出卖蒋介石政府的结果，所以，白皮书以大量数据详尽罗列了美国在第二次世界大战结束以后，给国民党政治、军事、经济和人员等各方面的援助情况。同样，白皮书还以大量篇幅披露了蒋介石国民党政府内部腐败无能的材料，把美国对华政策的失败责任全部推给了国民党政府。

《白皮书》的附件之一是美国国务卿艾奇逊 1949 年 7 月 30 日就白皮书的发表致美国总统杜鲁门的信。艾奇逊的信以比较简洁的语言概括了这份《白皮书》发表的理由和中心思想。

艾奇逊说:"年初,当我们总统说到国会和新闻界批评我们的对华政策时,我说这些批评大多是不明事实真相。马歇尔将军一直不肯把事实和盘托出,因为他担心会进一步损害(蒋)委员长的日益衰退的命运,现在已经很清楚大陆上的国民党政权已接近垮台了,今后美国必将不再支持大陆上的政权。我极力主张编写一份以最近五年为中心的我国同中国关系的详尽报告,在它垮台时予以发表。"

艾奇逊说:"自从对日战争胜利后,美国政府以赠予和借贷的方式给予国民党中国的援助总数约达二十亿美元,这个数字在价值上等于中国政府货币支出的50%以上,与该国政府预算相较,在比例上超过战后美国对任何西欧国家的援助数量。""大部分由于我们在运输、武装和补给上给予他们的部队的援助,他们遂能扩大其控制及于华北和满洲的大部分。直到马歇尔将军于1947年初离开中国的时候,国民党在军事的成就和领域的扩张上显然是登峰造极的。"可是,"其后一年半的事实显示,他们貌似强大的力量是虚弱的,他们的胜利是建立在沙滩上的"。

艾奇逊在他的信中毫不留情地鞭挞了国民党政权和军队的腐败现象,并把失败的责任全部推给了蒋介石和国民党。他说:"中国国民政府失败之原因,……并非由于美援之不足。据我方军事观察人员报告,国民党军队在1948年之重要年份内,无一次失败系由于缺乏装备或军火。实则我方观察人员,早在战事初期,已于重庆发现腐败现象。此种腐败,已将国民党之抵抗力量斫丧殆尽。其领导人对其所面临的危机无能为力,其军队丧失斗志,其政府不为人民所支持。而在另一方面,中共则由于严酷之纪律与疯狂之热忱,试图将自己宣布为人民的保护者和解放者。故国民党军队无须被击败,而即已自行解体。历史所多次揭示的规律就是:缺乏自信的政权和丧失斗志的军队,将是不堪一击的。"

最后,艾奇逊无可奈何地承认:"不幸的但亦无法逃避的事实,是中国内战的不幸结果为美国政府控制所不及。美国在它能力的合理限度以内,所曾经做过或能够做的都不能改变这个结果。美国所未做的,对于这个结果也没有影响。这是中国内部势力的产物，这些势力，美国亦曾试图加以影响，但不能有效。"

美国对华政策《白皮书》的发表，在中美两国均掀起轩然大波。

杜鲁门、艾奇逊之流希望通过《白皮书》的发表，为政府的对华政策"澄清"事实，为其对华政策的失败开脱责任，从而消除民众对政府的"误解"。然而，适得其反，《白皮书》发表以后，美国国会和舆论界再度兴起批评政府的高潮。美国国会内部的亲蒋派别代表人物诺兰和周以德立即发表声明称：《白皮书》的发表恰恰说明了他们对杜鲁门政府对华政策的批评"是有充分根据的"。曾经帮助美国政府确立"扶蒋反共"政策的赫尔利发表声明，称《白皮书》是国务院亲共分子的绝妙的辩护词，他指责正是国务院中的亲共分子在"图谋推翻"蒋介石国民党政府在中国的统治，才协助中国共产党征服了中国。国会亲蒋派还发表了一项备忘录，指责《白皮书》是"为一项有预谋的和无所作为的政策开脱的、长达 1054 页的辩护词。这项政策的唯一成果就是将亚洲置于苏联征服的危险之中"。（邹说《美国在中国的失败》，第 509 页，美国芝加哥大学出版社 1963 年版。）

针对《白皮书》所披露的大量美国政府支持蒋介石发动中国内战以及与蒋介石政府相互勾结的内幕情况，中国共产党立即发动了一个批评美国《白皮书》的活动。毛泽东亲自撰写了《丢掉幻想，准备斗争》《别了，司徒雷登》《为什么要讨论白皮书》《"友谊"，还是侵略？》《唯心历史观的破产》等五篇评论文章。毛泽东在文章中说："美国国务院关于中美关系的白皮书以及艾奇逊国务卿给杜鲁门总统的信，在现在这个时候发表，不是偶然的。这些文件的发表，反映了中国人民的胜利和帝国主义的失败，反映了整个帝国主义世界制度的衰落。帝国主义制度内部的矛盾重重，无法克服，使帝国主义者陷入了极大的苦闷中。"（《毛泽东选集》第四卷，第 1483 页，人民出版社 1991 年版。）

毛泽东进一步揭露美国侵略中国的事实，说："美国的海陆空军已经在中国参加了战争。青岛、上海和台湾，有美国的海军基地。北平、天津、唐山、秦皇岛、青岛、上海、南京都驻过美国的军队。美国的空军控制了全中国，并从空中拍摄了全中国战略要地的军用地图。在北平附近的安平镇，在长春附近的九台，在唐山，在胶东半岛，美国的军队或军事人员曾经和人民解放军接触过，被人民解放军俘虏过多次。陈纳德航空队曾经广泛地参战。美国的空军除替蒋介石运兵外，又炸沉了起义的重庆号巡洋舰。所有这些，都是直接参战的行动，只是还没有公开宣布作战，并规模还不算大，而以大规模地出钱出枪出顾问人员帮助蒋介石打内战为主要的侵略方式。"（《毛泽东选集》第四卷，第1492页，人民出版社1991年版。）

毛泽东在《为什么要讨论白皮书》一文中指出："这样一来，白皮书就变成了中国人民的教育材料。多少年来，在许多问题上，主要地是在帝国主义的本性问题和社会主义的本性问题上，我们共产党人所说的，在若干（曾经有一个时期是很多）中国人看来，总是将信将疑，'怕未必吧'。……艾奇逊上课了，艾奇逊以美国国务卿的资格说话了，他所说的和我们共产党人或其他先进人们所说的，就某些材料和某些结论来说，如出一辙。这一下，可不能不信了，使成群的人打开了眼界，原来是这么一回事。"

针对美国政府在解放战争期间对于中国共产党人的政治敌视与经济封锁，毛泽东说道："我们中国人是有骨气的。""多少一点困难怕什么。封锁吧，封锁十年八年，中国的一切问题都解决了。""过去三年的一关也闯过了，难道不能克服现在这点困难么？没有美国就不能活命么？"（《毛泽东选集》第四卷，第1495、1496页，人民出版社1991年版。）

毛泽东在批判美国白皮书的文章中表现了中国人民真正独立自主的英雄气概。"没有美国就不能活命么？"这对于蒋介石政权来说的确是这样。

美国对华政策《白皮书》的发表，对于蒋介石及其政权来说不啻晴天霹雳，在蒋介石惨痛的伤口上大大地撒了一把盐，令蒋介石集团痛苦不堪。蒋经国在看了美国《白皮书》以后，伤心地说："说得难听一点，无疑是宣布我政府的死亡证明书，同时暗示如何办理后事。"

当时，国民党政府内部的一些人都有被美国政府出卖的感觉，遂向蒋介石强烈要求组织批判美国《白皮书》。《白皮书》发表后的第四天，"中国国民政府驻美国大使馆"即向蒋介石发出密电，建议对美国政府的背信行为发起反击。这份于 8 月 8 日发回的电报说："今《白皮书》既已引起人人注意，吾人须不失时机，立即逐条予以批驳，请总座所率之得力要员而孚众望者，发表尚未收入《白皮书》之种种文件，诸如：史迪威将军在任职期间对我施加之压力；柯里、拉铁摩尔在华时所提建议；马歇尔将军既不愿我光复赤峰和土伦又不断迫我向中共让步；以及美国在开罗会议上作出之许诺嗣后竟自推翻，等等。我们应该每周昭告事实一件，令美国人的注意力不致中断。如我坐失良机，则将有失时效矣。"（《美国政治中的"院外援华集团"》，第 60 页，商务印书馆 1984 年版。）

1950 年 1 月 12 日，"中国国民政府驻美国大使馆"再次发回电报，建议对美国发起舆论反击，以争取美国民众支持。电报说："意欲白宫、国务院和民主党考虑进一步援助中国挽救危局，似已无望。吾党惟有以唤起美国民众公论之法以致力于促美当局态度之改变。……美政府要员在会谈中摇摆不定形同欺骗。""以职浅见，目前时局已届摊牌之时。中美外交关系若仍循之以常规则已无法继续。吾人必须采取非常措施。职因此拟请赐准立即在华盛顿发表关于目前会谈的全部文件，俾美国公众其深悉我之合理要求及绝无使美国陷入战争之意。此举亦将揭示美当局于谈判中手段卑鄙、背信弃义而令世人得察全局。夫美国舆论之制造，均以文件为基础，殊非说之以理也。以上所陈诸端，业经再三思考认真讨论。职等深以为挽救时局，唯此一法。"（《美国政治中的"院外援华集团"》，第 61 页，商务印书馆 1984 年版。）

由上述电报可知，美国对华政策《白皮书》发表前后，美国政府与蒋介石政府之间的关系已到达一个濒临决裂的境地。美国政府在蒋介石政府面临灭顶之灾时采取了落井下石的基本方针。

美国政府的所作所为对于长期以来一直就对美国人恭敬有加的蒋介石来说，真是雪上加霜，其悲痛无以复加。美国《白皮书》发表后，蒋介石又面对国民党政府内部的强大压力，要求他采取行动批判美国《白皮书》以在世人面前挽回一些颜面。蒋介石考虑了与美国人更加长远的合作利益，决定采取"打落门牙和血吞"的策略。他对政府部门要求他发起反击的官员说："不必了。"他在随后的日记中写道："耶稣被审判的时候，他是冤枉的，但是他一句话也不说。"蒋介石在此时还自比耶稣，真是把中国人的"阿Q精神"发挥到家了。

当时，有台湾学者认为："这是杜鲁门政府对一个曾经并肩浴血苦战的盟邦所作的最不公正的缺席审判。"国民党政府对于美国发表的《白皮书》也不能毫无反应，于是经过反复研究，确定了几条对策原则：1.关于《白皮书》中认定中共是苏联的工具和苏联违背中苏友好条约两点，表示赞同；2.对《白皮书》中对中共问题的其他观察及论据，发表声明表示"严重异议"；3.国民政府不愿因对历史问题的争论，影响中美关系和双方共同的反共目标；4.关于《白皮书》公布若干事实的"真相"，国民政府将在适当时间更详尽地发表意见，此时间以能"增进中美两国间之友谊""无损于共同鹄的"为重；5.过去双方的分歧，应"不致影响中国人民对于美国所予道义上、物质上援助之谢意"。

本着上述原则，1949年8月16日，时任国民政府代理外交部长叶公超奉命发表声明：

美国国务院所公布之中美关系白皮书，中国政府业经阅悉。中国政府历年来所坚持之两个基本认识，美国政府以往尝抱不同之见解，今已获得相同之结论。其一，为中国共产党乃彻底之马克思主义者，且为莫斯科之工具。其二，为苏联确已破坏一九四五年中苏条约之条文精神。此则中国政府所引以为慰者也。同时中国政府必须郑重声明吾人对于中美关系白皮书内容所涉及其他许多重要问题，在意见与论据方面，实有不能不持严重异议之处，吾人虽不愿使两国政府将关于过去问题之辩论，而影响两国传统之友谊，以及民主国家所维护之共同目标，中国政府为其本身立场与责任，对于此负责错综之长篇白皮书，不能不于适当时间将所持观点，及有关事实，对中美两国人民作详切之声明，期使两国人民能因此更增加相互间之了解。

（《中央日报》，1949 年 8 月 16 日。）

国民党政府对于美国政府《白皮书》如此低调的反应，甚至出乎美国人的预料之外。这真是"在人屋檐下，哪能不低头"啊！

抛弃蒋介石

美国政府发表对华政策《白皮书》以后，美国与蒋介石政权的关系继续走向低谷。

1949 年 10 月 1 日，中华人民共和国宣布成立，标志着作为全国政权的"中华民国"政府的终结。10 月底，美国国务院再次召开会议研究对华政策问题。在这次由艾奇逊主持的会议上，突出显示了美国的"现实主义"外交作风。会议作出了取消对国民党政府和军队提供军事援助的决定。对于中国共产党建立的新政权，会议决定采取的政策是：1. 设法使北平与莫斯科之间关系逆转；2. 不考虑给予中共经济援助的问题，但可由民间商业或团体保持同中国大陆人民的接触；3. 不把承认中共作为压其让步的筹码。

1949 年 12 月，蒋介石国民党当局已经溃逃台湾，四面楚歌，众叛亲离。美国中央情报局分析指出，如果没有美军的占领或控制，台湾"大约于 1950 年底将置于中国共产党的控制之下"。这样，美国政府面临两种选择：一是出动军队与中国共产党直接冲突；一是放弃台湾，退出中国内战。经过一番激烈争论，美国政府倾向于选择后者，即面对台湾有可能被大陆统一的现实，承认美国对华政策的失败，从中国内战中脱身，并为此做好舆论准备。

据此，1949 年 12 月 23 日，美国政府向美国驻远东的外交领事人员发出"第 28 号特别命令"。命令的主旨是："制定一项宣传政策，以便在台湾可能为中国共产党军队攻陷时，尽量减少对美国和其他国家士气的损害。"文件要求美国外交部门尽力宣传下列观点：1. 消除一些错误印象：保住台湾能拯救"中国"政府；美国在该岛有特殊利益或有所图，或准备建立军事基地；该岛如为共产党所占将对美国或其他反共国家的利益造成严重损害；美国承担了拯救台湾的责任，等等。2. 强调台湾从历史上、地理上都是中国的一部分，纯属中国的责任范围，与美国无关。3. 台湾在军事上不重要，中国从来不是海上国家，该岛不会为中国共产党提供特殊战略利益。4. 宣传美国派军队干涉或建立军事基地对国民党并无好处，而对美国害处极大。5. 不要对台湾表现不适当的关注，因此不要对台湾何时易手作过多猜测以引起过多注意；避免把台湾作为一个政治实体来提，并且不再提台湾地位要等对日和约再定。6. 对中国的宣传中不强调台湾在国民党治下的糟糕情况，对其他地区，则可以提国民党在该岛和在别处所表现的同样的弱点。（《纽约时报》，1951 年 6 月 2 日，国内版第 4 页。）

其时，美国总统杜鲁门不仅厌倦了蒋介石政权，而且对蒋介石本人也十分蔑视与仇恨。他将美国对华政策失败的怨气统统发泄到蒋介石的身上。朝鲜战争结束以后，记者默尔·希勒采访杜鲁门时，听到杜鲁门破口大骂蒋介石夫妇。这个采访后来被收入《坦白话》一书中。

当希勒问杜鲁门，艾奇逊曾表示考虑动用蒋介石的军队打朝鲜战争，你是否认真考虑过？杜鲁门说："没有。用了他们又怎么样？他们一点都不行，从来都不行。我们送他们价值约三十五亿美元的物资，送给所谓自由中国，结果在北平南京之间大约有五百万蒋的部下向三百万共产党人投降，共产党就利用这批物资把蒋赶出了中国。后来他们要我派五十万美军救他，我当然不干。"希勒问杜鲁门是否见过蒋介石，杜鲁门回答："没有，我从未见过他，但我见过蒋夫人。我做总统的时候（1948 年），她到美国来想讨点东西，我没有像罗斯福总统那样让她住在白宫，她一定不高兴，我才不管她是否高兴。"杜鲁门又说：美国援助中国的钱，"绝大部分都落入蒋介石、蒋夫人和宋、孔家族的口袋里。他们都是窃贼，他们每一个都是"。还说："蒋介石和他的亲信，每一个都该坐牢，我希望能活着看到这一天的到来。"

1950 年 1 月 5 日，杜鲁门代表美国政府发表了一个抛弃蒋介石及其台湾当局的正式声明。杜鲁门说：

美国政府向来主张在国际关系中应具有诚意。美国对中国的传统政策可以门户开放政策为例证，要求国际尊重中国的领土完整。这一原则为联合国大会 1949 年 2 月 8 日通过的决议所重申。该决议中有一部分，要求一切国际避免：一、在中国领土内获得势力范围或建立由外力控制的政权；二、在中国领土内求取特别权利或特权。

前述的原则在目前的局势下对于台湾特别适用。在 1943 年 12 月 1 日的《开罗宣言》中美国总统、英国首相、中国委员长曾申明他们的目的是：使日本所窃取于中国的领土，如台湾，归还中国。美国是 1945 年 7 月 26 日《波茨坦公告》的签字国。《波茨坦公告》称：《开罗宣言》条款应即执行。日本投降时亦曾接受此宣言的规定。按照以上各宣言台湾交给蒋委员长。过去四年来，美国及其他盟国亦承认中国对该岛行使主权。

美国对台湾或中国其他领土从无掠夺的野心。现在美国无意在台湾获取特别权利或特权或建立军事基地。美国亦不拟使用武装部队干预其现在的局势。美国政府不拟遵循任何足以把美国卷入中国内争中的途径。

同样地美国政府也不拟对在台湾的中国军队供给军事援助或提供意见。在美国政府看来，台湾的资源已足能使中国军队获得他们认为是保卫台湾所必需的物品。美国政府拟依照现有的法律权力继续进行目前的经济合作署的经济援助计划。

（《美国对外关系文件汇编》，1950－1955 年，第 2448 页。）

同一天，艾奇逊举行记者招待会，进一步解释杜鲁门声明的含义。艾奇逊指出："中国人治理台湾已有四年。美国和任何一个盟国都没有对这一占领的权威性提出疑问。当台湾成为中国的一个省的时候，没有人对此提出过疑问。这是被认为符合过去的承诺的。

"现在，在有些人心目中情况发生了变化，他们认为现在控制中国大陆的力量是对我们不友好的，因此，我们要说，'那我们要等一项和约'。我们在朝鲜并没有等待一项和约。我们在库页岛并没有等待一项和约。对于我们负责托管的那些岛屿，我们也没有等一项和约。

"不论法律问题如何，美国不能用语言来含混自己严正的立场……这关系到美国的基本正直性，关系到使世人相信，一旦美国采取一种立场，它将坚持下去，而不会因权宜之计或自己得利而改变。全世界必须相信，我们是坚持原则的，我们是尊严、体面的人民，我们不像其他国家那样，说话只是为了进行利己的宣传，而一旦情况发生变化，使我们坚持这一立场有困难时，就立即予以推翻。"（美国《国务院公报》，1950年1月16日。）

1月12日，艾奇逊又在美国"全美新闻俱乐部"发表"美国基本立场"的著名讲话，其中谈到美国在西太平洋必须保卫的安全防线，从阿留申群岛经琉球群岛，到菲律宾，只字未提台湾，显然把台湾划在了美国防线之外。

事实上，美国的对华政策远不像艾奇逊表示的那样"公正""尊严"和"体面"，它不久便由于美国的战略需要而被彻底地改变了。然而，在1950年1月到1950年6月朝鲜战争爆发前这一段时间，美国人似乎真的抛弃了蒋介石。

虽然蒋介石下令台湾各大报刊，不许报道美国公开抛弃台湾的消息。但是，消息仍然不胫而走，搅得台湾人心惶惶，不可终日。一些国民党要员、富商大贾纷纷奔逃海外，或避居港澳，台湾岛内危机四伏，动荡不定。因"代总统"李宗仁滞留美国不肯回台，蒋介石干脆在1950年3月1日再次粉墨登场，担任台湾台局的"总统"。尽管蒋介石上台后便公开叫嚷"一年准备，两年反攻，三年扫荡，五年成功"，然而他的话余音未了，中国人民解放军便在4月17日跨越琼州海峡解放了海南岛。紧接着，被蒋介石视为台湾屏障的舟山群岛、万山群岛、东山岛等海岛相继为中国人民解放军占领，台湾指日可破。

　　至 1950 年 6 月，美国远东情报处对台湾局势公开评估说：“台湾将于 7 月 15 日以前遭受中共全面攻击，由于国民党军纪荡然，民心浮动，中共将于发动攻势后数周之内顺利夺占台湾。”美国政府派出一支海军特遣部队驶抵台湾东岸待命，准备随时撤走岛上的 209 名美国侨民。

　　江南在《蒋经国传》中对这段时间的台湾作了如下描述：“用‘山雨欲来风满楼’，来形容 1950 年的台湾 6 月，其真实性无可非议。很多过来人，甚至三十年后，回首前尘，生不寒而栗的感觉。台湾前途，一片漆黑，除了向神祈祷，或许会出现扭转命运的奇迹。”

蒋介石的痛苦反省

　　遭到美国抛弃的蒋介石在这段时间内固然痛不欲生，但也恰是这段时间给了他一次反思历史的机会。蒋介石痛定思痛，却也对自己自抗日战争以来一直投靠美国的对外政策作了比较深刻的反省。

　　蒋介石在 1950 年 1 月的一次对军队官兵的演讲中说：“抗战胜利之后，我们大多数的同志，以为美国援助的物资可以源源不绝而来，美国人对我们的帮助，亦不会终止，因此就产生一种依赖心理，开始抛弃我们固有的自立自强的精神，和刻苦耐劳的德性，尤其是当时有美国军事代表团，我们一般军人耳濡目染，更加鄙视我们固有的精神道德，而专意模仿人家物质的享受，其实我们所学的完全是美国的皮毛，徒然染上了奢侈浮华的生活习惯，而对于美国军人真正的精神和长处，却丝毫没有学到。”(《“总统”蒋公思想言论总集》第二十三卷，第 103 页，中国国民党中央委员会党史委员会印。)

　　蒋介石对于内战初期马歇尔在东北问题上的指手画脚尤其感觉上当。他说，我们“误信马歇尔的调处，将最精良的国军开到东北，以致内地空虚，各战场都感到兵力单薄”，所以，最后导致了军事上全局性的失误。

　　他针对美国政府停止美援的情况，告诫其部下说：“现在许多人以为美援不来，我们在台湾就没有办法，但据我的经验，这三年以来，我们有了美援，反而招致了失败；而美援愈多的时候，反而是我们失败愈惨重的时候。因此我告诉大家，我们要求反共战争的真正成功，一定要等到美援完全断绝，我们每一个人都有了自力更生的决心，都有了独立作战的准备，才能达到目的。"他又说："我今天可以告诉大家：我们现在不仅不能希望外援，而且亦不必依赖外援，以其所得的物资无几，而所失的精神是无限的了。因为我们果能有独立不倚自强不息的精神，在台湾各种的条件，实有其自力更生之道。所以我们真能为国家民族的自由独立，坚强奋斗，不折不挠，那世界上任何国家，将来都要求做我们的朋友；反之，如果自己不能努力自强，而专门依赖外援，仰人鼻息，那就谁都成了我们的主人，而我们自然只有永远做人家的附庸和奴隶！"（《"总统"蒋公思想言论总集》第二十三卷，第 120 - 122 页，中国国民党中央委员会党史委员会印。）

当时美国已经发表了《白皮书》，蒋介石拿不到美援也是无可奈何之事，但是，蒋介石能够从失败中检讨依赖美国外援的问题，应该说仍然是一个重要的觉悟。并且，他还从美国对外政策的一贯立场，分析了国际强权政治的基本特点，其中的经验总结有些是很有意味的。他在 1950 年 9 月的一篇讲话《对当前国际局势应有的认识》中说："自抗战后期以来，一般同志过分重视国际关系，循至以为我们国内问题的解决，也非有外国的援助和谅解不可。尤其是对于美国，格外存一种依赖的心理，以为如果没有美国的支持和援助，我们就不能反共，更不能反抗苏联帝国主义者。因为大家存了这种依赖的心理，所以最近美国国务院发表白皮书，表示不援助我们中国之后，大家就感到反共的胜利几乎已经绝望。其实大家如果回溯我们革命的历史，就可以知道我们无论哪一次的革命成功，都是由我们自力的奋斗而来，绝非由于外力的帮助。尤其在我们革命形势恶劣的时候，外国人对我们的态度一定更是冷淡，避之唯恐不远，拒之唯恐不速。反之，如果我们不自暴自弃，而能自强自立，百折不回奋斗，则形势一经造成，胜利基础一经奠定，那他们就会锦上添花，来帮助我们。最近八年的抗战，就是一个例子。在我们抗战开始的四年之中，可以说不仅没有得到美国任何的援助，而且美国反以汽油废铁接济日本。当时我们如果认定没有外国的援助就不能抗战，那我们今天岂不是作了日本的奴隶吗？""由此可知国际间根本是讲强权，讲利害，唯力是视，而无所谓道义，亦无所谓公理。必然要我们革命党有卓然自立的人格，有自力更生的决心，要由我们坚忍的奋斗，祛除一切依赖和凭借的劣根性，来打破一切难关，来创造有利于我们的环境。"

我们不能不说蒋介石在蒙羞忍辱之后，对投靠美国受到抛弃的感想，是十分深刻而有意义的。失败有时也不全是坏事。蒋介石的痛苦反省，对于台湾 20 世纪 50 年代的政治经济改革是有一定影响的。英国当代社会学家费皮尔在分析台湾经济起飞的原因时认为："如果没有蒋在 1949 年痛失大陆的这一个悲惨事实的刺激，根本就不可能有 50 年代台湾的经济改革。从这个意义上讲，台湾当代经济的喜剧是从悲剧的母胎中孕育的。"

当然，自此以后，蒋介石尽管再度投入美国人的怀抱，但是钩心斗角、暗中争权的事情明显更多了。

七、美干台政 风波迭起

逃往台湾的蒋介石日子很不好过。尽管杜鲁门政府公布了对华政策《白皮书》，表示不再干预中国的内政，也明确了台湾属于中国领土的法律性质，但是，事实上美国政府并没有真正放弃控制台湾的努力。他们最初企图阻止蒋介石来台，失败以后又多次策划"换马"计划，蒋介石对于美国高层官员参与的一系列阴谋活动，了如指掌。但为了拉住美国，蒋介石表面上不得不虚与委蛇，满足美国人一个又一个干政"要求"，一旦时机成熟，蒋介石又毫不留情地清除这些由美国人扶植起来的"亲美"人物，其与美国的斗争手段也十分高超。

美国决定武力干涉台湾

就在蒋介石兵败大陆，暗中策划经营台湾退路的时候，美国政府的一些官员也在暗中策划阻止蒋介石来台的一系列动作。

1948 年秋，随着国民党军在大陆的一连串失败，大批失意国民党军政人员涌向台湾。美国驻台湾总领事克伦茨曾向美国国务院发出警告，称"蒋委员长"及其政府的主要部分如果迁往台湾，将会严重危及台湾的"和平与安全"。他甚至考虑在台湾发生动乱时美国在台人员的撤退问题。美国国务院在研究克伦茨的报告时认为，蒋介石一旦撤往台湾，就会把大陆的混乱带到台湾，并且实际上也守不住台湾。当时的美国驻华大使司徒雷登提醒美国政府，为了争取台湾人的好感，美国决不能表现出协助国民党政府迁台的迹象。因此，美国政府策划了尽可能阻止蒋介石迁台的行动。

1948 年 11 月，克伦茨与当时的台湾省主席魏道明秘密接触，事后向华盛顿报告称，魏道明表示，在取得美国一千万美元的贷款作为"心理上"的支持条件下，他可以实现台湾"自治"，并说服蒋介石不来台湾。（《美国对外关系文件》（FRUS），1948 年，第 601 - 602 页。）然而，蒋介石不可能被魏道明说服，不久，魏道明就让位给蒋介石的亲信陈诚了。1949 年 1 月，陈诚接替魏道明担任台湾省主席以后，根据蒋介石的旨意，把大陆的巨额黄金、外汇、军火先后运往台湾。蒋介石将台湾作为其政治生存的最后基地的计划已经十分明朗。

1949 年 2 月至 3 月初，美国国家安全委员会连续拟订了数份有关台湾问题的补充文件。其中有三条重要意见是：1. 在观望等待何种力量最终在台湾掌权时，美国应该努力扶植和支持当地的非共产党中国政权，并运用美国的影响，阻止大陆中国人进一步涌入台湾。美国应该保持与台湾当地领袖的联系，以备在将来于美国国家利益有利的某个时候，实现并利用台湾的自治运动。2. 美国政府对台湾问题的立场，可以十分谨慎和明确地告知台湾行政当局。3. 美国政府应该以最灵活的方式对台湾积极实施一个经济援助计划，以帮助台湾人发展和保持一个能自立和自给的经济。（美国国家档案馆：NSC37／2，1949。）

陈诚接任台湾省主席后，美国驻台湾总领事克伦茨曾向政府报告："陈诚是会对委员长紧跟到底的少数将领之一，因此我不相信能够把台湾交给一个把委员长排除在外的中国政府。"尽管如此，美国仍然希望争取陈诚按照美国政府的意图办事。克伦茨私下向陈诚交代了美国政府关于台湾的意见，陈诚为了争取美援，也曾向美方表示赞同成立台湾"自治政府"，还估计蒋介石不会复出，并表示如果大陆成立"联合政府"，他决心不让政府插手台湾事务，等等。美国国务院曾一度打算派人同陈诚商谈经济援助台湾的条件。他们向陈诚提出了在台湾进行改革，保证不让大陆国民党人员大批涌入台湾，特别是阻止蒋介石来台的先决条件。陈诚表示，别的都可商量，唯阻止蒋介石来台这一条他办不到，自己追随委员长二十年，不可能拒绝其来台。于是，美国政府感到陈诚并非美国希望的那种人，遂决心不同他谈经济援助之事。(《美国对外关系文件》(FRUS)，1949年，第308页，第333页，第338页。)

在台湾上层的人事争取上失败以后，美国又将目光转向一些台湾最早的"台独"分子。其时，美国驻上海、广州、香港的使领馆与各种自称反共、名目不一的"台独"分子保持着联系。这些人向美国滔滔不绝地讲述着他们的"运动"和计划，从台湾"完全独立""托管"，由麦克阿瑟接管，直到恢复日本统治，不一而足。但所有的计划，都是以取得美国的公开支持，给予物资援助，甚至出兵为先决条件。

尽管美国的决策机构一直以极大的兴趣注意着"台独"分子在这方面的活动，并且也设法寻找他们所需要并愿意扶植的人选，但是，美国人得出的结论是："没有新的证据表明当地主张独立的团体在人数、组织、武装和领导方面足以击败（在台湾的）驻军而建立反共、亲美的台湾当地人的政府。"他们所接触的人都是"自封"的革命运动代言人，而且所言不实，"完全缺乏现实感，没有任何武装和群众基础，完全指靠美国来替他们实现其目标，还要养活他们终身"。(《美国对外关系文件》(FRUS)，1949年，第303页；1950年，第257页。)因此，美国政府感到，扶蒋反共的政策尚且失败了，再支持那些毫无根基的"台独"分子来既反对共产党又反对国民党的武装力量，显然是不合算的。一贯讲究"现实主义"的美国政府虽然同情当时的"台独"活动，也只能作出"爱莫能助"的姿态来。

1950年1月杜鲁门政府所发表的放弃台湾的正式声明并未能平息美国政府内部关于台湾问题的争论。事实上，关于台湾问题的争论在政府内部从未停止，直到1950年6月杜鲁门发表另一次声明，全部推翻美国表面上"放弃"

台湾的政策，派出美国的第七舰队侵入中国的台湾海峡为止。

1950 年 1 月 26 日，美国参谋长联席会议作出决定，将过去制定的关于一旦与苏联发生战争时不让苏联得到台湾的"紧急应战计划"有效期延长至 1951 年底。这项决定显然是与杜鲁门放弃台湾的声明背道而驰的。1950 年 4 月，参谋长联席会议进一步对东南亚的战略形势提出评估，要求美国采取果断措施来"减少来自共产党中国的压力"，并且说"有证据说明中国国民党的军队有所振兴并增强了效能"。美国国防部从 4 月到 6 月多次向政府提出建议书，支持参谋长联席会议的意见，主张推翻杜鲁门 1 月 5 日声明，尽一切力量"保住"台湾。

1950 年 4 月，美国国家安全委员会通过了编号为"NSC－68"号文件，制定了新的对苏联的"冷战"政策。文件以"自由世界在世界任何一处的失败就是在各处的失败"为前提，作出下列决定：1. 制止苏联势力的进一步扩张；2. 揭露苏联各类伪装；3. 消除克里姆林宫的控制与影响；4. 培养内部瓦解苏联体系的因素。这个文件实际上为美国再度干涉中国内政、插手台湾问题提供了依据。

当时，对于美国对台政策影响很大的人物还包括时任美国远东军总司令的麦克阿瑟。麦克阿瑟一贯主张美国应当重视太平洋地区的战略利益，并且主张将台湾牢牢控制在美国手中。他对当时有人提出的将台湾作为日本的一部分划归他管辖的谬论极感兴趣，并多方设法插手台湾事务。麦克阿瑟于 1950 年 5 月 29 日和 6 月 14 日连续提出两份内容相似的有关台湾问题的备忘录，突出强调台湾在美国远东战略中的重要地位。他把台湾对于美国远东战略的重要性提升到前所未有的高度。

他声称，台湾是从阿留申到菲律宾的美国远东防线不可分割的部分。如果发生战争，美国在该地区作战能力在很大程度上有赖于将台湾留在"友好的"或"中立的"政权手中。他说："掌握在共产党手中的台湾就好比一艘不沉没的航空母舰和潜艇基地，其位置对苏联完成其进攻战略极为理想，同时还可以把美国在冲绳或菲律宾的部队的反攻行动完全将死。"这就是后来风行一时的把台湾比作"不沉的航空母舰"的由来。麦克阿瑟还说，苏联如在台湾建立军事基地，等于获得一支以极为低廉的费用即可维持的新的舰队。另外，他认为，台湾在战前就已达到粮食自给有余，自 1910 年起就已达到外贸顺差，具备极为有利的条件成为一个繁荣的地方。结论是：台湾归还中国之说现在应重新考虑，台湾最终的命运无疑取决于美国，美国应该在这里划线，制止共产主义扩张。(《美国对外关系文件》(FRUS)，1950 年，第 161 - 165 页。)

就在麦克阿瑟无限强调台湾对于美国的重要作用时，当时的新任助理国务卿腊斯克也在国务院中大肆活动，企图推翻杜鲁门政府的 1 月声明。1950 年 5 月 30 日和 6 月 9 日，腊斯克先后向艾奇逊提交了两份建议书，他指出，由于形势发生了变化，致使美国的对台政策变化势在必行。这些变化包括：1. 中苏友好同盟互助条约已经签订，美国"分化"中苏关系的前景已经不复存在；2. 苏联在中国新疆、内蒙古和满洲都在进行"渗透"，杜鲁门声明中所谓维护中国的"独立和领土完整"的重要基础已经遭到破坏；3. 由于中苏结盟，台湾因此有可能变成"苏联在中太平洋的一个海空军事基地"。腊斯克在报告中建议美国采取"切实有力的手段"，包括在台湾海峡动用美国海军，宣布美国决意"使台湾中立化"，即"既不允许该岛为共产党占领又不准许其被利用来作为向大陆发起军事行动的基地"。

所有这些论调与观点，都为美国政府准备利用武力侵占我国神圣领土台湾作了有效铺垫。

1950 年 6 月 25 日，朝鲜战争爆发。当天晚上，杜鲁门召开紧急晚餐会议。会上，宣读了麦克阿瑟 6 月 14 日的备忘录。艾奇逊首先建议总统下令将第七舰队驶向台湾以阻止共产党从大陆进攻台湾，同时也阻止国民党从台湾进攻大陆。他还说，美国不应与蒋介石拴在一起，台湾地位应由联合国决定。艾奇逊的意见得到了杜鲁门以及军方、国会代表的同意。杜鲁门还补充说，台湾地位也可由对日和约决定。

1950 年 6 月 27 日，美国总统杜鲁门发表派遣美国第七舰队侵入台湾海峡的公开声明，表演了一出在短短六个月内出尔反尔的外交丑剧。杜鲁门说：

"在朝鲜，为了防止边境袭击及维持国内治安而武装的政府部队，遭到北朝鲜的进犯军的攻击。联合国安理会要求进犯军停战，并撤退至三八线。他们没有这样做，相反地反而加紧进攻。安理会要求联合国的所有会员国给予联合国一切援助以执行此决议。

"在这些情况下，我已命令美国的空海部队给予朝鲜政府部队以掩护及支持。

"对朝鲜的攻击已无可怀疑地说明，共产主义已不限于使用颠覆手段来征服独立国家，而且立即会使用武装的进攻与战争。

"它违抗了联合国安理会为了保持国际和平与安全而发出的命令。在这些情况下，共产党部队的占领台湾，将直接威胁太平洋地区的安全，及在该地区执行合法而必要职务的美国部队。

"因此我已经命令第七舰队阻止对台湾的任何进攻。作为这一行动的应有结果，我已要求台湾的中国政府停止对大陆的一切空海攻击。第七舰队将监督此事的实行。台湾未来地位的决定必须等待太平洋安全的恢复、对日和约的签订或经由联合国的考虑。"（国务院台办《台湾问题文献资料选编》，第864 - 865页。）

杜鲁门的声明不仅彻底改变了美国政府不干涉台湾问题的政策，而且再次重弹所谓"台湾地位未定"的老调，是对中国领土主权的一次粗暴干涉与侵犯。两天以后，美国第七舰队的九艘船舰，包括六艘驱逐舰、二艘巡洋舰和一艘运输舰，从菲律宾出发，侵入台湾海峡，公然干涉中国内政，分裂中国领土。

美国在台湾海峡的侵略行径，首先遭到新中国政府的强烈抗议。1950年6月28日，毛泽东在中央人民政府委员会第八次会议上发表讲话指出："美国对亚洲的侵略，只能引起亚洲人民广泛的和坚决的反抗。杜鲁门在今年一月五日还声明说美国不干涉台湾，现在他自己证明了那是假的，并且同时撕毁了美国关于不干涉中国内政的一切国际协议。美国这样地暴露了自己的帝国主义面目，这对于中国和亚洲人民很有利益。"（《毛泽东外交文选》，第137页，中央文献出版社1994年版。）

同一天，周恩来代表中国政府发表严正声明："杜鲁门二十七日的声明和美国海军的行动，乃是对于中国领土的武装侵略，对于联合国宪章的彻底破坏。美国政府这种暴力掠夺的行为，并未出乎中国人民的意料，只更增加了中国人民的愤慨，因为中国人民许久以来即不断地揭穿美国帝国主义侵略中国、霸占亚洲的全部阴谋计划，而杜鲁门这次声明不过将其预定计划公开暴露并付之实施而已。事实上，美国政府指使南朝鲜李承晚傀儡军队对朝鲜民主主义共和国的进攻，乃是美国的一个预定步骤，其目的是为美国侵略台湾、朝鲜、越南和菲律宾制造借口，也正是美帝国主义干涉亚洲事务的进一步行动。

"我代表中华人民共和国中央人民政府宣布：不管美国帝国主义采取任何阻挠行动，台湾属于中国的事实，永远不能改变；这不仅是历史的事实，且已为开罗宣言、波茨坦宣言及日本投降后的现状所肯定。我国全体人民必将万众一心，为从美国侵略者手中解放台湾而奋斗到底。战胜了日本帝国主义和美国帝国主义走狗蒋介石的中国人民，必能胜利地驱逐美国侵略者，收复台湾和一切属于中国的领土。"（《周恩来外交文选》，第18－19页，中央文献出版社1990年版。）

与新中国政府反对美国侵略的态度相反，蒋介石是欢迎朝鲜战争为台湾安全所带来的重大转机的。当时国民党当局驻韩"大使"邵毓麟发回电报说："韩战对于台湾，更是只有百利而无一弊。我们面临的中共军事威胁，以及友邦美国遗弃我国，与承认'匪伪'的外交危机，已因韩战爆发而局势大变，露出一线转机。'中韩'休戚与共，今后韩战发展如果有利于南韩，亦必有利于我国，如果韩战演成美俄世界大战，不仅南北韩必然统一，我们还可能会由鸭绿江，由东北而重返中国大陆。如果韩战进展不幸而不利南韩，也势必因此而提高美国及自由国家的警觉，加紧援韩决不致任令国际共党渡海进攻台湾了。"邵毓麟的话，实际上道出了蒋介石的心声。当时国民党政府驻美"大使"顾维钧也在日记里喜出望外地将朝鲜战争比作珍珠港事件对中国的"拯救"。

但是，美国总统杜鲁门关于第七舰队驶入台湾海峡的命令，也使蒋介石陷入进退两难的困窘境地。对于美国派军队直接插手台湾问题，蒋介石是梦寐以求、久久期盼之事。加上当时台湾方面的情报认为：中共在占领海南岛以后，即在福建沿海作水陆空的攻击演习，并已集结大量作战飞机和登陆舰艇，随时准备攻占台湾。情报部门预期中共进攻台湾的时间正是在1950年5—6月间。蒋介石处于台湾朝不保夕的危机状态下，自然是万分希望美国派出军队来保护台湾。但是，杜鲁门声明中关于"台湾地位未定"的论调，又使蒋介石难以接受，如果接受了美国的说法，那么，不仅中国的领土有被分割出去的危险，而且就连逃到台湾的蒋介石政权也有被国际上看作流亡政府的可能。但是如果反对美国的"台湾地位未定"论，那么，美国的第七舰队驶入台湾海峡便失去了借口，师出无名了。

随后，美国国务院顾问杜勒斯会见顾维钧时，曾深入表明了美国抛出"台湾地位未定"论的原因，希望顾维钧说服台湾当局接受美国的"安排"。杜勒斯说，美国"欲将台湾地位暂付冻结。因美虽切望世界大战不再爆发，但并无把握；深不愿台湾落入仇视美国者之手，尤不愿为苏俄利用。美国人力不足，对太平洋防卫，只能利用海军、空军树立强固防线。倘一朝有事，能控制亚洲沿海大陆，而台湾岛正在此防线之内"。他以美国向台湾提供保护为诱饵，希望蒋介石不再坚持台湾为中国的领土而反对美国的立场，否则将"增加美国困难。……盖如美亦认台湾已经为中国领土，不特贵国政府代表权问题即须解决，而且美之派遣第七舰队保台，及自取领导地位出为主持此案（指对日和约），亦将失却依据"。（参见《中日外交史资料丛编（八）"金山和约与中日和约的关系"》，第6页。）

蒋介石当然明白美国干涉台湾事务对其政权的利害关系。他于6月28日在"总统府"召开了军政首脑会议，认为美国政策对日益危险的台湾安全颇有裨益，政府决定"原则接受"，但对于美国人再次提起的"台湾地位未定"

论仍持坚决反对的态度。

1950 年 6 月 28 日，国民党当局"外交部长"叶公超发表声明，宣布台湾国民党当局对于本月 27 日美国政府关于台湾防卫之建议，在原则上已予接受，并已命令其海空军"暂时停止攻击行动"。同时，叶公超表示，台湾当局的上述决定，是基于下列四个方面的考虑之后作出的：1. 在与日本缔结和平条约前，美国政府将与台湾国民党当局"共同担负"台湾的保卫问题；2. 台湾系中国领土之一部分，乃为各国所公认，美国政府的上述声明与建议，当不影响开罗会议关于台湾未来地位之决定，亦不影响中国对于台湾的主权；3. 美国政府的建议和政策，只是针对亚太地区遭受共产主义侵略或威胁时所采取的紧急措施，台湾当局期望上述侵略与威胁能在短期内予以消除，否则，台湾当局及其友邦自仍有采取其他步骤以抵抗这种侵略或其威胁之共同责任；4. 台湾当局接受美国的建议，自不影响中国反抗国际共产主义侵略及维护中国主权领土完整之立场。（参见《"中央"日报》，1950 年 6 月 29 日。）

蒋介石借叶公超之口发表的这项声明，实际上只接受了美国对于台湾的军事保护，而对于所谓"台湾地位未定"论却作了侧面的反对，表示了独立自主的立场。这在一方面维护了中国主权的完整与统一，另一方面又将台湾的防卫权让给了美国，其矛盾重重不一而足。然就在这一来一去的两项声明之中，蕴含了蒋介石与美国的深刻分歧，此后的长期矛盾也由此而发。

无论如何，美国出兵台湾海峡对台湾问题的武装干涉，对于中国人民解放台湾的事业制造了重大障碍，使得新中国解放台湾的作战计划不得不搁置起来，造成了中华民族大陆与台湾人民长期分隔的痛苦局面。1950 年 6 月 30 日，中央军委副主席周恩来向海军司令员萧劲光传达了中共中央新的战略方针：形势的变化给我们打台湾增添了麻烦，因为有美国在台湾挡着。"现在我国的态度是：谴责美帝侵略台湾，干涉中国的内政。我们军队的打算是：陆军继续复员，加强海、空军建设，打台湾的时间往后推延"。（参见《周恩来年谱》（1949－1976）上卷，第 52 页，中央文献出版社 1998 年版。）

逼蒋交权的吴国桢事件

美国政府阻止蒋介石来台湾的计划，最终因为蒋介石顺利撤往台湾而失败。但是，美国政府对于蒋介石的不满仍然耿耿于怀，他们依然不断插手台湾的人事安排，希望通过人事变迁，将台湾的实际领导权掌握在亲美人物的手中。

美国首先要换掉的人物就是台湾省主席陈诚，因为陈诚忠于蒋介石而不能按美国的旨意办事。1949 年底，国民党当局情报头子郑介民到美国商谈请求美国援助之事。曾经担任美国西太平洋海军司令的白奇尔上将对郑介民转达了美国国务卿艾奇逊的意见：台湾要想获得美援，必须在台湾厉行改革，重新任命台湾省主席，使台湾人民获得更多的参政机会。白奇尔强调说，国民党当局如果要求得到美援，那么就必须任命一位新的台湾省主席，以取代"不能适应局势"的陈诚，而新的人选，白奇尔建议由做过重庆市长和上海市长的吴国桢来担当。

美国人为什么点出吴国桢呢？

吴国桢原籍湖北，生于 1903 年。在天津南开中学读书时，曾和周恩来同学。1921 年吴从清华大学毕业后赴美国普林斯顿大学留学，1926 年获得美国普林斯顿大学哲学博士学位。

1927 年吴国桢回国后担任国民政府外交部秘书，开始步入官场。此后又相继担任江苏交涉公署交际科长、外交部第一司副司长、汉口财政局长等职。1932 年，吴国桢被提拔担任蒋介石的侍从室秘书，从此得到蒋介石的格外青睐，平步青云。1939 年任重庆特别市市长，1942 年任国民政府外交部次长，抗战胜利前担任过一段时间国民党中央宣传部部长。抗日战争胜利以后，蒋介石任命吴担任上海市市长。其时，吴国桢才四十三岁，是历任上海市长中最年轻的一位。

由于吴国桢办事很有美国做派，作风民主，办事干练，讲求效率，在国民党一干腐败官员中显出一股正气，故而受到美国人的关注，被美国舆论界称为国民党内"最好的一个官吏"。美国人希望通过吴国桢改革台湾政治、经济，取代蒋介石的腐败政权，建立一个按照美国的价值观、战略利益行事的亲美政权。

反复权衡利弊的蒋介石，在台湾岛风雨飘摇之中，不得不看着美国人的眼色行事，他最终决定忍痛割爱，用吴国桢换下陈诚。1949 年 12 月 15 日，蒋介石下令吴国桢取代陈诚担任台湾省主席。当时，吴国桢并不知道美国人在背后使劲，曾经感到陈诚担任台湾省主席不到一年，并没有什么失误之处，没有功劳也有苦劳，自己接替陈诚的位置，恐怕以后不好相处，于是向蒋介石推辞说："陈诚将军不是做得很好吗？最好由俞大维担任。"蒋介石直截了当地对吴国桢说："你很恰当，我要你今后全力争取美援。"随后，吴国桢还被进一步任命兼任"行政院政务委员"和台湾省保安司令。

上任的当天晚上，吴国桢举行记者招待会，提出四点施政重点：彻底反共，密切配合军事；努力向民主途径迈进；推行民生主义，为人民谋福利；实行地方自治，发扬法治精神，起用台籍人士。

当时，台湾国民党的《"中央"日报》曾经刊出了一篇题为《台湾与美援》的社论，指出："我们的励精图治，彻底改革，就是我们争取援助之最有效、最有力的方法。"（《"中央"日报》，1949 年 12 月 13 日。）所以，吴国桢的上任，与蒋介石迫切希望得到美援的中心目标刚好一致起来了。

吴国桢上任以后，一方面，在台湾厉行法制建设，大刀阔斧，治理乱世，协助陈诚担任"院长"的"行政院"颁布了一系列限制人民自由、巩固国民党统治的"法律法令"，配合了蒋介石逃台初期的政治稳定工作；另一方面，吴国桢也在台湾推行民主改革，开始搞起了县、市长等地方政权的民主选举。在公务作风上，吴国桢礼贤下士，政务公开，给台湾人民留下了"亲民、民主、谦恭"的形象。

然而不久，吴国桢便和蒋介石刻意照应的长子蒋经国发生了矛盾。

吴国桢与小蒋的矛盾算起来也由来已久。早在 1948 年 8 月，蒋经国奉父命以督导员身份赴上海整顿金融秩序"打老虎"。当时他手持尚方宝剑，雄心勃勃，想在上海一显身手，结果虽攻势凌厉而急切，效果却不佳。当时任上海市长的吴国桢，一来不甘心自己市长的权力被人架空，二来也不赞成小蒋的工作方式，因而二人就生出许多的龃龉与不愉快来。

到了台湾以后，吴国桢任台湾省主席兼省保安司令，蒋经国则以"总政治部主任"的头衔，统管台湾一切党政特务情报机构。为了迅速稳定台湾局势，肃清岛内共产党的潜伏力量，蒋经国怂恿其特务、情报机关大肆活动，侦捕各类反对国民党和反对蒋介石的社会势力。吴国桢对于当时台湾岛内特务横行，任意抓捕人民的活动十分不满，曾多次出面要求小蒋释放一些所谓的共党分子、政治犯。他对特务机构抓人经常干涉阻止。1952年冬，为了确保国民党在台湾第二次县、市议员选举中获胜，特务机构一夜间逮捕了三百九十八人，吴国桢得知后，以这些人无违法行为为由，统统下令放人。接着，基隆市又有两名"议员"被特务绑架，吴国桢大为光火，下令三小时内放人，并要撤掉两名特务的行政职务。这事由蒋介石亲下手令为两名特务说情，方才作罢。

此外，吴国桢对于蒋经国的特务经费也常常不予方便。当时，国民党退守台湾，"中央"和地方的一切开销均由省府操办。省府在经费开支上常常捉襟见肘，故而对于蒋经国麾下许多不在编的特务机关和组织的预算外资金，就更难满足了。吴国桢常常以各种理由婉拒小蒋的经费请求与要求，使小蒋及其手下又气又恼。由此吴蒋矛盾愈演愈烈。

1952年10月，吴国桢夫妇应邀去台北草山蒋介石住所参加蒋介石六十五岁寿宴，回来的路上吴夫人闹腹泻，车子开到路旁一老百姓家里方便。等到吴国桢夫妇回到车旁时，看到司机脸都吓白了。原来三个车轮的螺丝钉早已被人拧掉，如果不是吴夫人闹腹泻，汽车飞驰到某转弯处，车轮必定四下飞出，三人也必定粉身碎骨了。

这时，吴国桢感觉到特务机关对自己下手了，他不能束手待毙，遂于1953年4月以"健康欠佳"为由坚辞台湾省主席职务。5月，吴国桢便得到了美国邀请，准备赴美。吴氏一家赴美登机时，受到陈诚、蒋经国等五百余人的"热情"欢送。

1953 年 11 月，蒋介石以"蒙混舞弊，不尽职守"的罪名，撤销了与吴国桢关系十分密切的"总统府"秘书长王世杰的职务，并指责王世杰擅自批准吴国桢套购外汇十二万美元。1954 年 1 月，台湾传出"吴国桢携资外逃"的风声，有的报刊还发表了《劝吴国桢从速回台湾》的社论。

吴国桢立即写了一份辟谣启事。启事内容如下："桢远在国外，忽闻道路谣传，谓桢苟取巨额外汇，并云前'总统府'秘书长王世杰之去职与此有关等语。查桢此行来美，曾经由'行政院'陈院长批准，以私人所有台币向台湾银行购买美金五千元，作为旅费，此外并未由政府或政府中之任何人员批准拨给分文公款，桢亦未有此项请求，与王氏更从未谈过去美费用问题。桢闻此谣传后，已于 1 月 2 日以党员身份函请张其昀秘书长转呈总裁请饬政府彻底查明，公布真相。至桢在美生活，除夏间遵医嘱曾赴美国西部高山地带休养医治气喘外，自 10 月起即在伊利诺州艾思顿公寓旅舍居住。房屋两间另一小厨房，内子执炊，桢自洗碗，以旅费不敷，遂接受各方请求演讲。已接受者二十余处，每次讲费约四百五十美金，一面借以维持生活，一面亦以国民一分子资格为国宣传。……查桢为国服务二十余年，平生自爱，未曾贪污，在此国难当头之际，若尚存心浑水摸鱼盗取公币，实将自觉不侪于人类，惟以道路阻隔，深恐以讹传讹，故特启事周知，如桢个人有任何劣迹，敬请国人检举，政府查办。"

吴国桢将启事寄给了国民党中央秘书长张其昀。结果张其昀将启事交给了留在台湾的吴国桢父亲。吴父跑遍台北各报要求登载启事，结果竟无一家敢登。于是，吴国桢于 2 月 7 日开始向台湾蒋氏政权发难。

这一天，吴国桢在美国发表电视演说，提出对台三点政见：1.台湾如不实行民主，将无法争取美国与侨胞的支持；2.目前的台湾政府过于专权，是一党统治；3.政治部一套做法全然照搬苏联。16日，吴再次发表讲话，抨击蒋介石任人唯亲，独裁专横，排斥异己，等等。吴国桢在美国的言论，引起美国舆论大哗。美国的《纽约时报》《芝加哥论坛报》《展望》《新闻周刊》等杂志报纸均在醒目位置刊登了吴国桢的言论，使台湾当局和蒋介石的形象大大受损。

2月26日，台湾当局"立法院长"张道藩首先上阵批驳吴国桢，列举了吴国桢十大罪状：

1. 上海市长任内"临阵逃脱""放弃职守"；

2. 将上海市政府汽车数辆运至台湾后，以个人名义出售，"利款自肥"；

3. 由沪迁台时，运来大小行李九百七十余件，由台迁美时，携走行李十箱，有内装黄金、美钞之说；

4. 上海市长任内派其岳父黄金涛为上海银行总经理；

5. 台湾省主席任内"私自滥发钞票"；

6. 暗中操纵外汇及贸易；

7. 将五万吨存粮抛售一空，造成经济恐慌；

8. 抛售黄金，借此图利；

9. 在林产方面，上下其手，获利甚多；

10. 包庇贪污，营私舞弊，勾结奸商，牟取暴利。

2月27日，吴国桢致函台湾当局"国民大会"，攻击蒋介石卖国集团一党专政、党组织与政治部控制军队、特务横行、人权无保障、言论不自由、思想控制等六点，并要求"国民大会"：

1. 彻查国民党经费来源，令"立法院"议定"政党法"，保障各方反共人士俱能在台公开成立政党；

2. 撤销军队中的党组织及政治部；

3. 由"立法院"拟定"国家安全制度"之法律，明确规定特务机构的权力，对于主持特务机构之人选，不得由当局派其亲属主持；

4. 组织委员会公开接受无辜被捕及非法受提讯者亲友之控诉；

5. 组织委员会彻查过去言论之何以不能自由，并追究责任；

6. 撤销青年团特务组织。

3月12日，张道藩在"立法院"会议上提出质询，要求"行政院长"陈诚对吴国桢予以查处。

在台湾方面的一片指责与谩骂声中，吴国桢使出了最后的撒手锏，于3月12日在美国刊出了一份《上"总统"书》，批评蒋介石"自私之心较爱国之心为重，且又故步自封，不予任何人以批评建议之机会"。同时，吴国桢又将攻击的矛头直指"太子"蒋经国，说他是台湾政治进步的一大障碍，主张送入美国的大学或研究院读书，在大陆未恢复以前，不必重返台湾。

吴国桢的《上"总统"书》就像向台湾的蒋家后院投送了一枚原子弹，在美国引起了轰动效应。美国各大报纸争相报道，让蒋家父子丢尽了颜面。台湾舆论也很震动，一些官员、"国民大会代表"以及中学校长等等各类人物，纷纷发表评论，"围剿"吴国桢，骂吴"丧心病狂，假借民意，口是心非，惯用权术"；"告洋状，以期美国政府庇护"，是"叛国行为"，等等。

蒋介石也恼羞成怒，于1954年3月17日发表"总统命令"：

> 据"行政院"呈："院政务委员"吴国桢于去年5月借病请假赴美，托故不归，自本年2月以来竟连续散播荒诞谣诼，多方诋毁政府，企图淆乱国际视听，破坏"反共复国"大计，拟请予以撤职处分，另据各方报告，该员前在台湾省主席任内，多有违法与渎职之处，自应一并依法查明究办，请鉴核明令示遵等情。查该吴国桢历任政府市级官吏，负重要职责者二十余年，乃出国甫及数月，即背叛国家，污蔑政府，妄图分化国军，离间人民与政府及侨胞与祖国之关系，居心叵测，罪迹显著，应即将所任"行政院"政务委员一职予以撤免，以振纲纪，至所报该吴国桢前在台湾省政府主席任内违法与渎职情事，并应依法彻查究办，此令。

蒋介石的"总统命令"发表以后，台湾几乎掀起了一场讨伐吴国桢的运动，各大报纸的头版头条充满了批评吴国桢的文章，而且有社论、评论、读者来信、漫画等各种形式，不少人还要求立即引渡吴国桢"回国"，接受查究。"总统令"

发布的第二天，临时台湾省议会便成立了专案组，调查吴国桢任省主席期间的贪污渎职罪行。

在吴国桢与蒋介石隔海相骂之时，美国人始终站在了吴国桢一边。美国的各种报纸始终是替吴国桢说话并抨击蒋家政权的。据悉，王世杰刚被免职，美国驻台湾"大使"兰金便认为是蒋经国的阴谋，马上向华盛顿密告蒋经国对美国对华政策经常发泄不满，如果任其发展下去，蒋经国有可能成为"台湾铁托"，等等。当吴国桢遭到台湾当局"立法院长"张道藩的攻击并被免去"政务委员"职务时，美国国务院远东事务助理国务卿罗伯逊代表美国政府向吴国桢保证，在任何情况下吴都可以在美居住。当吴国桢要将他刚刚大学毕业的小儿子吴修潢接来美国时，台湾当局以吴修潢必须有两年稳固职业才能给其去美护照为由，加以阻挠，美国的柏德逊－麦考米克报系和《芝加哥论坛报》老板麦考米克立即聘请吴修潢做《芝加哥论坛报》远东部的顾问。

蒋介石在遭到吴国桢的"无情"怒骂以后，曾十分恼怒地责骂吴国桢"已在一个外国之庇护下空论及滥言民主及自由"，"与共党分子毫无异处"。但是，这个"外国"，也是蒋介石自己寻求"庇护"的对象，事实上，吴国桢的许多言论也是代表美国主子出面责骂蒋介石的，所以，当美国驻台"大使"兰金劝告蒋介石不要再与吴国桢对骂了，否则吴国桢披露的蒋家王朝秘密越多，对台湾越不利时，蒋介石立即"温顺"地听从了劝告。蒋介石无奈地下令台湾报纸禁止刊登攻击吴国桢的文字，并将吴的小儿子送到了美国。至此，吴国桢事件才算结束。

吴国桢自此事件以后，也未给蒋介石再生枝节。他应聘在美国乔治亚州的萨瓦娜姆斯壮学院任教，讲授中国文化，并出版了《中国文化史》专著。晚年他曾借儿子、儿媳回大陆讲学之机，表达了思乡之情，1984年6月在美国病故。

吴国桢事件从一个侧面反映了蒋介石与美国的矛盾与斗争。美国政府本想通过提拔吴国桢这样的亲美人士逐步改换台湾政治与增加美国干预台湾事务的作用，结果蒋介石在台湾形势一旦有所改观时便将吴国桢拿下，向其"美国主子"表示了"独立不阿"的气概，然其最终也得忍下美国人对他的诸般侮辱，草草结束，鸣金收兵。

扶孙除蒋的兵变计划

孙立人与吴国桢一样，也是由美国人选定的替代蒋介石的"种子选手"。早在1949年2月，美国政府曾派出驻华大使馆参赞利文斯顿·莫成德由南京飞往台湾，考察台湾情势。当时美国政府交给他的任务是，评估当时的台湾省主席陈诚能否与美国"私下合作"，以及陈诚对蒋介石的忠贞程度。因为当时国民党当局在大陆兵败如山倒，台湾前途岌岌可危，美国政府认为腐败无能的蒋介石政权将无力抗拒中共的军事进攻，也不能获得台湾人民的支持，因此确定了"弃蒋保台"政策，即要确保台湾，蒋介石必须下台。美国希望由一位杰出能干、亲美又反共的人士接替蒋介石。

莫成德在台湾考察的结果是，陈诚是蒋介石的人，他治理台湾不符合美国的利益。莫成德向国务卿艾奇逊推荐了孙立人。莫在1949年3月上旬陆续给美国国务院带回几次信息称："我们所需要的是一个能力强、做事脚踏实地的人，不必听命于蒋介石，亦毋需服从李宗仁的联合政府，而专为台湾谋福利。孙立人的经验也许不足，但其他条件却甚合适。"

孙立人的"合适"条件是什么呢？

首先，他是国民党高级将领中为数极少的"洋务派"亲美人士。孙立人出生于安徽庐江的一个官宦之家，十八岁左右经过考试，被安徽省教育厅保送到北京清华学校留美预科班学习。在清华学习期间，孙曾是清华学校篮球队队长。1923年，二十三岁的孙立人自清华毕业后到美国留学，在美国印第安纳州的普渡大学主修桥梁工程学，1924年即获得理学士学位。随后又入美国弗吉尼亚军校学习。当时的弗吉尼亚军校在美国的知名度仅次于西点军校。孙立人与后来著名的美国马歇尔将军是前后期同学。

1927 年，孙立人学成回国后，先后任陆海空军司令部副侍卫长、税警总团特种兵团团长、第三十八师师长、新一军军长、长春警备司令等职。孙立人参加过"八一三"淞沪抗战，率部参加入缅远征军作战。使他英名远播的是在滇缅边境的仁安羌战斗中以少胜多，将濒临绝境的被围英军第一师救出；后来在反攻缅北时再立战功，被盟军将领誉为"东方隆美尔"，获得英国皇家勋章。1947 年，孙立人调任台湾编练司令，负责新兵训练工作。

孙立人的另一个"合适"条件，是与蒋介石的嫡系将领矛盾重重，不是完全听命于蒋介石的人。孙立人在蒋介石的政权中虽然步步高升，但也饱受嫉妒、倾轧之苦。在蒋介石的嫡系"族谱"中，孙立人是排在后面的。当时在国民党军队中受到重用的一般是黄埔嫡系和日本军校留学的将领，孙立人在国民党军队人事竞争中处于孤立之境。

1949 年 5 月，莫成德返美述职。他进一步向艾奇逊和美国国家安全委员会建议，将孙立人主持台政与美国长期租赁台澎海军基地，作为美国经援台湾的条件。

1949 年 6 月 23 日，美国国务院政策设计司司长凯南，向美国国务院和国家安全委员会提出了一份处理台湾问题的报告书。凯南在报告书中主张"联络菲、澳、印度、巴基斯坦、新西兰各国，和派遣一些象征性的兵力，会同美军占领台湾"，"邀请孙立人将军加入占领军的新政权，如孙愿意接受，则美国分化国民党当局驻台湾军队之工作，即告成功"。凯南还建议，"通知蒋介石，如他愿意留在台湾，当以政治难民之身份相待"，"从岛上清除国民党统治者"，同时"建立一个由国际或美国控制的临时政权"。"美国人在接管行政时，应极力避免担任令人注目之职务，其目的旨在不使台湾落入共党之手"。（《美国对外关系文件》（FRUS），1949 年，第 356 - 359 页。）

由于这份报告与当时艾奇逊主持的国务院确立的美国只在"暗中"操纵台湾政权的政策不一致，故而凯南的报告未能被美国政府接受，但对其中的"扶孙除蒋"的建议仍然是重视的。这从美国政府后来进行的一系列有关活动中可以显现出来。

对于美国频频发出的"扶孙"信号，当时担任国民政府代总统的李宗仁和"退隐"溪口的蒋介石都十分关注。李宗仁表示十分欢迎美国用孙立人替换陈诚的建议，但是，他向美方表示，自己虽然是代总统，人事任免权仍然握在蒋介石的手上，因此，最好由美方出面提出此事。正当美国驻华大使司徒雷登就提出孙立人的问题伤脑筋的时候，陈诚已经听到了风声。陈诚立刻采取了主动出击的手段，致函司徒雷登，表示自己愿意让位给孙立人，但需美国征求蒋介石的意见。(《美国对外关系文件》(FRUS)，1949年，第300 – 301页。)

蒋介石自然对于美国插手台湾政坛的人事安排十分不满，但是当时他已"下野"，其政权又急需美援支持，因此不便与美国发生正面冲突。于是，蒋介石一方面授意前外交部长王世杰发表关于台湾问题的讲话，以批驳美国在台湾问题上所制造的"归属"问题。王世杰在讲话中称：中国台湾乃"收复失地"，不是"军事占领区"，他特别提醒人们警惕"帝国主义"以"直接或间接的方式控制台湾的企图"。另一方面，蒋介石在溪口安排会见了孙立人，请孙回台湾好好训练部队，使孙立人感到蒋介石的态度"特别亲切"，对孙进行了笼络。(《美国对外关系文件》(FRUS)，1949年，第304 – 305页，第312页。)

为了拉住美国的大局利益，不久，蒋介石仍然起用了孙立人。1949年7月，孙立人被任命为东南军政长官公署副长官兼台湾防卫司令。蒋介石在台湾"复职"后，立即升任孙立人为陆军总司令兼保安司令。1951年，孙立人晋升为陆军二级上将。孙在仕途上如此飙升，与蒋介石有求于美国的心态紧密相关。

孙立人在台湾军界的地位确立以后，美国人曾多次与他商讨"倒蒋"计划。

1949年夏天，美国情报机关曾研议了一项刺杀亚洲领袖的秘密计划。当时在美国中情局政策协调组任职的陆军上校派希尔表示，他们曾经"认真考虑过"刺杀两名亚洲领袖，一位是周恩来，另一位是蒋介石。

1949年秋天，美国助理国务卿腊斯克与他在服役时期的老长官莫里尔准将密商，请莫里尔去一趟台湾直接找孙立人谈话，探询孙立人"有无救台湾的计划"，其言外之意也是要伺机给孙出些主意。莫里尔在"二战"时期曾经在中缅战区服役，与孙立人关系很熟。事实上，这是美国政府安排的一次试探孙立人的活动。结果，当莫里尔试探孙立人是否有反蒋的可能性时，孙立人除了发发牢骚以外，并未对莫里尔的暗示作出正面回应。

1949 年 12 月，美国驻台湾的"大使馆代办"斯特朗和前美国驻台北"总领事"克伦茨抵达台北。克伦茨对斯特朗说，他将与孙立人直接接触，当面告诉孙立人，"如果他同意控制"台湾的国民党政府，美国"将会彻底支持他"。结果，孙立人明确拒绝了克伦茨的游说。这是美国政府第二次促请孙立人"倒蒋"。

1950 年 1 月 3 日，美国密歇根州共和党参议员佛格森打电话问顾维钧，他想知道孙立人是否已和麦克阿瑟将军见了面，因为孙立人曾经请求他安排与麦克阿瑟的会晤。2 月 11 日，麦克阿瑟派了一架专机到台湾，将孙立人接到日本，两人在东京进行了长时间交谈。麦克阿瑟勉励孙立人负起保卫台湾的责任，告诉孙美国会尽量向他提供军援与经费。孙立人返回台湾以后，把会谈情形向陈诚作了汇报，并请陈诚呈报蒋介石。但孙立人的日本之行，总是给蒋介石留下了很多疑点，他对孙更加不放心了。

1950 年 2 月 20 日，美国国务院中国科拟定了一个"台湾政变草案"，建议以孙立人为政变指挥官，推倒蒋介石政权，以"反共、保台、联美"为政变宗旨，对蒋介石的处置方式是软禁或放逐。

然而，这个政变草案拟订后的一个月，就出现了实施方面的困难。美国中央情报局在 1950 年 3 月 20 日呈报的"台湾可能的发展"的机密报告中指出："最近几个月各种报道均暗示，受过美国教育、现负责台湾防务的孙立人，正计划发动政变，俾使蒋介石成为有名无实的领袖，同时铲除其亲信。目前有几项因素不利于在此时发动政变，有关政变的谣言已实为传闻，蒋周围的人亦已知悉。此外，孙立人的缺乏政治经验，以及对军政领导人的欠缺影响力，显示他也许没有力量从事造反。如果未获美国实质上的支持，将不可能发动政变。"

美国对华政策《白皮书》的撰写人之一，巡回大使杰塞普于 1950 年 3 月访问了包括台湾在内的亚洲地区。他在给艾奇逊的报告中说："蒋介石的部属仍在内斗，相互猜忌，孙立人将军陷于困境，他向我抱怨无权指挥海空军，亦无人在'宫中'帮他说话。"（1950 年美国外交关系文书。）后来，曾经策动孙立人"倒蒋"的美国官员斯特朗也表示，孙立人"倒蒋"十分困难，他至少需除掉一百名文武高级官员，始能控制国民党各级权力机关。

朝鲜战争爆发前夕，1950 年 6 月 19 日，美国国务院召开台湾政策会议，对台湾问题的评估重点为：1. 如果美国要防卫台湾，则蒋介石及其党羽必须离开台湾，将民事与军事交由美国所指定的中国人（即大陆人）和台湾人领导；2. 上述步骤完成后，美国海军将驻防台湾水域以避免中共攻台或台湾"反攻大陆"；3. 如蒋介石抵制上述计划，美国应派出密使以最严密的方式通知孙立人，如果他愿意发动政变以军事控制全岛，则美国政府将提供必要的军事援助和建议。

美国政府派出联络孙立人发动政变的密使是前第七舰队司令柯克海军上将。这个人曾在杜鲁门政府断绝对国民党的美援以后，协助蒋介石的国民党政府利用各种渠道获得军火，因而成为蒋介石笔下的"中国最良之友人"。派柯克与孙立人联络易于避开蒋介石的耳目。

据美国助理国务卿腊斯克后来向为他作传的美国乔治亚大学比较法学教授熊安邦透露，1950 年 6 月下旬，他曾收到由柯克传递来的一封孙立人将军的密笺，其中提出了一项"惊人的建议"，即孙立人愿意领导台湾兵变以除掉蒋介石，孙要求美国给予支持，至少给予默许。孙表示如果他掌权，将制止国民党当局的贪腐，并在对付共产党方面，较蒋更具弹性。腊斯克说，此事需要总统决定，为了防止机密外泄，造成孙立人的生命危险，他把孙立人的密笺毁掉了，但将孙立人的建议告诉了艾奇逊，艾答应向杜鲁门汇报。还未等到杜鲁门决定此事，朝鲜战争便爆发了。孙立人的"兵变"计划暂时搁浅。

而在 6 月 29 日美国国家安全委员会的秘密会议上凯南表示，蒋介石政权"随时"将会被"推翻"。说明美国仍未放弃其"倒蒋"计划。

其实，当时孙立人与美国方面的频繁交往早为蒋介石在台湾的特务机构所掌握，孙立人的行踪也被特务监控。朝鲜战争爆发以后，孙立人周围的人逐渐被蒋介石翦除，先是陆军总部的军法处处长周芝雨被捕，以"通共"罪名被秘密处决；接着是前新七军军长李鸿从大陆获释来台后投奔孙立人，不久也被捕，关了二十五年；再接着是孙立人的英文秘书黄正与她的姐姐一同被捕，以"共谍"罪判了十年徒刑。孙立人已是四面楚歌，朝不保夕。

1954年6月，蒋介石下令免去孙立人陆军总司令一职，调任"总统府参军长"。这是一个有职无权的位置。孙立人感到大权旁落，蒋介石已对自己下手。孙的部下，当时任陆军学校少校教官的郭廷亮，开始进行联络活动，准备趁1955年6月初蒋介石到台南检阅军队之机，将蒋介石扣押起来。结果事情败露，1955年5月郭廷亮被捕。6月中旬孙立人的住宅受到特务监视，人遭软禁。

6月下旬，蒋介石仍携孙立人一道前往台湾屏东机场检阅陆海空三军。有细心的记者发现，检阅部队时，蒋介石与孙立人均神情紧张。此后，孙立人便从台湾政坛上消失了。蒋介石下令严查与该事件有关的军事官员，先后逮捕了三百余名军官，查出103人与政变事件有关。

对于孙立人的忽然消失，美国方面反应强烈。有美国舆论认为，孙立人之消失是因为孙立人与蒋经国有矛盾，是蒋介石利用军中一些有反美情绪的人与孙立人的矛盾而制造的事件，等等。原本蒋介石想低调处理的事件，又不得不拿到"桌面"上来善后。

1955年8月3日，台湾报刊首先登出了孙立人的《辞职书》。孙立人在《辞职书》中概述了郭廷亮的所谓"通共"罪行，又叙述了郭在其军队中进行组织串联的事实，最后写道："上述二事，均应接受总裁的严厉制裁。伏念弱冠之年，即追随总裁，今已两鬓俱斑，无日不在培植之中。感激知遇，应有以上报，而今竟发生此种不肖事件，抚衷自省，实感咎愧！拟请总裁予以免职，听候查处。如蒙总裁高厚，始终保全，俾闭门思过，痛悔自新，则不胜感激待命之至。谨呈'总统'。"

8月20日，蒋介石发布命令，宣布免去孙立人"总统府参军长"职务，并组织委员会调查孙立人与"匪谍"事件的关系等项。命令说：

"'总统府'参军长陆军二级上将孙立人，因匪谍郭廷亮案引咎辞职，并请查处，应予照准，着即免职。关于本案详情，另组调查委员会秉公彻查，报候核查。此令。

"派陈诚、王宠惠、许世英、张群、何应钦、吴忠信、王云五、黄少谷、俞大维组织调查委员会，以陈诚为主任委员，就匪谍郭廷亮案有关详情，彻查具报。此令。

"'国防部'副部长陆军二级上将黄镇球另有所用，应予免职，此令。

"特任陆军二级上将黄镇球为'总统府'参军长。此令。"

同一天，台湾当局的"总统府新闻局局长"吴南如向新闻界发表谈话称：1.郭廷亮是孙立人多年的部下。据情治单位侦查，郭廷亮在东北新一军时，即与中共方面的联络人员发生联系。郭廷亮来台后，又接受中共方面的秘密指令，在台湾长期潜伏。1954年开始活动，发展组织，准备发动兵变。经发觉后，逮捕了郭廷亮，郭廷亮已经承认是中共的间谍。2.作为郭廷亮多年的上级，孙立人将军有失查的责任，孙立人已经请求辞职，等等。

随后的调查，其基调都与新闻发言人的说法差不多，盖谓郭廷亮是"中共间谍"，现已供认不讳。而孙立人对于郭廷亮在军中的种种活动未能及时察觉，故有连带责任，等等。

调查结果给不知情的群众造成了极大疑惑，以郭廷亮的身份而要在台湾制造"兵变"几乎是令人难以置信的事，其他如郭廷亮与中共"匪谍"的联络等等事件也多有牵强附会，令人不能释疑。故而，孙立人事件在台湾人的心中一直是一个谜团。直至20世纪90年代美国中情局和国务院机密档案逐渐解密以后，孙立人"兵变"事件才有了与蒋介石的官方结论不同的新说法。

1994年2月9日，台湾《新新闻》周刊登出了署名屈山河的文章《美国一度想在台湾搞政变》。这篇文章的编者按说："从美国中情局与国务院，近来陆续解密的档案中发现，40年代末期，美国杜鲁门政府即已拟订'弃蒋保台'策略，'孙立人事件'于焉上演，留美的孙立人被华府评估为最适合倒蒋者，于是在美国特务、大使、重要官员接触下，孙终于动心了。蒋介石对这一切过程了若指掌，但碍于依赖美援的压力下，只好万般忍让，但韩战爆发，使台湾不致落入中共之手，蒋放手一搏，孙立人被幽禁三十余年。"

这篇文章指出：从美国中情局、国务院新近解密的各种机密档案中发现，美国不仅和孙立人事件有密不可分的关系，而且一度秘密在台湾推动了一场可能影响深远的政变，试图以孙立人取代蒋介石。从这些机密文件发现，美国国务院郑重其事地拟订"台湾政变"草案，而且其后于秘密会议中，国务院官员也提出由孙立人发动兵变以除蒋的"假设性"方案。不久后，美国国务院拟订一项机密计划，其中最关键的是，美国应派出密使以最严密的方式通知孙立人，如果他愿意发动政变以军事控制全岛，则美国将提供必要的军事援助。最后，美国付诸实施，派出密使与孙立人接触，如果这一场酝酿中"扶孙倒蒋"的政变计划成功实现，则台湾四十年来的发展将完全改观。

这篇文章的作者称，虽然被幽禁了三十余年的孙立人将军，1990年临终前仍坚持自己是"清白"的，但经本刊抽丝剥茧，爬梳核实，终发掘到历史真相，拨开了长达四十年的政治迷雾。

孙立人最终成了蒋介石与美国人斗争的牺牲品。在这场历时很长时间的秘密斗争中，蒋介石表现出了老谋深算、韬光养晦的"政治功力"。他将孙立人的案件用一场"匪谍"案了结，既消灭了孙立人，又不影响美国人对台湾的支援，暗中也教训了美国的"阴谋活动"。在这一轮的较量中，蒋介石明显胜出一筹。这一点甚至连在台湾参与过监视孙立人的特务分子也评论说："从抗战时期，孙立人与美国'战略情报局'接触开始，他的美国背景使蒋介石由依赖而信任然后逐渐转变成猜忌、不安的过程中，孙立人一再把中国官场当成美国文化看待，是最大的败笔，而一直支持孙立人的美国势力，对中国的了解也不彻底。"（谷正文《白色恐怖秘密档案》，第180页，台湾独家出版社1995年版。）这可能正是导致美国人和孙立人对付蒋介石失败的一个原因。

"五二四"反美风暴

美国政府虽然总想办法对付蒋介石，但蒋介石很能与美周旋，让美国人觉得既恨又无奈。同样，蒋介石对于在台湾问题上越来越跋扈的美国人也是既恨又无奈。原因是他们之间有着共同的需要，谁也离不开谁。然而，一有机会，蒋介石和美国的矛盾仍然会从一些事件上爆发出来。

1957年3月20日，驻在台湾阳明山美军基地的一名美军上士雷诺，在他的家门口连发两枪，杀害了台湾实践研究院的中国人刘自然。由此事件引发了台湾历史上首次反美浪潮。

警察询问雷诺开枪的理由时，雷诺答是因为发现有人偷看他的太太洗澡，他才拿枪出来，向那个"陌生的"中国人开了枪。

警察问：即使是死者窥浴，并不足以构成对你和你太太的生命威胁，你如采取正当的方法，应是把他捆送警察机关究办，何至要开枪杀他？

雷诺答道：当时我的太太像一只受惊的小鸟，颤抖着跑到我的身边，告诉了我这一切，显然她受了极大的惊吓！因为我们结婚时，我曾在神的面前宣誓：我将如爱美国一样爱她，誓以我的生命来保护我的妻子的安全和名誉。所以，我是义无反顾必须惩处冒犯我太太的人。

警察说：保护太太的名誉和安全，不见得非要把手无寸铁的人用枪打死啊。

雷诺说：他不是手无寸铁。我走出家门巡视时，在灯光下看到他手中拿着一件像烤肉店所使用的铁叉一类的凶器向我走来。我为了自卫，才不得不开枪。

结果，警察在案发地点五百米以内作了地毯式搜索，并没有找到任何一件类似于雷诺所说的铁叉一样的东西。而案发地区受到警察的严密警戒，根本不存在被行人拿走凶器的可能性。警察还发现，雷诺家的浴室当晚并没有用过的痕迹。可见雷诺的供词漏洞百出。

事实上，雷诺杀害刘自然根本就不是所谓"自卫"行为，而是一起黑吃黑的凶杀案。香港报纸报道说，雷诺和刘自然原是朋友，两人合伙做投机生意。雷诺从美国军用物资中偷出市面上的紧俏货，交由刘自然到市场上转卖。由于分赃不均，遂反目成仇。雷诺一气之下杀了刘自然。台湾警方甚至还查出，案发前五天内，雷诺多次给刘自然打过电话，有刘自然单位电话总机的记录在案，雷诺所说的"陌生人"完全是一派胡言。并且还有吸食毒品者供认，从刘自然手中买过毒品，而其货源来自雷诺。

但是，雷诺是美国士兵，在台湾享有"治外法权"，台湾警方对此案不能审理，地方法院也无可奈何，必须交由美国驻台湾的军事法庭审判。

台湾当局对这起命案表示了十分关注的态度。叶公超令台湾的"外交部"向美国驻台湾"大使馆"发出照会，提出：1. 该案未解决前，雷诺不得离境；2. 美国军事法庭须在台湾公开审判雷诺一案；3. 审判应求公平，并迅速宣判。美国驻台"大使"兰金当时表示"一切照办"。美国驻台湾军事顾问团团长鲍文将军也在致刘自然的妻子奥特华的信中宣称："绝对会有一个公平的审判。"

5月17日，美方通知台湾方面，将在台湾组成军事法庭审判雷诺，台湾方面可以派出三名记者旁听。与此同时，外国驻台湾的记者却人人得到了旁听邀请。台湾新闻界纷纷抗议，国民党的"新闻局"也出面力争，最后终于迫使美方让步，允许台湾记者自由旁听。

5月20日，美军军事法庭开庭。雷诺在庭上供称：他夫人在洗澡时，刘自然偷看，他发现后，刘自然首先向他攻击，他为了自卫将刘射杀。这时，雷诺已将刘自然手中的铁叉换成了在案发地点能够找得到的木棍。然而，即使这样，雷诺的供词仍然矛盾百出，与现场勘察报告、验尸报告和证人证词都不相符。雷诺本人也在法庭上多次被审判官问得张口结舌，语无伦次。

尽管如此，5月23日，美军军事法庭的宣判词仍然是："基于正义的立场，和维护一个英勇美国军人的荣誉，我们宣判雷诺上士无罪，即日遣送回美国。"这就是一个美国式的"公正的审判"。

据说，当时美国驻台"大使"兰金和驻台美军司令英格索尔将军都坚决反对从重从实处理雷诺，也警告台湾官方，不让公布有关雷诺贩毒与违法的材料，认为那样会导致对驻台美军形象的破坏。

这样一个无理的"判决"，就连一向媚美的台湾当局也感到下不了台。台北地方法院作出结论说：雷诺的杀人不具备"正当防卫"的条件。台湾的民众更是万分愤慨，纷纷写信给报纸杂志表示抗议。台湾舆论界也加入抗议行列。台湾《联合报》在雷诺案审判当天发表了《沉默的关注》一文，呼吁"每一个中国人"对此案都"加以沉默的关注，大家在等待一个考验"。当雷诺被判"无罪"以后，《联合报》在5月24日头版头条显著位置，发表了《抗议美军蔑视人权》的社论，同时刊登了刘自然的妻子奥特华的文章《我向社会哭诉》。

在社会舆论的巨大压力下，5月24日上午9时30分，台湾当局"外交部长"叶公超约见美国驻台"大使馆"临时代办皮尔契，要求重新审理此案。

10时15分，身穿一袭黑衣的刘自然遗孀奥特华来到台北市郑州路的美国"大使馆"门前。她手中举着抗议的牌子，一面用中文写着："杀人者无罪？我控诉！我抗议！"另一面用英文写着："杀人犯雷诺无罪吗？抗议美国军事法庭不正当、不公正的判决！"

美国"大使馆"派出人来，对奥特华进行劝诱与威吓，希望她能进到"大使馆"里面去谈，奥特华坚决拒绝了他们。10时45分，在美方的要求下，台北市警察局长、督察长以及台湾省警务处外事科长等人，带着大批警察赶到现场。这时已有不少围观的群众。警察与奥特华进行了如下对话：

警察：希望你到使馆里面同他们当面谈谈！

奥特华：我不进去，门外是中国的领土，我有权站在这里，我不踏入他们的范围！

警察：你可以把你的抗议向我们"外交部"报告，"外交部"会替你处理。

奥特华："外交部"代表"国家"，应该有所表示，这只是我个人的抗议，不必通过"外交部"。

警察：刘太太的悲哀，我们都很了解和同情。

奥特华：不仅是我个人的悲哀，而是全中国人的悲哀。

警察局长：你是不是想制造事件？

奥特华：我丈夫被人白白打死，难道连在自己领土上作一个无言的抗议都不行吗？

警察局长无言以对，无法劝走奥特华。

中午时分，围观群众越来越多。美国"大使馆"前聚集了近百人，群众大多采取无声抗议的支援行动。12 时左右，台湾"中国广播公司"记者王大空等人来到现场，要求奥特华向台湾同胞讲讲她心里的话。奥特华对着麦克风先是放声大哭，接着一字一泪地控诉说："难道一个美国军士便可以肆意杀人，而一个中国公民的生命却不值一顾？……谁无父母？谁无丈夫？谁无子女？美军当局如此不讲理法，草菅人命，在台湾的美军何止数千？如果打死一个刘自然可以宣告无罪，则今后势必将有第二、第三个以至无数的刘自然事件出现，我国人的生命和人权可说毫无保障。""我今天在这儿，不光是为我无辜的丈夫作无言的抗议，我也是为中国人抗议。除非，美国人给我们中国人一个满意的答复，我是不会离开这儿的。"

直到 13 时左右，奥特华的哭诉仍然在继续，一些围观群众唏嘘不已，个别妇女也跟着哭泣，现场气氛越来越悲伤凝重。这时，人群中忽然有人喊道："雷诺已经坐飞机走了。"这句话犹如在布满汽油的地面上点着了火星儿，顿时引起了冲天烈火。围观群众一直压抑着的愤怒情绪立即爆发了。只听得一声"打！"上千名群众开始向美国"大使馆"投掷石块，不一会儿，有数百名群众冲破警察的阻挠进入"大使馆"内。他们在"大使馆"内翻箱倒柜，捣毁汽车，砸烂门窗，撕下美国国旗，换上了"青天白日"旗。还有群众在"大使馆"的墙壁上写上了"美国佬滚出去！""抗议不公正审判"等标语。

下午 3 时左右，成功中学的五十余名学生在军训教官的带领下前来助威。下午 4 时左右，群众发现了藏在"大使馆"地下室里的美国"大使馆"人员，遂抓住他们痛打，打伤美国"大使馆"人员八名。现场台北警察上前保护，美国人员才得以逃脱。此时，冲进"大使馆"的一些人砸开了保险柜，取走了美国"大使馆"内的大批秘密档案文件。

与此同时，驻台美国新闻处和美军协防司令部也遭到数千名群众的袭击。美国新闻处的图书馆被学生捣毁，不少图书被焚毁。

晚上 7 时，台湾卫戍司令部正式宣布戒严，大批军警开到美国"大使馆"、美军司令部和美国新闻处前面设置警戒线。但此时群众的情绪已无法控制，他们听说有群众被抓，遂与警察发生冲突，有人围住台北警察局大砸大摔，警察局的车库也被点着了火。于是，警察开枪镇压，群众有一人死亡，数十人受伤，警察也有五六人受伤。

事件还有蔓延之趋势。当时，蒋介石和台湾当局"国防部长"俞大维都不在台北。接到事件无法控制的报告后，蒋介石从休假地日月潭打电话给"参谋总长"王叔铭，让他代行"国防部长"之职，立即调动台北附近的军队开进台北协助警察和宪兵控制局面。晚上 9 时，约三个师的军队开进台北，大肆搜捕"闹事"群众，至午夜时分，局面始得控制，一场大规模的反美风潮被武装镇压下去。

一向在台湾以"恩主"自居、专横跋扈的美国人，在这次事件中充分感受到台湾的中国人对他们的反感与抗议。当时的驻台美军享有在别的国家少有的优越权利。1951 年，美军顾问团成立时，美国便与蒋介石签订协议，给所有驻台湾的美军及其家属以"外交豁免权"。对雷诺案的审理方式便是依照这个协议执行的。在生活方面，美国人在台湾受到的照顾更是无微不至。台北市郊的天母、阳明山等著名风景区被划为美军专区，在那里修建了许多高级住宅，一个驻台美军的普通上士，比蒋军的一个上校待遇要高得多。这种特殊待遇和台湾官方对美国方面的恭顺态度，使得驻台美军越来越横行霸道，作威作福。他们制造的欺凌台湾妇女、酗酒闹事、飞车伤人的事件时有发生，美军中利用特权赚取黑钱的事更是十分普遍。这些人在台湾民众的眼中是十分可恶的。

台湾民众的反美风潮极大地震动了美国。美国人感到自己的"优越地位"受到了"侵犯"，发出了一片不满喧嚣。美国驻台"大使"兰金立即向叶公超提出严重抗议，要求调查幕后主使人，严惩肇事者，赔偿一切损失。随后，兰金在接受记者采访时，进一步指责台湾当局在事件过程中采取了消极应付的做法，并表示强烈不满。

美国国防部于24日当天宣布："绝不重新审理雷诺事件！"从5月25日开始，美国各大报纸连续数天在显要位置报道台湾"暴动"的消息，同声指责台湾当局"忘恩负义""以怨报德"，要求美国政府重新考虑对台关系。美国国会的许多议员也威胁要减少美国驻台顾问和军事人员，并叫嚣应该研究美国对台湾的大规模军事援助"是否明智"等等。

在美国政府和舆论界的强大压力下，蒋介石没有其他出路，只有选择让步。5月25日，台湾当局"行政院长"俞鸿钧发表声明，对事变"深感遗憾"，同时向美方保证一定会"惩办不法分子"。台湾驻美"大使"董显光也奉"外交部长"叶公超之命，向美国国务院递交了正式道歉照会。5月26日，蒋介石会见兰金，亲自向美方赔礼道歉，并解释这次事件的起因，主要是"国人不了解美国的司法制度"，并表示愿意赔偿美方的一切损失。

随后，蒋介石为了表示其道歉的"诚意"，还拿出实际行动来取悦美方。他下令撤销台北卫戍司令黄珍吾、宪兵司令刘炜和台湾警务处长乐干的职务，任命黄杰为台北卫戍司令，并责令其继续拘捕"暴乱分子"。

当然，美国人也不愿为了此事而"放弃"台湾。在蒋介石给足了面子以后，美国也宣告结束此次争端。5月29日，美国国务卿杜勒斯宣布，台北事件不会使美国改变对台政策。兰金也随后表示："我们的关系将一如过去的好。"

6月下旬，台湾当局对先后遭到逮捕的事件嫌疑人员进行了审理，对三十余名"肇事者"分别处以罚款、缓刑和有期徒刑等，再次以此对美"示好"。

然而在背地里，美国官方并未就此善罢甘休。他们对事件进行细密分析后认为，这是一起有预谋、有组织、有官方背景的事件，并且将幕后主使人直指蒋经国。美国人抛出的理由是：

1. 在事件之前，已有一些住台北的美国人从中国朋友那儿得到了"待在家里"的警告，说明事件是有预谋的。

2. 领头闹事的都是英文相当好的知识分子。很多人佩戴着蒋经国领导的"青年救国团"的团徽。特别值得注意的是，成功中学的学生是由军训教官带队前来的。这所学校的学生多数为国民党贵胄子弟，蒋经国的儿子蒋孝文、蒋孝武就是这个学校的学生。该校校长也是蒋经国的心腹，若无人在后面撑腰，他绝不敢让学生去砸美国"大使馆"。

3. 对美国"大使馆"的攻击明显地分为几批和几个地区次第展开。闹事者还带着"中华民国国旗"和各种标语，显然事先有所准备。

4. 台湾警察明显地持"放任"态度，竟然"和平"地观望骚乱达四五个小时。这对不吝使用武力的台湾军警来说，是不可思议的。

5. "中国广播公司"前往采访奥特华女士，并将她的声音传播到台湾的每一个角落，《联合报》的反应也很强烈。这两家都是台湾的官办单位，而且"中国广播公司"的总经理和《联合报》的主编都是蒋经国的密友。

6. 美国"大使馆"内的保险柜被砸开，大量机密文件被盗。这不像是普通闹事者所为，而是负有"特殊使命"的人趁乱下手。

7. 雷诺在审判后坐飞机离开台湾，是在美军军用机场以极秘密的方式进行的。然而竟有人在事变现场大声揭露此事，显然这位"点火者"有着特殊身份。

当然，美国人的分析也不是没有一点道理的。而蒋经国在受到美方的指责后，无奈地申辩道："我认为，只有和美国人合作，我们才能指望完成消灭共产党人的大业，因此，只有两种理由我会是反美的——我疯了，或我是个叛徒。"蒋经国的表白显然也是真诚的。

然而，我们姑且不论这次事件是否为蒋经国直接策划与指挥的，但熟知美国人一系列反蒋阴谋的蒋经国对美国具有很大的反感情绪却是真实的。"五二四"事件发生后的第二天，蒋介石召集台湾权力核心人物开会讨论应付美方的措施时，蒋经国便在会上提出台北市民的抗议是正义的，不应追究，为了国民党"政府"的威信，不能对美国作出太大让步。他还提出取消驻台美军的"治外法权"和重新审理雷诺案等建议。但是与会多数人不同意对美采取强硬态度，包括蒋介石也觉得应该忍气吞声，故而决定就此事向美方作出重大让步。蒋经国在无可奈何中，给被撤职的台北卫戍司令黄珍吾打了电话，表示慰问，同时也表明了他对事件的态度。

1957年6月1日，蒋介石专门就"五二四"事件发表文告，他说："自上月二十四日台北市发生损毁美国'大使馆'的不幸事件以来，我感觉到这是我参加国民革命五十年中一次很大的刺激，也是我平生一件莫大的遗憾。现在姑且不论此一事件使我们当前反共抗俄的大业受到如何的损害，对于中美两国百年来传统的友谊招致了如何重大的创伤，我最痛心的是使我们整个国家的信誉和民族的尊严，蒙受了不易洗清的污点。"

蒋介石在责骂自己"德薄能鲜，领导无方"之后，进一步强调了与美国合作的重要性。他说："今日和我们站在一起的美国，不仅是一个此时患难与共的盟邦，而且是和我们有深厚传统友谊的朋友。唯有这个朋友，在列强中从来没有侵略过我中国的寸土尺地。他更在辛丑前后，防止了列强瓜分中国的企图，这是大家所应该切记不忘的。不过朋友之间相处，自然也有不愉快的事，但是应当各取互相谅解的态度。我们固然希望朋友能谅解我们，同时我们更当先反求诸己，由我们先谅解朋友，才是我们中国人做人'尽其在我'和'推己及人'的忠恕之道。如果听任感情横决，不自我约束，无论是出于爱国的动机，或是任何的理由，其演变所及，反而会危害国家，贻祸民族，把无数同胞的生命和幸福，于有意或无意中陷于万劫不复的境地！"（《"总统"蒋公思想言论总集》第三十三卷，第179、182－183页，台湾中国国民党中央委员会党史委员会印。）

蒋介石不仅把他与美国的合作关系上升到是否"危害国家，贻祸民族"的高度，而且进一步强调与美国站在同一阵线是一条"国策"，"在我们的阵营里，决不容许任何人反对这个国策"。这些话，自然是美国人爱听和放心的话了。

台湾"五二四"反美风暴，一方面固然表达了台湾人民对美国"太上皇"欺压中国民众、在中国领土上为非作歹的强烈不满，另一方面也有着复杂的政治背景，它也是美蒋矛盾的一个缩影。台湾的蒋介石政权既想给点"颜色"让美国人看看，又不敢太得罪美国人，所以，最后只能忍辱含羞，自取其辱，以向美国频频道歉、表忠心来收场。

八、倚美保台　进退维谷

朝鲜战争爆发后，美国的第七舰队开进台湾海峡，为蒋介石政权的苟延残喘提供了一个保护伞。但是，美国人也对蒋介石的行动作了严格规定：不许他进攻大陆，不许他派兵参加南朝鲜的作战，等等，总之，事事要听美国人的吩咐。1952 年美国新总统艾森豪威尔上任以后，为推动朝鲜的和平谈判，实行"放蒋出笼"的政策，放手让蒋骚扰中国大陆。蒋介石也为了拉住美国，向美要求签订"共同防御"条约。美蒋双方在互相利用的基础上，进行了一系列的讨价还价。自然，蒋介石向美国人要价的条件不够，在许多问题上不得不听从美国的安排，也必然在许多问题上陷入进退两难的境地。

"笼子"里面的蒋介石

朝鲜战争爆发，美国总统杜鲁门决定把第七舰队开进台湾海峡，从而在蒋介石的孤岛之外建立了一道保护的屏障，但同时，美国也不允许蒋介石对中国大陆发动进攻。尽管蒋介石并不满意美国政府对于"台湾地位未定"和不许他反攻大陆的意向和决定，但他还是不得不将"中国主权"的一部分拱手让给了美国人。因为同意美国的第七舰队共同"保卫台湾"，也就出卖了中国的主权利益。同时，他还必须忍受美国的外交政策对他的约束。

朝鲜战争爆发以后，南朝鲜的李承晚政权曾向蒋介石政权请求支援。1950 年 6 月 28 日，蒋介石也曾指示台湾当局驻南朝鲜"大使"绍毓麟转告李承晚，台湾将"以陆军三个师、运输机二十架援助韩国"的意向。同时，台湾当局也向美国通报了这个意向。蒋介石的主张立即遭到了美国国务卿艾奇逊的强烈反对。艾奇逊认为：1. 台湾出兵会引起"中共"介入的连锁反应；2. 国民党军队在中国大陆战绩并不佳，其战斗力未必对扭转朝鲜战局有举足轻重的作用；3. 此举将给美国与盟国的关系增加困难，因为英国根本不愿意国民党军队加盟"联合国军"。(《美国对外关系文件》(FRUS)，1950 年，第 262 - 263 页，第 276 - 277 页。) 于是，杜鲁门下令美国国务院以婉转的方式回绝了蒋介石的建议。

1950 年 7 月中旬，蒋介石又向美国驻台外交机构提出，由于台湾面临共产党轰炸的危险，美国应该同意台湾实施所谓的"积极防御"措施，即出动空军轰炸大陆的机场和军队集结地，以"防患于未然"。这个行动计划同样遭到了美国政府的断然拒绝。杜鲁门认为蒋介石的行动计划"非常危险"，明令美国国防部，不能允许蒋介石对中国大陆的袭击。(《美国对外关系文件》(FRUS)，1950 年，第 375 页。)

美国政府对于台湾的种种限制，引起了蒋介石的强烈不满。他在一段时间内，对美国的对台政策提出了比较激烈的批评。

蒋介石针对美国发表对华"白皮书"以来的总体外交政策提出了"深刻"批评，指出，美国外交政策在四个方面有严重的错误观念：1. 认为斯大林放弃了世界革命，赤俄必能与资本主义国家和平共存；2. 认为民主各国如不援助赤俄，并使斯大林信任我们必将对德日轴心作战到底，则赤俄将与德日中途谋求妥协；3. 认为德国战败之后，如赤俄参加对日作战，可以节省美国人民的生命，尤其是关东军更被宣传为日本军队的菁华，又有东北资源与工业为其独立作战的基础，如没有赤俄参战，则纵令日本本土投降，关东军仍将继续作战；4. 认为中共不是共产党，乃是土地改革者，中共的发展是由于中国政府不能从事政治与社会的改革，中共部队作战能力，比国军较强，并有抗日的决心。

据此，蒋介石指出："就是从俄帝参加对日作战之时起，直到三十九年（1950 年）韩战爆发，美国对华政策，都是沿袭着前面所举的四个观感，其对中国的危亡，必会导致侵略烽火于太平洋，将使美国本身首当其冲的关系，他们是没有警觉的。而我们对外交的方针，始终一贯，信赖美国，我认为并没有错误。可是信赖友人，而缺乏自力更生的决心，那就是我们铸成今日悲剧的一个大错。所以我以为我们的失败，并不能怨人，亦是这个道理。就是到了我们整个大陆，将要沦陷而尚未沦陷之前，美国政府打破外交惯例发表中美关系白皮书的时候，我们亦只有责己自反，当时我们还有一百多万兵力，在大陆上与奸匪搏斗，每周伤亡在七千人以上，而白皮书却已经把我们当作'尸居余气'看待了。不过美国把中华民国一笔勾销的政策宣布以后，那亦就是俄帝对美国外交的阴谋达到其最高的顶点，而其百年以来，侵华之一贯目的，亦于是完全达成了。"（《"总统"蒋公思想言论总集》第二十五卷，第 121 页，台湾中国国民党中央委员会印。）

在这里，蒋介石比较明确地将国民党政权在中国大陆的失败与美国政府对待共产党政权的"错误观念"，以及由此而产生的对华政策，联系到一起。对杜鲁门发表的对华白皮书进行了间接的"声讨"。

蒋介石还批评了美国政府的先欧后亚的外交政策。他说："现在我们要检讨西方民主国家过去对于亚洲的政策，究竟是成功还是失败呢？我可以简单回答一句，完全失败了！民主国家在欧洲有大西洋公约的订立，有马歇尔计划的实施，对于共产国际势力的膨胀，防范唯恐不严，而在亚洲则坐视亚洲第一大国——中国，遭受苏俄帝国主义的侵略，……无论我们怎样呼吁控诉，而联合国竟假作痴聋，不闻不问。他们这种重欧轻亚的政策，不唯中国人民深受痛苦，早已寒心，而且所有亚洲民族见此情势，亦莫不相顾失色，对联合国不再存有任何希望了。……联合国和主要民主国家的政治家，今后要坚定亚洲人民反共的决心，使不致为苏俄帝国主义者虚伪宣传所欺蒙，被利用为侵略的工具，那他们就应该认定世界和平是不可分割的，而改变其过去只重欧洲忽视亚洲的政策，对于亚洲人民的自由和奴役，要像对欧洲一样的关切，对于亚洲人民的反共的努力，要像对欧洲一样的支持，尤其要认清亚洲民族重视精神生活的特性，要尊重其民族的人格，使之能以平等的地位，与西方民主国家为反侵略反共产而并肩作战，如此，才能收拾亚洲的人心，团结亚洲人民的力量，使之在亚洲反共战争中，达到最终的目的。"(《"总统"蒋公思想言论总集》第二十三卷，第 320－321 页，台湾中国国民党中央委员会印。)

1950 年 9 月间，蒋介石在一篇题为《对当前国际形势应有的认识》的演讲中，批评美国不许他的国民党军参加朝鲜战争的政策，提出种种国民党应当参战的理由。他说："我们当然希望联合国在韩国制裁侵略的军事能够早日获胜，韩共的匪军早日消灭，使韩国能够实现统一；不过我们相信东亚的事情，如果没有东亚人参加，尤其没有中国参加，绝对不会这样简单就可以解决的。尤其是东亚区域作战，若不能运用东亚军队参战，那一定是费力大而收效小，不会有根本解决的道理。"

他还说："自韩国战争发生以来，我就提倡东亚反共同盟军，由中日韩三国共同组织一支联军，在美国统帅指挥下来担任制裁韩共傀儡侵略的任务。我相信这个联军如果组成，必要比现在联合国派往韩国参战的军队强得多，一定可以荡平北韩'共匪'的政权。但是联合国见不及此，对我这个建议，不能采纳，引为遗憾。因为东亚战场无论在地形、人情、风俗、习惯及生活上来说，东亚军队用在东亚战场，比之欧美军队来东亚作战，至少可以以一当二。欧美军队在东亚战场的效用，恐怕只能以二抵一，而且俄国用亚洲共党，作其侵略亚洲的工具，而联合国为什么不能用亚洲国家军队，来抵御俄国在亚洲的侵略，消灭他在亚洲的第五纵队，真是不知道联合国用意何在。"(《"总统"蒋公思想言论总集》第二十三卷，第 392－393 页，台湾中国国民党中央委员会印。)

尽管蒋介石对于美国操纵下的联合国不同意他派出军队参加朝鲜战争恨

声连连，而美国人仍然不理会他的情绪，在朝鲜战场上始终未让蒋介石"出笼"。因此，蒋介石也只能在美国人圈定的"笼子"里面发发牢骚而已。

对于美国政府自朝鲜战争爆发后蓄意制造的一系列有关"台湾地位未定"的理论，蒋介石毫不客气地给以公开的反驳。他说："因为韩国战事发生，美国政府直接间接发表了一些关于台湾的谈话和声明。因此一般人都以美国的态度，来推测台湾自己的地位问题，这就是我在前面所说的一种依赖主义之心理作祟，而没有把问题的根本看清楚，才会发生这种悲观的失败主义的现象。我们无论对于政治问题、军事问题，以及国际问题，一定要从根本上来研究分析，才可以得到解决。大家知道，台湾无论在历史上、民族上、地域上，尤其在法律上，都是中国领土的一部分，现在只待对日和约签订以后，台湾就完成了归还祖国怀抱的手续。其他问题，可以说是不成问题。如果是对台湾地位还有问题的忧虑，那就是杞人忧天，太无常识了。因为台湾是我们抗战胜利后应该从日本手里收回的，是光复故土，而不是占领敌国的占领地可比。尤其是我们政府向日本宣战的时候，曾经发表宣言，声明过去同日本所订的一切条约，自宣战日起一概无效。当然过去割让台湾的《马关条约》，从那时宣战之日起，就已失去效用，台湾就是我们的领土。这是国际间的常例，亦是国际法的通解。后来在开罗会议及波茨坦会议，又先后发表宣言，声明台湾应该归还中国。所以美国杜鲁门总统本年一月五日讲到台湾问题，也说明台湾是我们中国的领土。诸如此类，美国政府及其外交当局的表示不止一次。"

接着，蒋介石又费尽心思地试着解释美国政府为什么忽然又在台湾地位的问题上变了卦。他说："但是最近杜鲁门总统为什么要说台湾的地位留待韩国战事结束后由国际来解决呢？这个原因在什么地方？如果不明了其内容与真相，以及台湾地位在今日国际关系上比过去更加重要的道理，就会发生疑虑，但经常研究国际情势的人就可一望而知，他这次谈话的根本所在，就是恐怕我们政府军队保守不住台湾，但是他美国又不好自己派兵来防御台湾，来干涉中国政治，唯恐台湾一旦被'共匪'占领，不仅他美国一国，连到联合国以及整个国际都要受到极大的影响，尤其是他美国在太平洋防线，亦将要因此而受到危险，所以他不得不说台湾问题要由国际来解决而不是单纯的中国问题。换句话说，意思很简单，就是美国反对'共匪'来占台湾，而只有在日本手里接收过来统治台湾的中国政府保卫台湾，才是合法，才是于他美国和国际局势有利而无害。一般人因为对于问题的根本没有弄清楚，不知道关键的所在，所以才会看得扑朔迷离，大惊小怪，如果对于问题的根本看得彻底，那就任人怎样说，我们精神决不会有所动摇，更不会发生什么疑虑。所以我认为台湾地位，无论国际上如何变化和联合国态度如何，台湾是我们中国的领土，归我们政府所统治，这是绝没问题，绝无变更的可能。当然在联合国大会期间，必有很多意见和各种说法，但这并不会影响根本问题。何况我们政府在台湾有八十万人的陆海空军，这就是一个事实，只要我们能有独立自主的精神，发愤图强的决心，谁敢来觊觎我们的领土？动摇我们的地位？我不相信美国会不清楚这一点。"（《"总统"蒋公思想言论总集》第二十三卷，第394－395页，台湾中国国民党中央委员会印。）

在这篇谈话中，蒋介石借着批评台湾一些人对于台湾地位问题的"忧虑"，重申了台湾地位"在历史上、民族上、地域上，尤其在法律上，都是中国领土的一部分"的充足理由。在这个涉及中国主权领土的问题上，蒋介石的态度是正确的。当然，台湾的地位问题，同时也关系到"国民党政权"的地位问题，是蒋介石政权赖以生存的"根本问题"。对于美国态度的解释，蒋介石的理由就很有些勉强。他说美国政府只想让他的"中国政府保卫台湾，才是合法"，显然歪曲了美国政府的意思，美国政府不仅不想让蒋介石保卫台湾，而且千方百计地要将蒋介石摒除出台湾。美国政府只是出于自己的战略需要来确定台湾的"国际地位"，并随时变更自己对于台湾地位问题的说法。对于这一点，蒋介石不能说，只能放在心中暗自苦恼。但是，蒋介石最后提到了他在台湾的八十万军队，并要美国政府看清楚"这一点"，显然也是警告美国政府应看清他的决心，不要在台湾地位问题上大做文章，为所欲为。

在联合国安理会上的斗争

美国政府派遣第七舰队侵入中国的台湾海峡，引起了新中国政府的强烈抗议。周恩来于 1950 年 6 月 27 日发表了谴责美国侵犯中国领土的声明以后，又于 7 月 6 日致电联合国秘书长赖伊，代表中国政府向联合国安理会发表重要声明：安理会在没有中华人民共和国和苏联两个常任理事国参加的情况下，"所通过的关于要求联合国会员国协助南朝鲜当局的决议，是支持美国武装侵略、干涉朝鲜内政和破坏世界和平的"，显然是非法的。台湾是中国不可分割的一部分，"不管美国政府采取任何军事阻挠，中国人民抱定决心，必将要解放台湾"。(《周恩来年谱》(1949 – 1976) 上卷，第 52 页，中央文献出版社 1997 年版。)

其时，苏联因抗议美国操纵联合国阻挠中华人民共和国加入联合国，而宣布暂时退出安理会。结果，在没有苏联反对的情况下，联合国安理会通过了关于中国和朝鲜问题的若干有利于美国的决议。

7 月 7 日，联合国安理会通过组织侵朝盟军司令部的决议，由美国远东军司令麦克阿瑟担任"联合国军"总司令。此后，美国陆续纠集了英国、法国、土耳其、加拿大、澳大利亚、希腊、菲律宾、泰国、荷兰、新西兰、南非联邦、比利时、哥伦比亚、卢森堡、埃塞俄比亚等十五个国家参加朝鲜战争。

7 月 31 日，麦克阿瑟率领了一个五十余人组成的军事代表团访问台湾。在台湾期间，麦克阿瑟分别同蒋介石、陈诚、周至柔、桂永清、孙立人等国民党高级军政官员会谈，最后与蒋介石达成两项协议：1. 双方陆海空军归麦克阿瑟指挥，共同防守台湾；2. 增派美国空军第十三航空队常驻台湾，在台湾设立军事联络办事处。

8 月 1 日，麦克阿瑟与蒋介石分别发表声明。麦克阿瑟宣称：台湾本岛包括澎湖在内，在目前情况下不得遭受军事进攻的政策业经宣布，此项政策的执行是他的使命。他在台湾与国民党各级人员所举行的会议极为恳切而和谐。他统率下的美军与"中国政府"军队之间的联系，业已完成。他还宣称，中共若发动对台湾的进攻,"则美国当更能有效地应付"。同时,他还表示,蒋介石的决心与美国的利益是完全一致的。

蒋介石也在声明中说:"吾人与麦帅举行之历次会议中,对于有关各项问题,已获得一致之意见,其间关于共同保卫台湾,与中美军事合作之基础,已告奠定。"

8月4日,美国空军第十三航空队开始进驻台湾。

8月24日,周恩来再次致电联合国秘书长,要求联合国敦促美国从台湾撤军。

联合国秘书长赖伊将周恩来的电报在联合国会员国之间传阅以后,美国驻联合国代表沃伦·奥斯汀于8月25日向联合国秘书长递交了一封辩解信。他在信中为美国侵犯台湾编造了七点理由:1.美国没有侵占中国的领土;2.美国行动的宗旨是防止台湾海峡的冲突扩大;3.美国行动是针对台湾部队及大陆部队而采取的无偏袒的中立化行为;4.台湾的法律地位在国际上采取行动决定它的前途之前是不能确定的;5.美国在历史上有一个与中国人民友好的记录,美国还在联合国大会上促进"关于中国完整的决议"的通过,而正是苏联及其"卫星国"没有赞成决议;6.美国将欢迎联合国考虑台湾问题;7.联合国应集中力量研究更为迫切的问题是朝鲜战争问题。(美国《国务院公报》,1950年9月11日。)

就在同一天,麦克阿瑟却在对美国海外作战军人协会的演讲中,直述了美国侵占台湾的真正目的。他说:第二次世界大战后,美国的"战略边界转移而包括了整个的太平洋,……太平洋已经成为我们的巨大护城河……我们用我们和我们的盟友所占有的从阿留申群岛到马利亚纳群岛形成的一个弧形的岛屿的锁链,把太平洋直到亚洲海岸加以控制",而台湾如果落入对美不友好的国家之手,"就成了插入在这防御圈正中央的一个敌性的凸角",台湾"可以比作一艘不沉的航空母舰和潜水艇供应舰"。(《中美关系二百年》,第170页,新华出版社1984年版。)

对于麦克阿瑟的"直言不讳",杜鲁门十分恼火。他下令麦克阿瑟收回上述有关台湾问题的演讲。

9月24日，联合国安理会审议了苏联代表提交的关于邀请中华人民共和国代表参加联大的议案。29日，安理会决议邀请中华人民共和国代表出席联合国会议参加对台湾问题的讨论。当时，台湾当局驻联合国"代表"蒋廷黻提出使用否决权拒绝中华人民共和国代表出席联大会议的动议时，美国代表出人意料地投了台湾的反对票，结果以九比一否决了蒋廷黻的建议。美国的这一举动在蒋介石的内心投下了浓重的阴影。新中国代表被邀请至联合国参加大会，被台湾当局看作是联合国接纳新中国政权的先声。

9月30日，周恩来发表讲话，指出美国是中国"最危险的敌人"，并表示对美国侵犯朝鲜不能"置之不理"。他说："美国为着进一步扩大在东方的侵略，故意制造了李承晚傀儡集团对朝鲜民主主义人民共和国的进攻，随即借口朝鲜的形势派遣海军空军侵略我国的台湾省，宣布所谓台湾地位问题应由美国所操纵的联合国解决，同时多次派遣侵略朝鲜的空军侵入中国辽东省上空，实行扫射轰炸，并派遣侵略朝鲜的海军炮击中国的航海商船。美国政府由于这些疯狂横暴的帝国主义侵略行为，已经证明了它是中华人民共和国最危险的敌人。美国的侵略武力已经侵入中华人民共和国的版图，并且随时有扩大这种侵略的可能。美国侵略台湾和朝鲜的总司令麦克阿瑟早已透露了美国政府的侵略计划，并且正在继续制造扩大侵略的新借口。中国人民坚决反对美国的侵略暴行，并决心从美国侵略者手中解放台湾及其他领土。"

周恩来还明确指出："中国人民热爱和平，但是为了保卫和平，从不也永不害怕反抗侵略战争。中国人民决不能容忍外国的侵略，也不能听任帝国主义者对自己的邻人肆行侵略而置之不理。"(《周恩来外交文选》,第23－24页,中央文献出版社1990年版。)

10月19日，中国人民志愿军跨过鸭绿江，开赴朝鲜战场与以美国为首的所谓"联合国军"交战。

11月24日，中国特派代表伍修权到达纽约，出席联合国会议。他在机场发表讲话说："中美两国人民从来就存在着深厚的友谊，我愿趁此机会，向爱好和平的美国人民致意。"

27 日，联合国安理会不顾苏联代表的反对，决定同时进行苏联提出的"控诉美国侵略中国案"和美国提出的"大韩民国遭受侵略诉讼案"。28 日的会议上，安理会的辩论异常激烈，气氛十分紧张。

美国代表奥斯汀首先发言。他攻击中国共产党的部队大规模进入朝鲜，已经构成了所谓的"侵略"行为，而对于美国第七舰队在台湾的行动，他却按照他致联合国秘书长的信的内容，为美国进行了辩护，他甚至还援引了台湾当局代表的一句话"并没有美国侵略台湾岛这回事"，来为美国的侵略行为开脱。

伍修权在发言中首先指出：自 1949 年 10 月 1 日后，只有中华人民共和国才是代表中国的唯一合法政府，要求联合国驱逐台湾当局代表，接纳中华人民共和国的合法代表。接着，他重申了"台湾是中国领土不可分割的一部分"，指出美国武装力量侵占台湾，构成了美国政府对中国公开直接的武装侵略。他严厉驳斥了美国关于"台湾地位未定"的论调，指出"美国的实在企图是如麦克阿瑟所说的为使台湾成为美国太平洋前线的总枢纽，用以控制自海参崴到新加坡的每一个亚洲海港"，把台湾当成美国的"不沉的航空母舰"。伍修权还针对奥斯汀所说的"美国未曾侵略中国领土"的论调，讥讽地反问："好得很，那么，美国的第七舰队和第十三航空队跑到哪去了呢？莫非是跑到火星上去了？"他严正指出："任何诡辩、撒谎和捏造都不能改变这样一个铁一般的事实：美国武装力量侵略了我国领土台湾。"

伍修权在发言中向安理会提出三点建议：

1. 由安理会公开谴责，并采取具体步骤严厉制裁美国政府武装侵略中国领土台湾和武装干涉朝鲜的罪行；

2. 安理会立即采取有效措施，使美国政府自台湾完全撤出它的武装侵略力量，以保证太平洋与亚洲的和平与安全；

3. 安理会立即采取有效措施，使美国及其他外国军队一律撤出朝鲜，朝鲜内政由南北朝鲜人民自己解决，以和平方式处理朝鲜问题。

（伍修权《在外交部八年的经历》，第 35 — 71 页，世界知识出版社 1983 年版。）

由于美国实际上操纵着联合国，中国代表的建议根本不可能在联合国获得通过。安理会辩论结束以后，美国与苏联代表开始就联合国大会的议程问题进行各自的努力，结果在 12 月 7 日，联合国大会不仅拒绝将中国和苏联提出的议案列入大会议程，反而将美国代表提出的所谓"大韩民国遭受侵略诉讼案"列入了大会议程。

对此，中国代表伍修权坚决地表示，中国政府早已声明不参加对美国议案的讨论，因为朝鲜问题的真相，正是美国武装干涉朝鲜内政。随后，伍修权召开记者招待会。他说，我们是为争取和平而来的，我们向联合国安理会提出了种种合理建议，但联合国在美国集团的操纵下，拒绝了我国政府合理的和平建议。对此，我们表示坚决的反对和抗议。伍修权指出，由于联合国拒绝讨论控诉美国侵略中国案，使我们至今未能就此问题在大会继续发言，但是，我们认为中华人民共和国的声音是应该被全世界听到的，因此，我把准备在政治及安全委员会的发言，在这里分发给大家。同时，我们对美国政府如此操纵联合国，不让我们有继续发言的机会，表示愤慨。

这是中华人民共和国的代表第一次在联合国发出自己的声音。它显示了新生的中华人民共和国不畏强权，敢于反抗国际霸权势力的勇敢精神。它和中国人民志愿军在朝鲜战场上所表现出来的革命英雄主义气概是一致的。它们共同体现着新中国独立而崭新的国际形象。

台湾国民党当局在联合国的这场斗争中扮演了美国人身边的一个小配角。台湾当局代表早些时候提出了一个"控诉苏联侵略中国案"以针对中苏对美国的斗争。蒋介石在回答美国合众社记者的提问时说："余确切相信，联合国本身之前途及甚至世界未来之和平，系视乎联合国对于中国提出之控苏案能否采取一项清晰而勇敢之决定以为断。吾人实不应遗忘国际联盟为何失败及第二次世界大战为何发生。"（《"总统"蒋公思想言论总集》第三十八卷，第 254 页，台湾中国国民党中央委员会印。）当然，蒋介石在联合国里已经唱不响声音了，只能看着美国指挥棒来作一些有限的"现场表演"。

然而，中华人民共和国的代表在联合国安理会上对于美国侵略政策的强烈谴责，以及在朝鲜战场上对于"联合国军"的坚决打击，无疑使美国与台湾走得更近了。

美国操纵下的"日台和约"

第二次世界大战后的日本，是中国内战的最大受益者，也是中美关系恶化的最大受益者。

因为中国内战的爆发，使得许多的日本战犯逃避了应有的惩罚。日本投降时的侵华日军最高官员——中国派遣军总司令官冈村宁次，便在蒋介石的庇护下，逃脱了东京国际军事法庭的审判，在中国被宣判"无罪"。背后的原因就是，蒋介石任用了这个在中国杀人无数的侵略者，让他充任了讨伐共产党军队的秘密军事顾问，让冈村宁次为国民党的军队编制了一本《"剿共"指南》，用来屠杀共产党和中国人民。冈村宁次回国后所写的回忆录中，竟然得意地宣称："由于何应钦国防部长为首的军部要人，特别是汤恩伯将军所强硬主张的无罪论，终于占了主要地位，所以才有今天的无罪判决。""中国政府，特别是蒋总统、国防部高级将领，对我始终一贯的厚意，实为感谢不尽"。

蒋介石对日本战犯的"深情厚意"，并未换得他们的感情回报，相反，在签订对日和约的问题上，日本又在美国的庇护下，对蒋介石的台湾"小朝廷"讨价还价，逃避了战后应尽的种种义务与赔偿。

日本是第二次世界大战中美国的敌对国家。关于战后的安排，美国国务院日本问题专家博顿曾经提出一个美日和约方案，其要旨是严重削弱日本，使日本二十五年内不拥有军队，让日本支付苛刻的战争赔款。早在开罗会议期间，蒋介石也曾与罗斯福商量过日本的战后赔偿问题。蒋曾提出让日本以部分实物作为战争赔偿的一部分的设想。朝鲜战争爆发后，美国政府逐渐从削弱日本的战后政策，转向了扶植日本的基本政策。

为了使日本尽快成为东亚反共包围圈的中心堡垒，美国政府自 1950 年 10 月开始积极活动，准备在旧金山聚集各对日作战国签订对日和约，继而解除对日本的军事管制，使日本重返国际社会。

10 月 20 日，杜勒斯会见了台湾当局驻美"大使"顾维钧，通报美国预定的对日和约七条原则。其中有一条涉及台湾问题的是：对于台湾和澎湖列岛的地位问题，将来要由"英、苏、中、美四国决定"。这显然违反了《开罗宣言》和《波茨坦公告》，因此，顾维钧立即提出了严肃质疑。杜勒斯的解释是：美国这样做是将台湾、澎湖的地位暂时"冻结"，而"冻结"的目的，是为了维持"中华民国政府"的地位，同时也是为了美国在台湾海峡部署兵力提供依据。

蒋介石明知美国政府所谓"冻结"台湾地位的说法严重损害了中国主权，但为了得到美国对台湾的庇护同时也渴望参加对日谈判，故而不得不再次忍气吞声，同意美国决定。12 月 19 日，顾维钧奉蒋介石之命，转告杜勒斯，台湾同意在对日和约中不写明日本将台澎主权归还中国，只写明日本放弃对台湾的主权即可。

在旧金山会议的准备过程中，英美两国在中国问题上产生了矛盾。美国代表杜勒斯率先反对新中国的代表出席和会，借口是美国同中共在朝鲜处于交战状态，而且美国仍然承认台湾当局是中国的"合法政府"；而英国已经承认了中华人民共和国，故而其反对台湾当局代表出席和会。最后，杜勒斯与英国方面达成协议，即由与会成员国投票表决，如有三分之二以上的成员同意哪一方代表中国参加会议，就邀请哪一方参加会议。表决的结果是一半对一半，于是，英美决定，新中国代表和台湾当局代表都不参加旧金山会议。

这个决定是对中国这样一个在伟大的抗日战争中抗战时间最长，牺牲最大，为打败日本作出最大贡献的国家的最不公平的决定，是对中华民族最粗暴的污辱。美国政府的倒行逆施遭到海峡两岸中国人民的同声谴责。

1950 年 12 月 4 日，周恩来代表中国政府发表声明：中华人民共和国是代表中国的唯一合法政府，它必须同第二次世界大战时期的其他盟国一道，"参加对日和约的准备、拟制与签订"，否则这个"和约"就是非法的和无效的。中国政府的"基本方针是在尽可能的短期内，缔结共同对日和约，以便早日结束对日战争状态，使日本人民早日获得民主与和平"。"现在，美国政府不仅企图破坏对日和约的程序，而且进一步企图推翻共同对日和约的基础"。（《周恩来年谱》（1949－1976）上卷，第 103 页，中央文献出版社 1997 年版。）

蒋介石对美国的决定也深感不满，他指使台湾当局"外长"叶公超发表声明说："中华民国"之被摒除于旧金山会议之外，无意中给予侵略者以鼓励，此举之不当，实非任何言词所能虚饰。

1951 年 3 月，美国把对日和约草案分别送交有关的五十三个国家。

随后，苏、英、美又就谁代表中国与日本签订和约的事产生分歧。苏、英代表均强烈反对台湾当局代表参加对日和约，而美国代表坚决反对新中国的代表参加对日和约。

于是，6 月中旬，杜勒斯飞赴伦敦，与英国达成了妥协方案，即新中国政府和台湾当局均不参加此次签约活动，另由日本自主决定与北京或台北签约。这个妥协的方案简直荒谬绝伦。这等于说先将抗日战争的主要战胜国——中国排除在签约活动之外，然后再由战败国日本来选择签约的对象，其是非颠倒、公理不存尤此为甚。这是大国强权政治决定弱国、小国命运的又一次最丑恶的表演。

美国政府于 6 月 15 日把这个荒谬的方案通知了台湾当局。连惯于忍气吞声的蒋介石也觉得颜面无存，不得不说些什么了。

蒋介石于 1951 年 6 月 18 日"为对日和约发表郑重声明"。他说："第二次世界大战，实导源于日本侵略中国；故在各盟国中，中国抗日最早，精神最坚定，牺牲最惨重，而其贡献亦最大。对日和约，如无中国参加，不独对中国为不公，且使对日和约丧失其真实性。……

"中日两国，关系密切，且为亚洲两大邻国，必须诚意合作，亚洲始有安定。

故本人于日本投降未几，即一再声明：中国对于日本不采报复主义，而应采合理的宽大政策，并以种种直接间接办法，求取对日和约之及早观成。最近美国政府，不顾苏联之阻挠，出而策进对日媾和工作，自属适时之举；中华民国政府，为力促其成起见，曾就和约中所涉及若干重大问题，如赔偿问题，日本安全问题，采取克己而协调之态度。倘美国所主持之对日和约，竟无'中华民国'政府以平等地位正式参加，将使自由中国之国民大感沮丧；且将使中国大陆上吁盼自共党统治下获得解救之中国人民丧失希望，而中美两国国民百年来传统之友谊精神将因之毁损，其影响所及，不仅对日和约本身之价值与力量已也。本人于此郑重声明：

"'中华民国'参加对日和约之权，绝不容疑；'中华民国'政府仅能以平等地位参加对日和约，任何含有歧视性之签约条件，均不接受。任何违反'中华民国'上述严正立场而订立之对日和约，不但在法律上及道义上丧失其力量，即抑在盟国共同作战之历史上，永留不可洗涤之错误，其责任之重，影响之大，诚有非余所忍言者。因此种丧失真实性之对日和约，不但使第二次世界大战不能获得真正的结果，并将加深远东局势之混乱，更种下世界未来之无穷祸患也。"（《"总统"蒋公思想言论总集》第三十八卷，第306－307页，台湾中国国民党中央委员会印。）

美国政府并未理会蒋介石的"强烈抗议"，于1951年9月4日在旧金山召开"盟国对日和会"，中国代表被排除在和会之外，五十五个参战国中的四十八个国家的与会代表与日本代表签订了《旧金山和约》。中国、印度、缅甸和南斯拉夫未参加会议，苏联、波兰、捷克代表未同意签字。《旧金山和约》中规定："日本放弃对台湾及澎湖列岛的一切权利、权利根据与要求"，未明确其归属问题。

就在1951年7月12日英美两国公布对日和约草案以后，周恩来即于8月15日发表声明指出："中华人民共和国中央人民政府认为，美英两国政府所提出的对日和约草案是一件破坏国际协定、基本上不能被接受的草案，而将于9月4日由美国政府强制召开、公然将中华人民共和国排斥在外的旧金山会议也是一个背弃国际义务基本上不能被承认的会议。美英对日和约草案，不论从它的准备程序上或它的内容上讲，都是彰明较著地破坏了1942年1月1日的联合国宣言、开罗宣言、雅尔塔协定、波茨坦公告和协定及1947年6月19日远东委员会所通过的对投降后日本之基本政策等重要国际协定，而这些协定都是美英两国政府参加签字了的。……美国政府这一违背国际协定的行动，在英国政府支持之下，显然是在破坏日本与所有与它处于战争状态的国家缔结全面的真正的和约，并正在强制日本与某些对日作战国家接受只有利于美国政府自己而不利于包含美日两国在内的各国人民的单独和约，实际上这是一个准备新的战争的条约，并非真正的和平条约。"（《周恩来外交文选》，第38－39页，中央文献出版社1990年版。）

《旧金山和约》签订以后，9月18日，周恩来再次声明："旧金山对日和约由于没有中华人民共和国参加准备、拟制和签订，中央人民政府认为是非法的，无效的，因而是绝对不能承认的。"

就在《旧金山和约》签订的当天，美国与日本签订《美日安全条约》，规定："美利坚合众国，为了和平与安全，目前愿意在日本及其周围驻扎一定数量的武装力量。"这些美军不仅可以用来"维护国际和平与安全"，而且可以用来对付"日本的内乱"。根据条约，未经美国同意，日本不得向任何第三国提供任何基地和权力。这样，美国实际上取得了在日本驻军的合法权利，并且将日本控制在美国的势力范围之内。

《旧金山和约》签订后，美国立即着手压迫日本和台湾当局签订和约。

日本因有英美关于让其自行选择谈判对象的协议在先，遂以此作为筹码，向台湾当局讨价还价。1951年10月29日，日本首相吉田茂发表谈话称：日本现有选择媾和对手的权力，关于如何行使此权，不拟忙于决定。同时还宣布：如果中共要我国在上海设置驻外事务所，则为了通商，我们可以设置。

日本的这一招，弄得蒋介石坐立不安，生怕日本与中国大陆签订和约。10月31日，台湾当局"外长"叶公超约见美国驻台"大使"兰金，指责日本说："吉田的言词，已构成对于自由世界的一项挑衅行为。""如任吉田长此以往，则旧金山和约业已完全失败。"叶公超还威胁说，如果日本同大陆共产党签订和约，台湾将反对日本加入联合国。

美国害怕日本选择新中国来签订和约，遂也在 12 月 10 日派遣杜勒斯到东京，同吉田茂会谈。杜勒斯威胁吉田，如果日本不同台湾当局签订和约，美国国会将不批准美日和约。日本在美国的压力下，只得屈服，于 12 月 24 日向杜勒斯致送了所谓"吉田书简"，表示日本无意与中共签订和约，愿意依照《旧金山和约》尽快和"中华民国"签订和约。

1952 年 2 月 20 日，日台双方代表在台北进行缔约谈判。

早在 1951 年 4 月，蒋介石已经制定了台湾当局对日和约的五项方针，即提出以不丧失台湾当局作为"盟国"一员的地位，不损害蒋家"小朝廷"在台湾的统治权力，台、澎不受任何军事干涉及侵略等原则，作为进行对日谈判的依据。蒋介石还特别提出："至于台、澎地位问题，事实上今已由我国收回实行统治，则名义之争执已无必要也。"实际上，蒋介石的对日和约要求的都是"面子"上的事情，没有一项是有关中国人民利益的要求。同时，他也屈从于美国制造的"台湾地位未定"，决定不再争论台湾的地位问题。

台湾方面的主要谈判代表为台湾当局"外长"叶公超，日本方面派出的谈判代表是曾经在台湾担任"台湾拓殖株式会社"董事长的河田烈。河田烈是一个在亚洲从事经济侵略已久的中国通，对于蒋介石的尴尬处境和妥协心态摸得一清二楚，故而在谈判中始终居于主动位置。

2 月 20 日，台湾当局代表对日方提出八点要求，日方立即对其中的三点提出异议。第一，台湾当局坚持条约必须适用于中国全部领土，即必须是完整和约，而不是有限和约；日本则坚持条约"应适用于现在'中华民国'政府控制之下，或将来在其控制之下全部领土"。第二，台湾当局要求写明将台湾、澎湖一切权力交还"中华民国政府"；日本方面只肯写明"放弃权力"，而不愿写明"交还中国"。这一条，在美国"大使"兰金的干预下，台湾当局作了让步。第三，台湾当局提出在条文中规定"中华民国"有向日本索赔的权力，日本答称：日本确应向中国赔偿战争损失，但受日本侵略之害的是中国大陆人民，故日本不准备同台湾方面讨论这个问题。在各方面的压力之下，台湾方面又全面放弃了向日本索赔的要求，甚至连《旧金山和约》第十四条所规定的"服务赔偿"也予以自动放弃。

日本在对美国签订和约时，乖乖就范，条约签订只用了四天时间，而对台湾国民党当局则百般耍赖，故意刁难。河田烈一会儿说台湾是地方政府不是中央政府了；一会儿又说大陆中共如果同意，他们就同中共签约了；一会儿推翻前议说其国内又有新训令来了；一会儿又将"中华民国"的秘密约本公布了……如此反复，整整折腾了蒋介石七十多天。最后，乖乖签约的是蒋介石。

从叶公超在对日本代表的一则谈话中，我们可以看出，台湾当局在对日谈判中所处的地位，竟完全没有任何战胜方的痕迹，完全是一派屈辱之辞。叶说："金山和约对战败国之宽大已属史无前例，而我方约稿甚至放弃服务赔偿，是较之金山和约不及则有之，绝无过分之处，有何令贵国难于接受者？自贵我两国开始谈判以来，贵方所提异议者均属金山和约之条文，换言之，贵方所要求者无一而非更改金山条约之提议，是诚有令人难于索解者。本人日来夜不成寐，阅读史料，至李合肥（鸿章）春帆楼（马关）议和一段记载，见李相国（鸿章）始终出诸至诚，不但尊重日本战胜国之地位，且视日本为朋友。此种高瞻远瞩之精神诚足为法。此次贵我两方交涉，我方未以战败国视贵方，处处着眼中日将来之合作与友谊。我国对贵国作战最久、被祸最深，人命之损失更难数计，依惯例要求赔偿自属当然，今竟并服务赔偿而自动放弃，其欲与贵国永敦睦谊，已极显然。今本人感觉贵方非但不承认我之盟国地位，即相互平等之地位亦尚斤斤计较。"（转引自李敖著《蒋介石评传》，第721页，青海人民出版社1999年版。）

叶公超作为中国抗日战争胜利者的"代表"，不从中国人民的长远利益和现实权益处着力思想，反到李鸿章谈判"马关条约"的中华民族最屈辱的一页上去找感觉，他如何能为民争利、为国争光呢？

1952年4月28日，叶公超与日本代表河田烈签订了所谓"和平条约"。

条约共十四条，其主要内容如下：

1. 日本放弃对于台湾、澎湖列岛及西沙群岛之一切权利；

2. 日本承认台湾及澎湖列岛居民，系"中华民国"之人民；

3. 1941 年 12 月 9 日以前中国与日本缔结之一切条约均归无效；

4. 台湾与日本相互间之关系，愿遵守联合国宪章第二条之各项原则；

5. 台湾愿尽速商订一切关于民用航空、运输、规范或限制捕鱼及保存暨开发公海渔业之协定。

"日台和约"的签订，使蒋介石终于放下了心头的一块石头，他不用担心日本跑到大陆去签约了。陈诚也在台湾当局的"立法院"宣称："在这自由世界面临共产侵略的威胁的时候，中日和约的实现，尤有其特殊的意义。"

这个"日台和约"对于日本来说，真是相当便宜的买卖。它只以承认蒋介石的"小朝廷"，给了一些虚伪的"面子"，便逃过了侵略中国十四年罪恶历史的惩罚。李敖在其《蒋介石评传》一书中这样评论道："马关条约是中国以战败国保持尊严；'中日和约'却是以战胜国受尽屈辱，而这种屈辱，如果蒋介石没有媚骨与私心，是可以不接受的。李鸿章在马关与日本议和，丢的是台湾；蒋介石在台湾与日本议和，丢的是中国人胜利者的实质。"

这个评价是有一定道理的。蒋介石的媚骨，即是对美国人的媚骨；蒋介石的私心，便是他保住台湾"小朝廷"的私心。在美国政府的操纵与压力下，蒋介石只能用中国人的尊严来换取台湾岛的"安全"。

蒋介石与日本签订的和约，遭到新中国政府的强烈反对。1952 年 5 月 5 日，周恩来代表中国政府发表声明："我们坚持一切占领军队必须撤离日本；对于美国所宣布生效的非法的单独对日和约，是绝对不能承认的；对于公开侮辱并敌视中国人民的吉田、蒋介石'和约'，是坚决反对的。"

日本政府对于蒋介石的"宽大"政策也并不领情。6 月 26 日，日本首相吉田茂宣布："我们将来要和中国发生全面的关系，其中第一步和'中华民国'签订了新条约，也就是说这部条约是和现在统治台湾的政府之间的条约，将来我们要和中国缔结一个全面的条约。"有人问："你的意思是不承认'中华民国'是代表中国的政府？"吉田茂回答说："是的。"（司马桑敦著《中日关系二十五年》，第9－10页，台北1978年版。）日本人连"面子"也没有真正给蒋介石留下。

"放蒋出笼"

1952年下半年，美国总统竞选中党派斗争异常激烈。共和党推出的竞选人是五星上将艾森豪威尔。艾森豪威尔则准备借助自己在第二次世界大战中担任盟军统帅的威望和因朝鲜战争而在美国国内兴起的反共气候，来攻击民主党人软弱的对外政策。

艾森豪威尔的竞选顾问艾德温·克拉克在为艾森豪威尔准备的竞选报告中，把亚洲和台湾的战略重要性提到了一个相当高的位置。克拉克在报告中指出：美国对亚洲国家的支持实际上就是保护自己的利益。他建议美国应该在亚洲采取下列行动：应特别注意防止共产党政权在亚洲的进一步扩张；应特别注意通过经济笼络的手段，设法提高亚洲人民的生活水平，以使其更加靠拢美国；应关心和支持那些已经受到共产主义"奴役"的国家和人民的"解放斗争"。他特别提醒艾森豪威尔要特殊对待中国，因为中国文化及文明对于整个亚洲都有影响。

克拉克还向艾森豪威尔提供了一份有关台湾问题的分析报告。报告回顾了台湾战后的历史、经济、政治以及美国对台政策和援助，建议"尽可能地利用台湾岛"，以达到美国太平洋政策的总目标。报告认为，蒋介石的国民党政权是"亚洲一个毫无疑问的反共政府"，是"美国坚定的朋友"。国民党军队"有能力形成强大的攻击力量，并取得解放大陆的最后胜利"。（"艾森豪威尔图书馆档案"，转引自苏格《美国对华政策与台湾问题》，第182页，世界知识出版社1998年版。）

1952年11月，艾森豪威尔击败民主党竞选人当选美国第三十四任总统。

1953 年 1 月艾森豪威尔上台以后，立即启用"冷战"政策的创始人之一杜勒斯为国务卿。杜勒斯是一个集国际金融专家、经济律师和外交家三者于一身的人物。他十九岁曾经作为中国清政府代表团秘书，随同其外祖父、清政府顾问、前美国国务卿沃森·福斯特一起，参加了 1907 年海牙第二次国际和平会议。至 1953 年，他在政坛已有四十五年的历练，在处理政治外交问题上"老奸巨猾"。杜勒斯在美国政坛以强硬反共著称，在对外交往中又惯会翻云覆雨之术，故而在艾森豪威尔任内产生很大影响，对那段时期的中美关系、美台关系都起了重要作用。

杜勒斯上任后宣称，中华人民共和国是一个"暂时过渡而非永久性之现象"，声称在其任内，将"尽其所能加速其消灭"。而对于台湾，杜勒斯则实施企图推动其脱离中国主权的活动。因此，他也是蒋介石的一个"麻烦"。

艾森豪威尔当选美国总统之时，也是朝鲜战争的谈判斗争进入艰难停滞的时期。艾森豪威尔为了推动朝鲜谈判的进展，实现他在竞选时期所提出的结束朝鲜战争的诺言，决定加大对中国政府的压力，首先向中国打"台湾牌"。

1953 年 2 月 2 日，艾森豪威尔在其新任总统的首次国情咨文中宣布撤销"台湾中立化"的政策。他说："在 1950 年 6 月大韩民国遭受侵略攻击以后，美国第七舰队奉命防止台湾遭受进攻，并确使台湾不被用作对中共大陆作战的基地。这实际上就是要美国海军充当共产党中国的防御部队。"现在，"这种要美国海军替中共负起防御责任的情况就毫不合乎逻辑，毫无意义了"，"因此，我正下令不要再使用第七舰队来屏障共产党中国"。（《中美关系二百年》，第 182 页，新华出版社 1984 年版。）

这项政策被称为"放蒋出笼"政策。

同一天，美国参谋长联席会议发布命令：现行紧急指令中关于保证台湾及澎湖列岛不被用作中国国民党对中国大陆作战的基地的那部分现在予以撤销。

接着，美国驻台湾"大使"兰金奉命与蒋介石谈话，希望蒋介石不要对大陆进行任何重大的进攻，特别是在战斗中需要使用飞机、坦克时，必须事先与美国驻台将军切斯商量。同时，美国国务院助理国务卿艾奇逊也向台湾当局驻美"大使"表示，总统命令的意思"是放开中国政府的军队，使他们对共产党大陆可以按照他们的愿望采取任何行动"，同时，美国的第七舰队将保证台湾"在共产党进攻下的安全"。

2月5日，杜勒斯进一步狂妄宣称："中国不过是过眼烟云"，美国新的对华战略"将非一味让步，而持大举报复政策"。

针对美国政府的叫嚣，2月7日，毛泽东在中国人民政治协商会议上严正宣告："我们是要和平的，但是，只要美帝国主义一天不放弃它那种蛮横无理的要求和扩大侵略的阴谋，中国人民的决心就是只有同朝鲜人民一起，一直战斗下去。这不是因为我们好战，我们愿意立即停战，剩下的问题待将来去解决。但美帝国主义不愿意这样做，那么好吧，就打下去，美帝国主义愿意打多少年，我们也就准备跟它打多少年，一直打到美帝国主义愿意罢手的时候为止，一直打到中朝人民完全胜利的时候为止。"（《毛泽东外交文选》，第156页，中央文献出版社1994年版。）

美国于1953年初计划进行大规模军事进攻，企图利用海空优势，在朝鲜的东西海岸实施两栖登陆，配合正面进攻。于是，联合国军开始频繁地进行登陆作战和空降作战演习，派遣大批特务潜入我后方刺探东西海岸情报。针对敌军动向，中朝军队开始积极进行反登陆作战的准备。我正面各军集中加固阵地、囤积粮弹，准备对付敌人大的进攻。此外，增派志愿军新军入朝作战，将第三十八军、第四十军从第一线调至西海岸，将第十五军、第十二军调至东海岸，加强东西海岸的防御力量。不久，中朝军队的反登陆作战准备基本完成，建立了正面攻不动、两翼海岸森严壁垒的军事格局。

毛泽东并没有被艾森豪威尔、杜勒斯之流的"高压"政策所吓倒，"放蒋出笼"也没有使中国人民志愿军在朝鲜战场停下手来。2月19日，参加朝鲜谈判小组的乔冠华在一份对朝鲜停战谈判的分析报告中评论了美国"放蒋出笼"政策的无效。他说："根据最近情况，大体可以肯定，美国在战场上耍不出什么花样来，解除台湾中立化只是自欺欺人的把戏，封锁搞不起来，两栖登陆困难更大。艾森豪威尔本欲借以吓人，殊不知人未吓倒反吓倒自己。但面孔既已板起，要就此转弯尚非其时，特别是他的亚洲人打亚洲人的政策行通与否还要看。"结论是"一动不如一静，让现状拖下去，拖到美国愿意妥协并由它采取行动为止"。毛泽东、周恩来看后表示同意。毛泽东说：很有可能他们再去找苏联。（参见《抗美援朝战争纪事》，第333页，解放军出版社2000年版。）

面对中朝军队严阵以待的战备状况，美国人感到要在战场上取胜是很困难的，于是，又回到谈判桌上来了。

然而，"放蒋出笼"的政策，却使蒋介石受宠若惊，备感"亲切"，立即投入美国的"怀抱"，开始享受美蒋关系的"蜜月"时期。

1953年2月4日，蒋介石在台湾发表声明，表示欢迎艾森豪威尔关于"放蒋出笼"的政策。他说："余认为艾森豪威尔总统解除台湾武装部队限制之决定，无论其在政治与军事上以及在国际道义上言，实为美国最合理而光明之举措。余相信我国政府及全国四亿五千万人民，无不一致兴奋，而为之竭诚欢迎。至于我国今后反共复国之行动，自为自由世界反抗共产侵略之一环；但中国决不要求友邦以地面部队来协助我作战，而且中国自来亦从未做此要求，或存此幻想，此乃余敢为我友邦郑重声明与保证者。余认为美国政府此一决定，凡世界爱好和平拥护正义之自由国家，皆应一致支持，如此，方可希望国际共产主义者侵略火焰之削减。唯有使共产集团了解其侵略行动无利可图，不敢冒犯世界大战之危险，乃可由此导致世界之和平。"（《"总统"蒋公思想言论总集》第三十三卷，第44－45页，台湾中国国民党中央委员会印。）

蒋介石的声明只差对美国感激涕零，其奴颜婢膝之状暴露无遗。同时，他还揣摩到美国人既要放他"出笼"，又怕他出手大干，把美国拉向对中国大陆的战争的矛盾心理，自动向美国政府保证"中国决不要求友邦以地面部队来协助我作战，而且中国自来亦从未做此要求，或存此幻想"，以此来换得美国人的"欣赏"。

随后，蒋介石又不断地夸示美国"放蒋出笼"政策的现实意义，以及台湾在亚洲战略中的重要地位。1953年4月6日，他说："美国新政策之中，很多的计划，至今还没有实在使用出来，其新政府成立以来，只是实现了一件事，就是'解除台湾中立化，不再掩护大陆沿海匪区的安全'而已。但是这一件事，还只是一个对台湾政策的宣言，而并没有发动台湾的政治和军事力量；由此要知道我们今日台湾对俄共的影响是如何重大了。""美国在对俄共与朱毛和平攻势中，已经取得了主动地位。大家更应了解，这次朱毛提出结束韩战的建议，其实就是我在前节所说的，由于美国解除台湾中立化的这一举动所逼成的。因为台湾中立化既经解除，朱毛自然要害怕我们政治和军事的反攻，再配合着联合国在韩战场的行动；如其不再结束韩战，那他朱毛伪政权的生命，就要受到腹背受敌的灭亡！他自然要想缩回头来自保了；所以我们可以断定，这是他呼吁结束韩战的唯一原因。"（《"总统"蒋公思想言论总集》第二十五卷，第207页、220页，台湾中国国民党中央委员会印。）

　　蒋介石只是做了美国战略棋盘上的一个"小卒"，任人限制，任人启用，他却仍然沾沾自喜，自抬身价。5月，蒋介石还在津津乐道地谈论放他出笼的意义，说："美国共和党开始执政起，其第一着采取的行动，就是解除台湾中立化，接着我们自己也宣布了废除'中苏友好条约'。这两件大事，实在应该说是我们多年来革命成败的关键。我们从民国三十四年（1945年——作者注）八月，订立了所谓'中苏友好条约'以后，一直到现在，八年之间，除开中央迁驻台湾一段时间以外，可以说，俄共都是在这一个罪恶的、诡诈的条约掩蔽之下，使我们一天一天的窘蹙，一天一天的失败。后来中央迁驻台湾，在三十九年六月，杜鲁门又宣布了他美国的所谓台湾中立化，不让我们反攻大陆；换句话说，那也就是给了中共以合理的军事和外交的掩护，而中共也就因为获得这层掩护，即可从容投入韩战。但艾森豪威尔总统解除台湾中立化，和我们自动废止'中苏友好条约'以后，马林可夫虽然开始上台，但他为着应付这样的一个变局，已不得不发动一个大家所习称的'和平攻势'。"（《"总统"蒋公思想言论总集》第二十五卷，第239－240页，台湾中国国民党中央委员会印。）

就这样，蒋介石把苏联与中国在朝鲜战场上的谈判斗争和结束朝鲜战争的努力，都说成是"害怕"他蒋介石"出笼"的结果，其自欺欺人的心态亦很可笑。朝鲜停战以后，蒋介石的军队不断向大陆沿海骚扰，造成了台海局势的紧张状态。

1953年7月16日，在美国的唆使下，蒋介石集中了一万多人的兵力，分乘舰艇十余艘，附水陆两用坦克二十余辆，在海、空军的支援下，向福建南部沿海的东山岛进犯。同时组织空降兵二百余人，在该岛北部海岸实施空降，企图切断东山岛与大陆之间的联系，协同其登陆部队作战。

在国民党军登陆时，人民解放军守岛部队与民兵进行了顽强抵抗，同时大陆部队及时驰援，配合守岛部队迅速歼灭了来犯的国民党空降兵。17日拂晓，解放军集中兵力进行反击作战，共歼灭国民党军三千多人，击沉其登陆艇三艘，击落飞机二架，炸毁坦克二辆，并缴获大量武器弹药。

蒋介石"出笼"后的行动，再次证明其仍然是不堪一击的。艾森豪威尔再次失算于对蒋介石估价太高。

蒋介石要求美国"共同防御"台湾

1953年上半年，朝鲜战争进入尾声。战争双方对于继续这场较量都失去了兴趣。美国的盟国先后从朝鲜战场撤出了自己的军队，美国国内反战厌战的情绪日益增长；中国政府对待朝鲜战争的基本态度和本身利益也决定它在朝鲜停战问题上采取积极谋和的姿态。这些都推动着朝鲜战争向着和平的方向发展。

朝鲜停战谈判的恢复与走向成功，使得亚太地区的局势趋向和缓。这个全世界人民所欢迎的形势，对于蒋介石来说，却是值得忧虑的。因为朝鲜战争并不是以中国大陆的失败而告终的，它是美国第一次在一场没有取得胜利的战争停止协议上签字，而新中国在这场战争中虽然付出了高昂的代价，却因此捍卫了新中国的主权、独立与尊严，赢得了崇高的国际地位。蒋介石不仅因此而失去了借助朝鲜战争而从东北打回大陆的梦想，而且面临着朝鲜战争结束以后，中共集中力量对付台湾的巨大威胁。加上，朝鲜战争结束后，美国的第七舰队随时可能撤出台湾海峡，蒋介石再次感觉到风雨飘摇时的惶恐。

因此，蒋介石感到，只有进一步拉住美国，才是台湾当局继续生存下去的保证。

1953 年 3 月 19 日，台湾当局驻美"大使"顾维钧受命向美国国务卿杜勒斯正式提出关于缔结一项"共同防御条约"的建议。杜勒斯未假思索便回绝了顾维钧的建议，他表示："美国不愿意签订一项可能将美国拖向亚洲大陆战争的条约"，并且说，南朝鲜也一直要求美国与其缔结安全条约，美国未答应。如果现在同意了台湾的要求，那么对南朝鲜也不好交代。（《美国对外关系文件》（FRUS），1952 – 1954 年，第 157 – 158 页。）

1953 年 7 月，朝鲜停战谈判协议签字以后，10 月 1 日，美国与南朝鲜签订了一个共同防卫条约。条约规定：双方将依靠各自的努力和相互的援助，采取适当的方法，抵御一切武装侵略。美国接受南朝鲜所给予的在"大韩民国"国土及其周围部署美国陆、海、空军力量的权利。此时，美国已同太平洋上的澳大利亚、新西兰、菲律宾以及日本签订了类似的共同防御条约。

于是，蒋介石又迫不及待地让台湾当局"外长"叶公超向美国驻台"大使"兰金递交了一份拟好的美蒋"双边条约"草案，其内容基本上是按照美国与菲律宾的共同防御条约的模式拟就的。11 月 8 日，美国副总统尼克松访问台湾，叶公超抓住机会，请尼克松考虑一下与台湾当局签订"安全条约"的可能性，并且提出，这一建议不仅将把美蒋关系置于一个永久的基础之上，而且也将消除台湾对于美国承认中国大陆的担心。

美国政府对于蒋介石的急迫要求，采取了冷淡敷衍的态度。因为尽管美国支持台湾，但并非为了维护蒋介石的根本利益。首先，对于美国来说，台湾充其量只是一艘不沉的航空母舰，而蒋介石本人则是一个不太理想而又一时无法替代的舰长。对于这样一个伙伴，美国不愿以条约的形式与之绑在一起。其次，美国也看到，当时蒋介石梦寐以求的事情便是"反攻大陆"，如果其采取主动进攻大陆的行动，那么有可能就把美国卷入一场新的耗资巨大、未必能胜的战争，朝鲜战争的教训对于美国人来说太惨重了。最后，美国也不愿意承担协助蒋介石防守沿海岛屿的责任。那样，美国不仅要承担与中共军队直接作战的风险，而且如果沿海岛屿从美军手中丢掉还会损害美国的国际威望。所以，美国人无法接受蒋介石这种让美国代价太大的建议。

杜勒斯心中的设想是，通过制造"两个中国"来达到既不冒与中共作战的风险，又能有效控制台湾的目的。1953 年 4 月 6 日，杜勒斯向他特邀的二十名记者透露，美国政府"正在寻找一个可以保证台湾独立的办法"，"现在正在考虑的一个可能性是由联合国托管这个战略岛屿，最终目标是建立一个台湾共和国"。（《中美关系二百年》，第 183 页，新华出版社 1984 年版。）

1953 年 8 月，美国与台湾举行了首次海空军联合演习。

9 月，美蒋签订"军事协调谅解协定"，规定国民党军队的整编、训练、监督和装备完全由美国负责，如果发生战争，国民党军队的调动指挥，必须得到美国的同意。协定中的地区包括台湾、澎湖、金门、马祖、大陈岛。（《中美关系二百年》，第 184 页，新华出版社 1984 年版。）这样，美国在朝鲜战争以后，实际上更深入地控制了台湾的军事力量。

在美国国务院内也存在着与杜勒斯想法不一致而帮助蒋介石要求签订"共同防御条约"的一部分人，其代表人物是国务院负责远东事务的助理国务卿饶柏森。饶柏森于 1954 年 2 月 2 日向杜勒斯提供了一份备忘录，指出美蒋"共同防御条约"的签订会：1. 大大提高蒋军的士气；2. 使蒋介石政权获得与美国亚太军事联盟体系成员国同样的地位；3. 抵消蒋介石对于美国参加即将在日内瓦召开的包括中国在内的关于印支和朝鲜问题会议的疑虑；4. 向美国的盟国表明美国支持蒋介石的立场。

饶柏森还提出，他主管的远东事务局原则上赞同蒋介石提出的"共同防御条约"草案。据此建议: 1. 杜勒斯授权远东事务局与国防部协商准备一个美国方面的条约草案; 2. 提请国家安全委员会讨论决定是否与蒋签约; 3. 迅速将以上两项建议付诸实施, 以使条约的谈判能在日内瓦会议召开之前开始进行。(参见《美台关系四十年 (1949 – 1989)》, 第 113 页, 人民出版社 1991 年版。)

饶柏森的建议被杜勒斯搁置起来。3 月 31 日, 饶柏森再次以备忘录的形式向杜勒斯建议, 在日内瓦会议以前与蒋介石进行"缔约"谈判。他认为如此可以进一步明确美国在台湾问题上的立场, 从而加强日内瓦会议谈判中的态势。而杜勒斯则认为, 这样做会给英国与法国造成美国故意破坏日内瓦会议的印象, 从而破坏美国与盟国的关系, 因而再次拒绝了饶柏森的建议。

蒋介石对于美国政府的敷衍态度并不气馁, 他不仅与美国国务院一部分支持者保持密切联系, 而且在 1954 年 5 月美国国防部长威尔逊访问台湾时, 多次与威尔逊长谈有关美蒋"签约"之事。蒋介石告诉威尔逊, 台湾在美国亚洲防御联盟中的地位和作用非常重要。美国在东南亚应该拟订和奉行一种摆脱老殖民主义影响的政策, 否则失败将是不可避免的。叶公超对威尔逊更直接地说, 美蒋双方缔结一个"条约", "是在日本、韩国、菲律宾和'中华民国'四个最直接有关的亚洲国家之间进行一种集体安排的先决条件"。(苏德用编《尼克松访华记》, 第 11 页, 台湾"中央文物供应社"出版。)

为了消除美国对与台湾当局"签约"的疑虑, 叶公超于 6 月 28 日再次向美驻台"大使"兰金表示: 美国若能与台湾当局缔结"共同防御条约", 蒋介石同意在采取任何重大军事行动之前先征求美国同意。

如此, 台湾当局为了与美国结成"连理", 真可谓屈膝卑躬、低三下四到极点了。

第一次海峡危机

美国国务卿杜勒斯终于没有接受台湾当局想在日内瓦会议以前签订"共同防御条约"的请求，于 1954 年 4 月飞往日内瓦，参加由美、苏、中、英、法五国外长召开的讨论和平解决朝鲜问题和恢复印度支那和平问题的国际会议。朝鲜、越南、柬埔寨、老挝等国的代表也参加了会议。

周恩来代表新中国参加了这次国际会议。他于 4 月 24 日飞抵日内瓦机场时发表声明说：日内瓦会议"将要讨论和平解决朝鲜问题和恢复印度支那和平问题。亚洲这两个迫切的问题，如果能够获得解决，将有利于保障亚洲的和平，并进一步缓和国际的紧张局势"。中国代表团"抱着诚意来参加这个会议，并热烈地期望会议的成功"。（《周恩来年谱》（1949 - 1976）上卷，中央文献出版社 1997 年版。）

在日内瓦会议上，由于美国的阻挠和破坏，未能就朝鲜问题达成协议。6 月 19 日，日内瓦会议就老挝、柬埔寨的停战和撤退外国军队问题达成协议。7 月 21 日，又就恢复印支和平问题达成协议，并签署了日内瓦会议的最后宣言。美国和南越拒绝在宣言上签字。周恩来在日内瓦会议上广泛接触各国代表，提出各种和平解决争端的方案与建议，为新中国树立了良好的国际外交形象。

蒋介石对于这个没有台湾当局代表参加的国际会议妒恨交加。他在 1954 年 4 月 26 日日内瓦会议召开之际发表了一个《对日内瓦会议的观测》的演讲，说道："日内瓦会议可能有两个趋势，一个从好的方面着想，就是希望能迫使奸匪从韩境撤退其侵略的武装，并终止其对越共支援的冒险。一个从坏的方面着想，则是美国或将迫于英法模棱的态度，而不得不让韩境暂维现状；对越境则划出一条界线，暂时停火，听任奸匪越共，得以用渗透和游击的手法，从容攫取整个中南半岛。"（《"总统"蒋公思想言论总集》第二十六卷，第 41 页，台湾中国国民党中央委员会印。）

据蒋介石推测，日内瓦会议的结果可能是他所设想的那个"坏的方面"。

据此，他又开始埋怨美国没有直接帮助他"反攻大陆"，从而使得中共的势力扩张开来。他说："我实在不了解，美国为什么要在韩战场，遏阻来自中国大陆的奸匪侵略，而还要听任他，以中国大陆为其逋逃薮。我也不了解，美国为什么要在越战场，来遏阻奸匪扩张势力，祈求奸匪停止对越共的支援，而不从如何解决中国大陆的匪祸着想。如果能这样，那不就可根本遏阻韩战，遏阻越战，遏阻东南亚的赤化吗？他们难道不知道，无论韩战、越战，都是以中国大陆为其辐射点？为什么既要遏阻匪祸，却不愿攻击祸乱的中心？"（《"总统"蒋公思想言论总集》第二十六卷，第 42 页，台湾中国国民党中央委员会印。）

显然，就在全世界为了和平解决亚洲战争问题而进行谈判的时候，蒋介石却在阴暗的角落里，责怪战争为什么发展得不够大，推进得不够彻底，没有帮助他重新拿回他已失落的大陆。而在这段时间内，蒋介石的军队也在广泛骚扰大陆沿海，使得沿海武装冲突不断加剧。

就在日内瓦会议期间，毛泽东及中共中央也对台湾问题产生了新的认识与政策。

1954 年 7 月 7 日，中共中央召开政治局扩大会议，毛泽东对国际形势作了重要分析。他认为：现在总的国际形势，就是美国人相当孤立。印度支那问题解决之后，估计这种形势还会继续发展。现在英国和英联邦国家、法国、东南亚各国、加拿大、中美墨西哥，还有一些南美的国家，都不喜欢美国。所以，现在是很有利的局势，……可以进一步分化帝国主义相互之间的团结。各国，英国也好，法国也好，印度也好，缅甸也好，都有亲美派……但有亲得很的，有亲得不很的，比方英国的丘吉尔、艾登可以说是亲得不很的。各国有这样的矛盾。不仅要团结反美的,也要争取那些亲得不很的。毛泽东还说:就是"美国内部也有矛盾，就是美国也不是没有文章可做"。据此，毛泽东进一步指出："台湾问题是个长时间的问题,对于美国跟台湾订条约的可能,要想一些办法,并且要做宣传,揭露美国图谋霸占台湾,蒋介石继续卖国。另外一方面,在外交方面要有适当的表示,譬如侨民问题和某些方面接触,其目的就是牵制他跟台湾订约。"（参见宫力著《毛泽东与美国》，第 84 页，世界知识出版社1999 年版。）

1954 年 7 月 27 日，邓小平代表中共中央政治局致电参加日内瓦会议以后正在访问波兰的周恩来。电报说："中央最近研究了日内瓦会议后的形势，认为在朝鲜和印度支那停战后，美国不会甘心于日内瓦会议的失败，必将继续执行其制造国际紧张局势，进一步地从英法手中夺得更多的势力范围、扩大军事基地、准备战争和敌视我国的政策。这种政策在东南亚，美国今后除了积极企图组织东南亚防御集团、武装日本等等措施之外，必将继续充分地利用台湾，采取海盗式的行为，劫夺到我国的各国船只，并且有把封锁我国的范围扩大到广东沿海及东京湾的可能。最近一时期，美国与蒋介石正在商谈订立美蒋共同防御条约，以及美国不断增加对台湾蒋介石集团的军事援助，这是值得我们十分注意的。根据公开的消息，美国对于订立美蒋共同防御条约一事，似乎还有顾虑，似乎还未下最后决心，而如果美蒋签订了一个这样的条约，则我们与美国的关系将会长期紧张下去，更难寻求缓和与转弯的余地。所以，击破美蒋共同防御条约和东南亚防御条约，乃是我们当前对美斗争的最中心的任务。

"我们认为，在我国大陆解放战争胜利结束和朝鲜战争胜利停战之后，现在我们面前仍然存在一个战争，即对台湾蒋介石集团之间的战争，现在我们面前仍然存在一个任务，即解放台湾的任务。在朝鲜停战之后，我们没有及时（约迟了半年时间）地向全国人民提出这个任务，没有及时地根据这个任务在军事方面、外交方面和宣传方面采取必要的措施和进行有效的工作，这是不妥当的。如果我们现在还不提出这个任务，还不进行一系列的工作，那我们将犯一个严重的政治错误。提出这个任务的作用，不仅在于击破美蒋军事条约，而更重要的是它可以提高全国人民的政治觉悟和政治警惕心，从而激发人民的热情，以推动国家建设任务的完成，并且可以利用这个斗争来加强我们的国防力量，学会海上斗争的本领。"（根据中央档案馆保存的邓小平手稿。）

电报还向周恩来通报了中央决定的三条措施：

1. 在政治上，开始必须收复台湾和揭露美蒋的宣传，准备在周恩来回京后以外交部长的名义就台湾问题发表一个公开声明，接着由各党派发表一个联合声明，然后根据两个声明，在全国人民中进行广泛而深入的宣传教育工作。

2. 在军事上，加强沿海对蒋介石集团的海空斗争，同时严格规定我海空军的作战目标只能限于蒋介石的军用飞机和军舰，对于美国飞机和军舰除了它们向我军攻击的情况之外，不许向它们作任何主动的攻击。

3. 鉴于我们与美蒋在沿海的斗争是一个很长时期的事情，而我们的军队在海上斗争的能力和经验又极为缺乏的情况，加强海空军建设，成为我国军队建设的一个长期任务。我们的海军拟采取"先艇后舰"的建设方针，我们的空军必须学会在海上作战的本领。

根据中共中央的部署，新中国开始突出强调解放台湾的斗争任务。1954年7月24日，《人民日报》发表社论《一定要解放台湾》，严正指出中国人民一定要解放台湾，不达目的，决不休止。8月1日，中国人民解放军总司令朱德在建军二十七年纪念会上发表讲话，强调中国人民一定要解放台湾，决不容许别国干涉。8月2日，周恩来发表声明，重申中国人民一定要解放台湾。

1954年8月24日，毛泽东接见英国工党代表团，建议他们做一下美国的工作，在台湾问题上不要走得太远。毛泽东说："美国人做的事太不像样子，他们支持蒋介石差不多每天都骚扰大陆。所以你们最好劝劝美国人把第七舰队拿走。几条船好办，一拿就走了。他们是违反国际形势、违反历史的。他们只是美国的少数人，如杜勒斯之流。我们希望工党朋友们劝劝美国人：一、把第七舰队拿走，不要管台湾的事，因为台湾是中国的地方；二、不要搞东南亚条约，这也是违反历史的，要搞就搞集体和平条约；三、不要武装日本，武装日本的目的是反对中国和苏联，最后会害了自己和西南太平洋各国，这是搬石头打自己的脚，这种可能性是有的；四、不要武装西德，武装西德结果不是好事，也会是搬石头打自己的脚。让我们大家统统解除武装，我们自己的几个兵也都不要了。让我们中国、苏联、英国、法国这些亚洲和欧洲的国家倡议一下，向美国提出这个建议。"(《毛泽东外交文选》，第 162 页，中央文献出版社 1994 年版。)

为了显示中国人民解放台湾的决心，中共中央军委决心：首先在浙江沿海，以空军力量为主，结合海军鱼雷快艇，袭击国民党军舰艇，加强沿海炮击，相机攻取闽浙近海某些小岛，转变该区海上形势，尔后，攻占上下大陈岛及解放浙东诸岛屿，为解放台湾创造有利条件。

华东军区遵照中央军委的指示，于 8 月成立了浙东前线指挥部，由华东军区参谋长张爱萍任司令员兼政治委员。大陈岛被选定为解放沿海岛屿的第一个目标。8 月 31 日，浙东前线指挥部在宁波召开三军指挥员会议，又将一江山岛的攻取作为整个战役的突破口。

经过精心准备，1954 年 9 月 3 日，中国人民解放军突然以猛烈火力炮击金门，击沉、击伤国民党舰船七艘。9 月 22 日，再次猛烈炮击金门，国民党出动飞机向金门对面的人民解放军炮兵阵地实施轰炸，人民解放军高射炮兵展开对空作战。两次炮击金门，虽然每次只持续一个小时，但却使台湾蒋介石政权惊恐万状，以为人民解放军已经拉开解放台湾的序幕，台海局势骤然紧张。炮击中有两名美军中校丧身，引起美国朝野一片喧嚣。

炮击金门意在引起国际社会的关注，把台湾问题突出地摆到全世界的面前，显示中国人民解放台湾的坚强决心，同时，也是声东击西，为掩护人民解放军在东南沿海的作战计划而进行的战略行动。当然，这一行动也在一定程度上刺激了蒋介石与美国政府关于"共同防御条约"的签订。

美蒋签订"共同防御条约"

随着第一次海峡危机的爆发，美蒋签订"共同防御条约"的问题也被凸显到出来。一直为蒋家政权争取"签约"的美国国务院远东事务局助理国务卿饶柏森不失时机地于1954年8月25日再次向杜勒斯提出建议"签约"的备忘录。他指出：日内瓦会议一结束，中共就开始了一场激烈的解放台湾的宣传战，尽管这一口号不是第一次提出，但此运动规模之大意味着中共正在做很大努力把国内外的注意力引向台湾问题。中共这一运动可能会增加国际社会在台湾问题上对美的压力。为了根除这一地区的紧张局势，各国可能会要求通过谈判改变台湾的地位。在这种情况下，美国应通过与蒋"缔约"向世界表明其为保卫台湾不惜一战的决心。（美国国家档案馆，Ibid，第548－549页。）

同一天，美国国务院中国事务办公室的马丁也提交了一份有关台湾问题的报告。报告指出：由于朝鲜和印度支那均已停火，中共有可能抽出手来对付台湾。鉴于这种情况，美蒋签订"共同防御条约"是"维持台湾现状"的最佳方案。该报告从四个方面论述了美蒋"缔约"的必要性：1.现有的以第七舰队防卫台湾海峡的方式已经不能适应需要；2."条约"可为在东南亚及东北亚建立"集体防卫体系"铺路；3.蒋介石已经答应，针对大陆的军事行动，必先征得美国同意；4.与台湾当局"缔约"的"危险系数"，并不高于当时的朝鲜，因为国民党的进攻能力有限。（转引自苏格著《美国对华政策与台湾问题》，第208页，世界知识出版社1998年版。）

饶柏森的建议在美国国务院获得了多数的支持。8月31日，杜勒斯在国务院会议上声称：奠边府事件之后，美国在远东的威信不能再降低了，应不惜冒一定程度的风险采取强硬路线。他明确表示，美国将使台湾永远不落在共产党人手里，因为这样做符合美国"国家安全利益"。同时，他也顾虑到，蒋介石的沿海岛屿则对美国来讲没有什么重要性，任何处理这些岛屿的问题要视当时当地的具体情况而定。（《美国对外关系文件》（FRUS），1952－1954年，第554－555页。）杜勒斯的讲话反映了美国政府内部在与台湾"签约"问题上的矛盾心理。

1954年9月2日，杜勒斯飞抵马尼拉，准备同英国、法国、澳大利亚、新西兰、菲律宾、泰国和巴基斯坦等国代表协商缔结"集体防务条约"。第二天，中国人民解放军炮击金门，海峡形势紧张。杜勒斯于当天飞往台湾，与蒋介石共进午餐并会谈两小时。蒋介石抓紧时机与杜勒斯谈论"共同防御条约"的问题。他埋怨美国的亚洲政策不够牢靠，与"自由中国缔约"上的"勉强态度"就是一个例子。他认为，美国以台湾海峡局势不稳为理由，推迟考虑"缔约"是不对的，局势的不稳，恰恰就是因为没有"条约"。在谈到台湾"光复大陆"的计划时，蒋介石向杜勒斯保证，台湾不需要美国出兵，只需要物资保障。

杜勒斯在会谈中保持了"冷静"的态度，在"签约"问题上始终没有松口。他认为，海峡两岸的紧张局势使得"条约"很难处理沿海岛屿问题，台湾目前即使没有"条约"也不会存在什么危险，并举例子说，菲律宾尽管与美国有共同防卫的条约，却没有比台湾受到第七舰队的直接保护显得更好。杜勒斯的态度使蒋介石很失望。

1954 年 9 月下旬，杜勒斯出席在伦敦召开的九国外长会议。会议期间，他向英国外交大臣艾登提出了美国想将中国沿海岛屿问题提交联合国安理会的想法。艾登建议选择新西兰作为提案国。杜勒斯立即向参加会议的新西兰代理高级专员坎贝尔提出了这一建议，新西兰政府同意了美国的建议。这件事是背着台湾的蒋介石悄悄干的。

10 月 7 日，饶柏森再次敦促杜勒斯批准与台湾当局"缔结条约"之事。杜勒斯为了让蒋介石在新西兰提案问题上得到精神上的补偿，遂决定将与台湾"签约"之事提上议事日程。他于当天给饶柏森发去一份备忘录，表示同意与蒋介石谈判"签约"，但强调："这个条约必须表明，它是一个真正的防御条约。如果缔约另一方进攻，我们则不予以保护。"他还指出，要特别注意"条约"中关于"领土"范围的问题。(《美国对外关系文件》(FRUS)，1952 - 1954 年，第 790 页。)

1954 年 11 月，美国与台湾当局开始就缔结"共同防御条约"进行谈判。美蒋双方一共进行了九次会谈，杜勒斯出席了第一次和第九次会谈。美方代表是饶柏森和国务院中国处处长麦康瑙吉，台湾方面的代表是顾维钧和"外交部长"叶公超。

双方谈判的分歧主要表现在：

1. "条约"的"防御"范围问题。美国方面坚持，所要保护的地区只是"台湾和澎湖列岛"，而不包括国民党希望美国加以保护的"沿海岛屿"，因为保卫这些海岛不可能不冒与中国大陆发生全面战争的危险。杜勒斯露骨地说："美国必须奉行机会主义政策。"叶公超只能小心翼翼地发表一点不同的看法，说：国民党政府虽然有能力反攻大陆，但行动十分谨慎，他只希望"国务卿能够理解中国方面为何要反对任何条约、协定和提案，以含蓄或明确的方式，把自由中国永远限定在台湾岛上"。

2. 关于新西兰提案问题。杜勒斯试图促使台湾当局接受美国关于将台湾问题提交联合国解决的方案。叶公超以蒋介石的名义，劝告美国放弃新西兰提案。杜勒斯表示一个星期后新西兰提案日期已定。叶公超只得退而求其次，告诉美国，蒋介石"有可能反对新西兰决议，除非事先宣布中美条约"。

3. 关于"条约"的文字表述问题。台湾方面要求"条约"在引言部分提出"'中华民国'的统辖权包括整个中国领土"，然后在正文有关部分对所要根据"条约"保护的领土进行必要的限制。杜勒斯立即反对说：美国需要对共同防御地区作出"相当精确的限定"，否则，参议院不会批准一个防卫地区还可能无限扩大的协议。(《美国对外关系文件》(FRUS)，1952－1954年，第845－848页。)

经过激烈的讨价还价，双方决定，将与台湾政权"面子"有碍的两条原则，即"共同防御"范围不包括台湾、澎湖列岛以外的沿海岛屿和未经美国同意国民党将不得在其统辖范围内使用武力的原则，不写入正式"条约"，而以"照会"的形式作为"条约"的补充。

1954年12月2日，美蒋"共同防御条约"在华盛顿签字。"条约"包括一个序言和十项条款。其主要内容为：

　　缔约各方承认在西太平洋地区内对缔约任何一方领土的武装进攻将危及其本身的和平与安全，并宣告将依其"宪法"程序采取行动，以对付这一共同危险。

　　任何这种武装进攻以及因此而采取的一切措施应立即报告联合国安全理事会。此类措施应在安全理事会采取恢复并维持国际和平与安全的必要措施时予以终止。

　　关于"领土"一词，在"中华民国"方面系指台湾与澎湖；在美利坚合众国方面系指西太平洋地区内在其管辖下的各岛屿领土。有关规定将适用于经共同协议可能决定的其他领土。

　　"中华民国"政府授予，美利坚合众国接受，依据共同协议的决定在台湾、澎湖及其附近为其防卫所需要而部署的美国陆、海、空军的权利。

　　（参见《联合国条约集》第 248 卷，第 214 - 216 页。）

　　这个"条约"实质上将台湾及其附属岛屿交给美国人军管了，在很大程度上出卖了中国领土的主权利益，使台湾真正成了美国在太平洋上的一个"不沉的航空母舰"。

　　杜勒斯也没有讳言美国从这份"共同防御条约"中所得到的利益。他向艾森豪威尔解释道："条约针对台湾和澎湖列岛受到攻击而言。而照会则在实质上确认：未经我们同意，中国人将不得在台湾、澎湖列岛或沿海岛屿使用武力，并且在未得到我们同意的情况下不得从台湾向沿海岛屿输送军用设备及其类似物品。"杜勒斯强调了作为"条约"的补充物——"照会"的重要性，将其视为对国民党可能采取的行动的一个"约束"。他说，谈判的结果"充分地表明我们在台湾和澎湖列岛的利益，同时又使中国国民党不至将我们卷入一场同共产党中国的战争中去"。（艾森豪威尔图书馆杜勒斯档案，1954 年。）

　　美蒋"共同防御条约"的签订首先遭到中国人民的强烈抗议。12 月 3 日，《人民日报》以"美国对中国人民的严重挑衅"为题，报道了美蒋"共同防御条约"签订的消息。12 月 5 日《人民日报》刊登了题为《中国人民不解放台湾决不罢休》的社论。12月8日，周恩来代表中国政府发表声明：

"台湾是中国领土，蒋介石是中国人民的公敌。解放台湾，消灭蒋介石卖国集团，完全是中国的主权和内政，决不容他国干涉。任何战争威胁都不能动摇中国人民解放台湾的决心，只能增强中国人民的愤慨。蒋介石卖国集团没有任何权力同任何国家签订任何条约。美蒋'共同防御条约'根本是非法的、无效的。它是一个出卖中国主权和领土的条约，中国人民坚决反对。如果美国政府不从台湾、澎湖和台湾海峡撤走它的一切武装力量，仍然坚持干涉中国内政，美国政府必须承担由此而产生的一切严重后果。"（《人民日报》，1954年12月9日。）

苏联外交部于12月15日就美蒋"共同防御条约"发表声明，表示支持中华人民共和国关于台湾是中国领土的立场，中国人民解放台湾的决心对苏联人民来说是可以理解的，称美蒋条约是一个"侵略条约"，加剧了国际紧张局势，并警告美国政府必须对这一侵略性条约的后果"负全部责任"。

对于蒋介石来说，拉牢美国这个"大哥"的手，自然是喜不自胜的事情。他于"条约"签署的当天，通过顾维钧致信艾森豪威尔，表示："条约不仅使两国民众在其抗击共党侵略中的联结更为紧密，而且将激发千百万珍视自由的亚洲民众之信心。"

蒋介石于1955年2月2日和16日两次接见美国记者，谈论他对美蒋"共同防御条约"签订的感想。一方面，他认为，这个"条约"对中国共产党产生了很大的心理打击。另一方面，他对美国政府表示十分的感激。他说："协防台湾议案，表现出美国政府和人民团体一致决心抵抗侵略。我的同胞和我，均对此案印象良深。我愿趁此机会表示谢忱。"蒋介石还说："该议案虽未列举美国将予协防的沿岸岛屿，但说明了美国将协防对保卫台湾所必需的有关领土及地区。"（参见《"总统"蒋公思想言论总集》第三十八卷，第342页，台湾中国国民党中央委员会印。）即使在这个时候，蒋介石仍然一厢情愿地试着将美国协防的地区加以扩大。

而对于一些熟知美国对台政策的"旁观者"来说，他们往往对于"条约"

的实质有更为独到而深刻的认识。当时日本驻法国大使就在致美国的一封信中表示：祝贺美国同台湾签订"共同防御条约"，因为"条约使远东形势大为明了"。同时，他告诉美国人，他听到了一些"小道消息"，大意是，美国正在着手制订这样一个政策，即"使台湾成为一独立国家并保留联合国成员国资格，但再也不将其视作中国政府"。这位大使甚至兴奋地说："如果这些小道消息是真实的话，那将非常令人高兴"，因为这正是"解决福摩萨问题的唯一可行的长期方案"。（参见苏格《美国对华政策与台湾问题》，第 245 页，世界知识出版社 1998 年版。）

由此可见，美国试图通过"共同防御条约"推动其制造"两个中国"的方案正在实施。不过，对于美国与台湾来说，他们也共同面临着进退维谷的两难抉择。

对于美国来说，它想制造出一个"台湾独立国"，但又觉得为了美国的利益非先保住蒋介石政权并把它说成是"中国合法政府"不可；要想建立"台湾独立国"就需要迫使台湾当局放弃沿海岛屿，而在军事上要保住台湾又必须守住这些岛屿。

对于蒋介石来说，既要争取美国人的保护，又不能按照美国人要求朝着台湾"独立"的方向走去；既想通过美国人的帮助实现其"反攻大陆"的计划，又必须根据美蒋"条约"的规定"约束"自己的军事行动。

双方在根本利益方面的矛盾，必然在"共同"行动方面产生尖锐的冲突乃至斗争。

九、海峡之战　美蒋之争

　　20 世纪 50 年代先后爆发的两次海峡危机，使得美蒋之间的矛盾充分暴露出来。美国政府担心帮助蒋介石守岛，会被卷入与中国大陆的全面战争，决定劝说蒋介石放弃沿海岛屿，与中共实现"划峡而治"，从而使得美国既能有效控制台湾，又不用承担与中国大陆发生全面战争的危险。蒋介石出于维护国民党政权根本利益的考虑，也出于一定的民族主义情感，坚决反对美国将台湾问题提交联合国解决和策划"两个中国"的阴谋。美蒋之间在海峡危机中的决策矛盾，由幕后转入公开，引起中国共产党和毛泽东的深切关注，在一定程度上推动了中国政府关于和平解决台湾问题政策的出台。

抗议新西兰提案

　　1955 年 1 月，中国人民解放军浙东部队决定发起攻取一江山岛战役。一江山岛位于浙江大陈岛西北十公里处，是大陈岛国民党军的重要外围据点，国民党军舰艇经常依托一江山岛对大陆进行骚扰活动。1 月 18 日，人民解放军以四个步兵营、九个炮兵营，各种舰艇船只一百八十八艘，空军和海军航空兵二十二个大队，向一江山岛发起猛烈攻击。登陆突击仅用三十五分钟便占领了岛上主峰阵地，尔后迅速向纵深发展，战至下午 6 时，人民解放军占领全岛。此役，人民解放军歼灭国民党军 519 人，俘敌 567 人，击沉蒋舰三艘，击伤四艘。解放军也付出了一定代价，牺牲 393 人。

台海战事的扩大趋势牵动着美国人的神经。

在美英两国的策动下，1955 年 1 月 28 日，由新西兰向联合国安理会提出一个议案，要求由联合国安理会审议中国大陆与台湾当局"在中国大陆沿岸某些岛屿地区的敌对行动"。这个新西兰提案把中国解放台湾和沿海岛屿的内政问题说成是"国际冲突"，要联合国出面"斡旋停火"。这样将使本属中国内政的问题国际化，事实上是在制造"两个中国"。

结果，新西兰提案遭到海峡两岸中国人的同声谴责。

蒋介石明确表示了反对新西兰提案的态度。他认为：新西兰的提案只对共产党有利。沿海岛屿停火和中立只是第一步，下一步就是台湾中立化，再接下去就是中共进入联合国，形成"两个中国"，然后直至台湾被共产党接管。他向美国指出，如果台湾赞同这个议案，那么对国民党军队、生活在台湾的老百姓、海外华人和大陆的中国人将产生"毁灭性影响"。因此，他致电台湾当局驻华盛顿"大使"顾维钧，指示："对新西兰在安理会的行动应予以极大的保留，它将引起巨大的疑惑、忧虑和误解，并将鼓励和支持那些正在以'两个中国'为目标的人。"（《美国对外关系文件》（FRUS），1955－1957 年，第 107 页。）

台湾当局"外交部长"叶公超也对美国政府拟议中的停火决议提出了三点反对意见：1. 不同意"和平解决"的提法，以避免造成与共产党谈判的印象；2. 不同意使用中华人民共和国的称谓；3. 不同意在议案中对台湾当局使用"要求"一词，认为这样做没有分清"侵略"的责任。叶公超还希望美国驻联大代表在辩论中明确表明美国将继续反对新中国加入联合国，并否认"两个中国"的概念。

根据蒋介石的意见，当 1 月 28 日新西兰代表向安理会提出议案时，台湾当局驻联合国"代表"蒋廷黻便对新西兰提案提出了明确的反对意见。苏联代表针对新西兰提案，提出了关于制止美国侵略中国的提案。

1月31日，安理会通过决议，把两项提案都列入议程，首先讨论新西兰提案，然后讨论苏联提案，并决定邀请中华人民共和国代表参加讨论新西兰提案。2月3日，周恩来复电联合国秘书长哈马舍尔德，表示中国政府坚决反对干涉中国内政的新西兰提案，只有在讨论苏联提案并驱逐台湾当局代表的情况下才同意派代表出席安理会。

1955年2月5日，周恩来再次请瑞典驻华大使雨果·维斯特朗向联合国秘书长转达中国政府对新西兰提案的抗议。周恩来说："国际上一切为和缓并消除远东紧张局势，包括台湾地区的紧张局势在内的真正努力，中华人民共和国总是给予支持的。现在的问题是，新西兰的提案不能达到这个目的，而是要达到一个相反的目的，那就是把中国和被中国人民唾弃和推翻了的蒋介石集团放在对等的地位，放在两国的地位来谈判停火。这就是要联合国来干涉中国的内政。这是中国人民绝对不能同意而且坚决反对的。这个主题就是不能接受的。这样的活动包含一个阴谋，那就是把属于中国内政的事情，把任何外国或联合国都无权干涉的中国内政的事情，放在国际舞台上。这是要造成'两个中国'，要割裂中国领土。"（《周恩来外交文选》，第106－107页，中央文献出版社1990年版。）

周恩来针对美国对于新中国的战争威胁政策，严正指出："如果美国政府以为可以用战争威胁来吓倒中国人民，来使中国承认'两个中国'，承认美国侵占台湾和侵入台湾海峡的行为为合法，那是梦想。中国人民是吓不倒的。如果美国要进行战争挑衅，那么，就请它试试吧，它是有权利这样做的。但是，我们可以预言，如果美国硬要把战争打到中国头上，我们是一定要抵抗到底的，我们决不屈服。"（《周恩来外交文选》，第108页，中央文献出版社1990年版。）

就在中国人民同声谴责"两个中国"论调的时候，美国一些政客仍在津津乐道于这种分裂中国领土的谬论。1955年1月30日，美国最高法院助理法官威廉·道格拉斯在一次演讲中提出："中国问题的最终政治解决办法是让两个中国都进入联合国。"美国参议院外交委员会主席沃特·乔治也在接受采访时说："我认为现在还不到谈论制造两个中国的时候……但最终我们会讨论这个问题。"

　　面对美国舆论越来越多的这种足以危害台湾当局"法统"地位的议论，蒋介石实在也忍无可忍了。2月8日，蒋介石在台湾"国父纪念日"发表长篇演讲，质疑新西兰提案，痛斥"两个中国"谬论。他说："美国参议院虽还在审议中美共同防御条约，而艾森豪威尔总统就在一月二十四日请求国会特别授权于必要时使用美国的武装部队，来确保台湾澎湖和其他有关地区的安全。这一个授权案，在美国参众两院得到绝大多数的支持，很迅速地通过。这一件事说明了美国人民和政府举国一致坚定反共的立场，这是我们引为欣慰的。但是，正在这个时候，联合国安全理事会开始处理新西兰所提的停火案，而且要'共匪'去列席讨论，这真是一件不可思议的事。

　　"停火案所牵涉的另一谬论，是少数国外人士对于台湾地位的曲解。这些人强词夺理说台湾地位还没有确定，妄想在停火后另行寻求所谓解决的办法。这种说法，不仅是违反法律，而且是完全抹杀事实的谬论。他们的用心，显然是别有阴谋所在。也许有些国家想抄袭日内瓦会议那样在联合国之外，做秘密买卖交易，以断送越南领土，奖励侵略者的老文章。如果真是这样的话，那就完全抹杀了联合国的存在，因为这不仅出卖了联合国的会员国，而且出卖了这些国家自身所共同发起与共同组织的联合国了。回忆民国三十二年（1943年——作者注），我和美国总统罗斯福及今日英国丘吉尔首相在开罗会商对日作战和战后有关问题的解决，会后我们曾发表共同宣言，其中规定：凡日本自中国所窃取之领土，如东北各省、台湾澎湖，均应归还'中华民国'。这一个宣言，后来并为波茨坦协定所接受，又为日本在投降时所接受，当然具有法律根据和完全的效力。所以'中华民国'政府在日本投降时接收了台湾澎湖，建为'中华民国'的台湾省；从那时起，台湾澎湖已恢复其为中国领土的地位，即已经是'中华民国'的领土。等到金山对日和约和'中日和约'签订，日本依照该二约放弃对台澎的主权，因此台澎归还我国的手续，早已完成了。那些曲解台湾地位的国际人士，当然都知道这些法律和历史的根据，他们不过故意曲解，别有用心罢了。还有些人为了要曲解台湾的地位，正在谋求各种说法，企图否定开罗宣言的效力。我要警告世界各国：如果开罗宣言的效力可以否定，那么波茨坦协定的效力是不是也可以否定呢？第二次世界大战结束以来，国际间所订的各种条约与协定的效力，是不是也要予以否定呢？……在这里，我要正告全世界人士：'中华民国'人民和政府决不容许任何人割裂我'中华民国'的领土！"

　　蒋介石还说："此外还有人唱其所谓'两个中国'的奇论，尤其荒谬绝伦。假如有一天苏俄对那些高唱'两个中国'论的人们所属的国家发动侵略，占领了他们一部分领土，并在那里制造一个傀儡政权，试问他们也准备承认既成事实，把他们自己的国家也分为两个'东西什么国'或'南北什么国'么？照我们中国的哲学，孔子说：'己所不欲，勿施于人'，我以为这不仅是人与人间相处的常情，也是国与国间相处的道理。"（《"总统"蒋公思想言论总集》，第二十六卷，第259、262－263页，台湾中国国民党中央委员会印。）

　　2月14日，蒋介石再次在中外记者招待会上说："'两个中国'的说法，真是荒谬绝伦。在四千余年的中国历史上，虽间有卖国贼勾结敌寇叛乱之事，但中华民族不久终归于一统。"（《"总统"蒋公思想言论总集》第三十八卷，第333页，台湾中国国民党中央委员会印。）后来，蒋介石又进一步说："台湾和大陆本属一体，骨肉相关，休戚与共。"（台湾，"中央社"中兴新村，1958年10月24日电。）

　　由于新西兰提案一方面遭到海峡两岸中国人的共同抗议，另一方面，苏联代表于1955年2月15日在安理会斥责该提案并要求讨论苏联提案，遭到美英两国的拒绝，双方各持己见，相持不下，安理会决定无限期搁置讨论。美国政府暗中操作的新西兰提案实际破产。

　　大陆与台湾共同抗议新西兰提案，反映了中国人在领土主权问题上共同的民族情感和思想默契。这使一些美国有识之士也深有感触。1955年6月，美国驻台机构负责人兰金在文章中说："两个中国的倡议者都不免忽视了这两个中国政权现在和未来的态度。它们双方都已拒绝这种意见，谁都没有以任何方式，甚至也没有以默认的方式，流露出任何愿意接受的意见。"因此，他认为，"像中国这样一个伟大的民族，绝不会答应让他们的国家永远分裂。"（兰金《两个中国的概念》，华盛顿大学出版社 1964 年版。）

反对"划峡而治"

一江山岛战役以后，人民解放军的火炮射程可以覆盖大陈岛，大陈岛蒋军失去屏障，面临覆灭命运。蒋介石仍然故作姿态，声称要在大陈岛作最后战斗。但美国政府甚为恐慌，生怕战争由此扩大，遂私下向蒋介石承诺协防金门、马祖，并以为大陈撤退提供空中与海上掩护为条件，劝说蒋介石放弃大陈岛。其间，杜勒斯与台湾当局的代表叶公超、顾维钧多次会谈，解释美国政府的政策与愿望。顾维钧表示：台湾当局深知其"不得不同意撤出大陈的建议"，因为该岛"无法单方面守住"。然而，台湾当局希望美国明确声明其保卫金门和马祖的意图。

美国并未满足台湾方面的要求，明确声明保卫金门与马祖，而是对此存有很大的疑虑，台湾当局却不得不顺从美国的意志，执行从大陈撤退的计划。1955 年 2 月 7 日，美国出动第七舰队四万八千名海空人员，一百多艘舰艇和配以大量飞机护航到达大陈岛附近海域。11 日，国民党军第四十六师一万八千余人和大陈岛居民一万四千余人全部从大陈岛撤走。

美国在劝说蒋介石从大陈撤兵之前，事先通知了苏联外长莫洛托夫，希望苏联阻止中共在国民党撤离大陈时加以攻击。接到苏联方面转来的信息以后，彭德怀电示浙东前线指挥部：此事牵涉到国际关系，就让他们撤退算了。当国民党从大陈撤退以后，22 月，中国人民解放军登陆大陈岛。至 2 月底，浙江沿海岛屿全部收复。

蒋介石于 2 月 7 日发表《为大陈撤退告海内外军民同胞书》，重申了大陈撤退的军事意义和保卫金门、马祖等岛屿的决心。他说："政府为适应抵抗共产侵略新形势之发展，已决定将大陈岛屿驻军调防金门、马祖等地，此为集中兵力、增强整个反共复国军事部署之重要措施。……共产国际集团最近屡犯我沿海岛屿，其在台湾海峡地区将发动军事侵略之企图，业已暴露。我政府本于反共复国之国策，必先确保我反攻基地之台湾及其外岛之安全为第一任务，同时我国与友邦美国现在正共同致力于防卫西太平洋区域两国之领土，抵御国际共产之侵略，为适应目前新的形势，使友邦间彼此之行动能切实配合，凡与防卫台湾无关重要各岛屿之驻军，转移使用于确保台湾有关之各地区，此乃适应新的战略需要所采取之配合行动。我大陈军民，团结一体，共同生死，坚守该岛已五年有余。唯该岛孤悬于台湾基地二百五十海里之外，以今日军事形势而言，其对我反攻基地之台湾防卫上，实已失去其战略之价值，故我政府经与美国协商后，决定将大陈之驻军重行部署，转移兵力，以增强我台、澎及其外围岛屿之防务。"(《"总统"蒋公思想言论总集》第三十三卷，第110－111页，台湾中国国民党中央委员会印。)

14日，蒋介石又在答中外记者会上再次强调台湾与美国的"合作无间"以及确保金门、马祖等岛屿的重要性。他说："此次大陈撤退，按照计划顺利完成，完全由于艾森豪威尔总统对于共匪干扰撤退行动时不惜一战之决心，使敌人不敢轻举妄动，故能有此结果。实可为民主反共阵线上极大之成功。"蒋介石还称赞"此次撤退期间中美军政合作无间，尤其是陆海空三军官兵患难与共、彼此互助之精神，实奠定太平洋上及东亚地区反抗共产确保安全之基础。"

有记者问及："如金门、马祖遭受攻击，美国是否将与中国协防？"

蒋介石回答："关于外围岛屿协防问题，中美两国政府之声明已甚清晰，毋庸赘提。金门、马祖之确保，对于台湾澎湖之确保具有决定性，此应为有资格的军事家一致的认识。"(《"总统"蒋公思想言论总集》第三十八卷，第331、334页，台湾中国国民党中央委员会印。)

然而，对于金门、马祖的协防问题，并不是像蒋介石所说的那样，美国与台湾有一致的看法。

在美国决策者的眼中，金门、马祖与台湾、澎湖不可同日而语。因为沿海岛屿从来没有割让给日本。美国人一直在制造台澎的"国际地位未定论"，却无法否认沿海岛屿是中国领土这一毫无争议的事实。因此，要在台湾蒋介石控制的领土上制造"台湾共和国"，就必然牵涉到沿海岛屿的归属问题。杜勒斯意识到，协防沿海岛屿的问题，是"同共产党人发生摩擦以及同我们盟友产生不和的一个根源"。（杜勒斯《对共产党中国和台湾的政策》，艾森豪威尔图书馆"杜勒斯文件"，第二箱。）因此，杜勒斯的政策是将沿海岛屿尽量划出美国与台湾的协防范围以外，并伺机说服蒋介石放弃沿海岛屿的防卫，从而达到美国"划峡而治"的目标。所以，杜勒斯与蒋介石的争论，就在于沿海岛屿的去留问题。美国既不愿公开声明帮助蒋介石防守沿海岛屿，也不愿在美蒋"共同防御条约"中写上协防沿海岛屿的条款。

国民党撤出大陈岛以后，保卫金门、马祖的问题立即摆到了美国人的面前。1955年3月，艾森豪威尔在给英国首相丘吉尔的信中写道，如果蒋介石自愿撤离金门、马祖，他将很高兴，但他不愿为迫使蒋介石撤军而施加太大的压力，因为他担心国民党"可能在绝望之中放弃整个斗争"。在两难的抉择中，艾森豪威尔甚至诅咒道："这些该死的小小沿海岛屿，有时我真恨不得让它们沉下去。"（托马斯·斯托尔伯《中国、"台湾"及沿海岛屿》，第102页，沙普出版社1985年版。）

1955年4月5日，美国国务院偶然从苏联驻美大使处得知，中共近期内并不打算攻打金门、马祖。于是，美国当局松了一口气，转而越发觉得金门、马祖是一个沉重的包袱。为了避免留下让美国卷入中国内战的隐患，同时也为了彻底切断台湾同中国大陆的领土联系，有利于制造"两个中国"，永久解决台湾问题，美国政府决心抓紧时机，说服蒋介石自动放弃金门、马祖等沿海岛屿。

4月下旬，美国国务院派遣饶柏森和雷德福前往台湾说服蒋介石放弃金门、马祖。

对于蒋介石来说，金门、马祖具有举足轻重的地位。巩固台湾，然后"反攻大陆"是蒋介石集团偏安台湾的精神支柱，也是岛内一切施政与稳定的重要基础。在蒋介石的棋盘上，金门、马祖的地位远比美国人考虑的重要得多。从军事上看，金门、马祖等沿海岛屿，进可以作为反攻大陆的踏板，退可以作为防守台湾、澎湖的屏障；从法律上看，占有沿海岛屿，标志着国民党政府仍然控制着部分中国大陆的领土，并非只是管理台湾一省的地方当局；在策略上，这些岛屿的存在不仅可以鼓舞国民党军的反共士气，而且也是把美国拖入国共新战争，并通过美国的支援而"反攻大陆"的理想基地。

因此，在沿海岛屿问题上，美国与蒋介石的战略利益冲突十分突出，不可能调和，故而其争论也就难以避免了。

饶柏森来到台湾以后，首先向蒋介石作了三项保证：1. 美国不参加使台湾中立化的计划；2. 不承认中华人民共和国并继续努力阻止它进入联合国；3. 继续把台湾当局视为中国的合法政府和千百万海内外中国人的唯一选择。随后，饶柏森便导入正题，谓在当前有可能爆发核战争的形势下，美国的立场仍然是只保卫台澎而不保卫沿海岛屿。他对蒋介石说："用一个巩固的阵地来代替这些已经受到削弱的阵地。……如果大元帅在考虑了所有情况之后同意撤出金门、马祖，美国将为撤退提供掩护，艾森豪威尔还将公开宣布，作为自卫措施，美国将与国民党一起实施并保持对南起汕头北至温州的中国沿海通道上的一切禁运品和战争物资的封锁，直到红色中国作出表示，放弃它公开宣称的以武力夺取福摩萨的企图。"（《美国对外关系文件》（FRUS），1955 - 1957 年，第 511 页。）

蒋介石向饶柏森明确表示：不管有没有美国的帮助，他都要防守金门、马祖。他还举出当初同意从大陈撤军时，台湾并没有坚持要美国作出保卫金门、马祖的公开承诺作为证据，表明在美蒋关系出现困难的时候，总是台湾方面作出更大的牺牲。蒋介石判断共产党不会立即进攻金门、马祖，因为只有在直接进攻台湾的时候，共产党才会真正进攻金门、马祖。如果在这种时刻，未经交战而自动放弃金门、马祖，那么国民党军队本身的威信将会受到无法弥补的损失。同时，蒋介石也将这件事与美国的利益挂上钩，宣称，金门、马祖已经成为美国在远东威信的一个象征，如果美国迫使国民党放弃这些岛屿，那么会给美国在世界上的威望造成极坏的影响。

蒋介石进一步向美国人指出，封锁中国沿海交通，并不能补偿放弃金马所带来的损失。他回顾说，当时叶公超还在华盛顿帮助美国人劝说蒋介石放弃大陈岛时，他便指出，撤出大陈最终将导致有人提议从金门、马祖撤退，那么连小孩子也不相信在防守台湾时他能得到美国的支持。如果他放弃金门、马祖，只能导致产生进一步的压力，走向台湾被托管。

蒋介石还表示：鉴于这是朋友之间的谈话，出于最大的信任，他可以直言相告，如果台湾当局作出放弃金门和马祖的决定，没有一个中国人会支持这个决定，他无法再领导他们，因此美国将不得不寻找另外一个蒋介石，可惜的是，美国再也找不到另一个像他这样对美国如此友好和如此反共的领袖了。蒋介石声称，为了保住自己的地位，更重要的是保住中国人对艾森豪威尔的信任，他将守住这些岛屿。他在会谈结束时，直截了当地对饶柏森说：他的答复是最后正式答复。（《美国对外关系文件》（FRUS），1955－1957年，第511、513－515页，第516页。）

1955年2月18日，蒋介石在对美国广播记者的谈话中指出："'中华民国'不论在大陆上或在台湾海滩上对共党作战，均将不需要美国地面部队，不过海空支持将属需要。"（《"总统"蒋公思想言论总集》第三十八卷，第340页，台湾中国国民党中央委员会印。）

3月23日，蒋介石更在接见美国报人塞尔资伯格的谈话中，公开指责英美关于要求蒋军撤出金门、马祖的主张。据塞氏说：蒋"总统"在谈话中，对那些在雅尔塔会议欺骗他的盟国，现在复建议"从他较前缩小的辖区中再继续放弃若干地点"表示愤慨。蒋介石说："试图强迫我们不经一战而放弃沿海岛屿是不公正的，那将违背所有的国际正义和我们盟国的义务。美国不应同意英国对这事的意见，不论美国是否加入防守这些岛屿，他们都不该企图强迫盟邦自由中国放弃它们。我们的军队在任何情势下都将不从外岛撤退，我们将不对任何的压力屈服。我们决心打到最后一人。若因我们退出大陈便以为我们将撤退马祖、金门，那是一个错误，我们一定将为这二岛而战。这对中国来说，或将成为一场有决定性的战争。"（《"总统"蒋公思想言论总集》第三十八卷，第347页，台湾中国国民党中央委员会印。）

25日，蒋介石再次接见美国报人霍华德，表示："保卫金门、马祖，并非出于刚愎的决定，亦并未看作单纯的一个有计划冒险，而是由于需要所使然。"蒋介石说："希望这个需要将为自由世界所了解。这个决定牵涉到严重的士气问题，这个问题居于战术或战略的任何考虑之上。我们的军队必不能被要求放弃另一个战线，或自动地参加另一个撤退。这支数十万人的军队，追随其自己的中央政府退出大陆转来台湾，……他们对其中央政府始终具有信心。没有经过战斗而放弃另一个战线，将有负他们的信心而危害他们的忠诚。我们确信我们不会战败，但即使偶然的事出万一，我们政府亦能在单一的战线上经得起一次挫折而维持其士气及战志于不坠。但若不经战斗而再作退却，那就不能这样了。只要保持高昂的士气，即使没有援助或盟友，我们也能战斗下去，定将战斗下去。如果我们的士气被毁，即使我们的友人，亦将无法帮我们的忙。我个人极力反对此时采取可能在亚洲触发大战的任何行动；但我深信，沿海岛屿的坚决防御，最足以阻遏任何大规模战事早日发生。"（《"总统"蒋公思想言论总集》第三十八卷，第348-349页，台湾中国国民党中央委员会印。）

蒋介石与美国新闻界著名人士谈话以后，纽约《世界电讯太阳报》以"蒋'总统'对金门、马祖的立场：不论有无美国的援助，他将保卫此二岛"为大字标题，向美国民众广泛宣传了蒋介石的主张。

在蒋介石毫不妥协的态度面前，美国政府考虑到过分压迫蒋介石可能会产生不利影响，故而不得不暂时放弃了劝说蒋介石撤出金门、马祖的计划。

第一次海峡危机以后，蒋介石更加坚定了守卫金门、马祖的决心，并加紧经营金马防御体系。1956年6月，台湾当局确定金门、马祖为战地政务区。至1958年夏，蒋介石把大约三分之一的台湾国民党陆军部队（约十一万人）

部署在金门、马祖二岛，作出了在此决战的姿态。

中美大使级会谈

蒋介石坚决反对美国制造"两个中国"的态度，在一定程度上推动了中国共产党作出和平解放台湾的重要决策。

毛泽东说："我们反对'两个中国'，蒋介石也反对'两个中国'，我们有一致之处，有共同点。"（《毛泽东外交文选》，第383页，中央文献出版社1994年版。）周恩来也进一步指出："新中国反对制造'两个中国'，而美国则向蒋介石施加越来越大的压力，要蒋介石承认'两个中国'，这将有助于把蒋介石推回到祖国来。这个情况是很微妙的。"（《周恩来外交文选》，第260页，中央文献出版社1990年版。）

1955年5月13日，周恩来在全国人大常委会上首次提出了和平解放台湾的主张。这标志着中国共产党对台湾政策的一个重要转变。周恩来指出："解放台湾有两种可能的方式，即战争的方式和和平的方式。中国人民愿意在可能的条件下采取和平的方式解放台湾。"此后，中国政府通过各种渠道向台湾当局表达了愿意通过和平谈判来解决祖国统一问题的真诚愿望。

为了争取和平解决台湾问题，中国政府在与美国针锋相对斗争的同时，主动探索与美国进行和平对话的可能性。1955年4月18日在印尼召开的万隆会议是一次具有深远历史意义的会议。中国代表团团长周恩来在会议上提出"求同存异"的方针，呼吁各国撇开分歧，为共同反对殖民主义而斗争。《万隆会议宣言》提出了维护和平的十项原则，充分体现了由中国倡导的"和平共处五项基本原则"。周恩来的崇高风格、谦逊作风和政治家的广阔胸怀受到了与会代表们的一致钦佩与赞扬。

就在这次会议上，周恩来代表中国政府发表了一个历史性的声明："中国人民同美国人民是友好的。中国人民不要同美国打仗。中国政府愿意同美国政府坐下来谈判，讨论和缓远东紧张局势的问题，特别是和缓台湾地区的紧张局势问题。"（《周恩来外交文选》，第134页，中央文献出版社1990年版。）

中国政府首先向美国发出了和谈要求，石破天惊，激起巨大的国际反响。4月24日，《纽约时报》全文登载了周恩来的声明。美国政府在国际舆论的强大压力下，不能对中国政府的建议置若罔闻。4月24日中午，美国国务院发表声明："国务院获悉周恩来在万隆会议所作声明的报道。美国一向欢迎任何旨在给世界带来和平的努力，如果这种努力是真诚的。在台湾地区，我们有自由的'中华民国'作为盟国，美国当然坚持自由中国在任何有关该地区问题的讨论中具有平等的一席。假如共产党中国具有诚意，那么有若干明显的步骤可供其采纳，以澄清并证实其善意，包括：在上述地区立即停火；或释放美国飞行员及其他被不当拘留者；或接受联合国安理会的邀请，参加如何结束台湾问题敌对状态的讨论。"（《美国对外关系文件》（FRUS），1955－1957年，第507页，脚注3。）

中美之间这一来一往的声明，引起蒋介石的极大恐慌。台湾有媒体进一步将美国的举动指为向蒋介石施压，以逼迫蒋介石放弃金门、马祖。美国政府立即指示正在台湾访问的饶柏森设法安抚蒋介石。饶柏森向蒋介石表示：1. 美国将不参与使台湾中立化的计划；2. 美国将不承认红色中国；3. 美国将继续支持国民党。同时，饶柏森也转达了美国政府对海峡局势的担忧，指出如果海峡局势恶化，有可能导致战争和使用原子武器。在这种情况下，美国如要参战，有利的国内和世界舆论将是至关重要的，因此，美国希望：1. 美国和国民党不打第一枪；2. 美国参战的目的是为了保卫台湾，而不是沿海岛屿。（《美国对外关系文件》（FRUS），1955－1957年，第510页。）

1955年7月11日，杜勒斯通过美国驻英使馆，请英国政府向中国政府建议，中美双方各派大使级代表在日内瓦举行会谈。15日，中国政府通过英国政府回复同意中美举行大使级会谈。7月25日，中美双方发布公告："美利坚合众国和中华人民共和国通过联合王国的外交途径通信的结果，同意过去一年双方在日内瓦的领事级代表的会谈应该在大使一级进行，以便有助于愿意回到他们各自国家去的平民的遣返问题的解决，并有利于进一步讨论解决双方之间目前有争执的某些其他实际问题。双方大使级代表的第一次会晤将于1955年8月1日在日内瓦举行。"（《顾维钧回忆录》第十二卷，第354页，中华书局1993年版。）

8月1日，中美日内瓦大使级会谈如期举行。中国方面的代表是中国驻华沙大使王炳南，美国派出的谈判代表是驻捷克斯洛伐克大使约翰逊。

最初，中国方面定下的谈判目标是：着重讨论台湾问题，安排杜勒斯国务卿和周恩来总理的直接会谈，以及讨论建立两国文化联系等一些实质性问题。

杜勒斯在美国议院解释这次会谈的目标时说："我们希望在即将举行的会谈中弄清楚，中共是否根据联合国避免使用威胁或武力以致妨害各国之和平的原则接受停火的概念。毫无疑问，中共会提出他们自己的问题。我们将洗耳恭听是些什么问题，如果这些问题直接涉及美国和中国共产党的话，我们打算加以讨论，以便达成一项和平解决办法。"（《顾维钧回忆录》第十二卷，第361页，中华书局1993年版。）

杜勒斯在约翰逊临行前，交给他由其起草的十八点谈判意见。其主要精神是，在会谈中不涉及外交承认中国的问题，只谈"双方之间的实际问题"。具体目标有两点：一是要求中国在台湾地区放弃使用武力；二是使双方平民回国，要求中国释放在押的美国人。此外，杜勒斯还别有用心地指示约翰逊，要使大使级会谈"尽可能地进行下去"。（《战后美国外交史》，第299页，世界知识出版社1993年版。）

为了促使中美会谈早日进入实质性阶段，中国方面在第一次会议上便主动宣布释放在押的十一名美国间谍。中国方面的举动表明了自己对于谈判的诚意，赢得了世界舆论的广泛赞誉，为会谈创造了良好的开端与气氛。但是，事实证明，美国方面对于谈判台湾海峡危机这个实质性问题，并没有什么诚意，当美方要回了那些在中国境内被捕的美国间谍以后，他们却绕开台湾问题，又提出所谓在朝鲜战场失踪的四百五十名美国士兵的命运问题，实际上是故意拖延会谈进入实质性阶段的时间。

在谈判开始涉及台湾问题的时候，约翰逊竟拿出了他的发言稿，长篇累牍地读起了美国政府对台湾的政策，其内容主要是：1. 美国必须承担台湾的防务；2. 要求中国政府必须首先宣布不对台湾使用武力，美国才同意举行外长级会谈。

随后，中国代表为推动谈判进展，曾多次提出各种合理的协议草案，均遭到美方拒绝，会谈陷入僵局。

1956 年 6 月，周恩来在第一届全国人民代表大会第三次会议上谈到中美会谈问题时，指出："美国虽然表示不使用武力的原则应该具体地应用到台湾地区，但是却反对确定举行中美外长会议来实现这一原则，甚至也不同意在一定的限期之内，寻求和确定和平解决中美两国争端的途径。不仅如此，美国还坚持它在中国的领土台湾有所谓'单独或集体自卫的权利'。这一切表明，美国的企图是要取得一个对它片面有利的声明，一方面保持美国侵占台湾的现状，另一方面继续干涉中国人民解放台湾。在不能取得这样一个声明的情况下，美国就企图无限期地拖延中美大使级会谈，以便同样达到冻结台湾地区现状的目的。"

他尖锐地指出："美国的这种企图正是中美会谈至今不能达成协议的症结所在。中国不能同意发表一个仅仅对一方有利的声明，也不能容许中美会谈被一方利用成为达到片面目的的工具。中国认为，任何共同声明都必须是对双方有利的；同时，中美会谈的继续，也只有在对双方都有利的情况下才有可能。"（《中美关系》，第 97 - 98 页，人民出版社 1971 年版。）

对于中美双方的谈判活动，蒋介石是妒恨交加。他于 1955 年 10 月在国民党七届七中全会的闭幕词中，专门对中美大使级会谈提出批评。他说："日内瓦会议以后，美国的外交态势，不但陷于空前困惑，而且是逐步失败。"他列举了多个事件来说明美国的外交失败，其中有德国与苏联建立邦交、捷克斯洛伐克与埃及的军火买卖、苏联在地中海邻近地区不断制造事端以及中美大使级会谈。

在提及中美大使级会谈时，蒋介石说："此一会议起于四月间的所谓'亚非会议'，后由英、印撮合成功。自王炳南与美使强生（约翰逊——作者注），在日内瓦开会至今，为时已两月多了；究竟何时结束，迄今尚无显著迹象可以预料。事实已经证明，中共正利用日内瓦的谈判，对美尽情敲索；虽然美国一再宣告在美俘美侨未得全部释放以前，决不与中共做进一步的谈判。可是中共只要拖住美国在谈，对中共言，真是有百利而无一害；而对美国方面说，乃是会议愈拖延，而其声誉愈降低。"（《"总统"蒋公思想言论总集》第二十六卷，第362－363页，台湾中国国民党中央委员会印。）

事实上，蒋介石并不了解中美大使级会谈的实情。在谈判中"尽情敲索"的不是中国共产党人，而恰恰是美方代表。美国在达到要求中国释放美俘美侨等一系列目的之后，却在谈判的实质性问题上毫不让步，胡搅蛮缠，致使谈判毫无进展。

中国政府为了继续推动谈判进程，于1956年8月单方面宣布取消不让美国记者入境的规定，向美国十五个重要新闻机构发出邀请，让他们派出记者来华作为期一个月的访问。这个消息曾使全世界为之震动。但美国政府一直拖到一年以后，才勉强同意选派记者赴中国访问，而同时宣布不给中国记者以互惠的待遇。

由于美国政府根本没有通过谈判达成协议的诚意，时间在一轮又一轮单调而无进展的会谈中流逝。

美国政府一边在中美会谈中"尽情敲索"中国政府，一方面继续强化其敌视中国政府的政策。1957年3月2日，杜勒斯在马尼拉条约组织会议上宣布："美国坚持其对华政策的三个主要方面：承认'中华民国'；不承认所谓的中华人民共和国；反对让这个人民共和国作为宪章所称'中华民国'的委任代表取得联合国席位。"6月，杜勒斯再次发表题为"我们对中国共产主义的政策"的演说，狂妄地宣称："我们一直没有对中共政权给予外交上的承认；我们一直反对它加入联合国；我们一直没有同共产党中国贸易，或者准许同它进行文化上的交流。这些过去是，而且现在也是我们的政策。"（《中美关系二百年》，第 192 － 193 页，新华出版社 1984 年版。)

美国政府一方面在谈判桌上要求中国放弃使用武力解放台湾，另一方面却在台湾海峡大肆炫耀其武力，并企图用核武器威吓中国人民。

1957 年，美国公开在南朝鲜部署核武器。年底，又在台湾部署了能够携带核弹头的地对地"斗牛士"导弹，射程可及中国的华东、华中和华南各省。与此同时，美国还为第七舰队配置了核潜艇和"狮子星座第二"导弹。其核讹诈的气焰十分嚣张。

1957 年 11 月，美国第七舰队在台湾海面举行大规模的军事演习，与其相配合，国民党军十一万人也举行了代号为"昆阳"的全岛军事演习。1958年 3 月，美国宣布把"美军协防台湾司令部"和"军事援助顾问团"等十七个不同系统的美驻台湾机构合并在一个统一的指挥系统之下，成立了"美军驻台协防军援司令部"，其司令官拥有指挥在台湾地区的美军和国民党军的全权。

至 1957 年 12 月底，中美大使级会谈在美方破坏下中断。

蒋介石在美国的鼓舞下，又一次掀起"反攻大陆"的高潮。他派出飞机远至云、贵、川、康、青海等省散发传单，空投特务，轰炸福建，骚扰江浙，使得台湾海峡的紧张局势骤然升级。

周恩来指出："美国政府坚持敌视中国人民的政策。朝鲜停战以后，美国就破坏了关于战俘问题的协议，把大批的中国被俘人员送到台湾。美国不仅拒绝承认中华人民共和国，而且还阻挠其他国家同中国建立友好关系。美国继续在国际事务中排斥中国，在联合国中继续阻挠中国合法地位的恢复。……美国还企图通过中美会谈使中国承认美国侵占台湾的现状，制造所谓'两个中国'的形势。我们愿意通过和平谈判解决中美之间的国际争端，但是，我们维护国家主权和解放台湾的决心是不可动摇的，美国政府制造'两个中国'的阴谋是绝对不能得逞的。""世界上没有任何力量可以把中国人同中国人永远分割开来。"(《周恩来外交文选》，第 222、223 页，中央文献出版社 1990 年版。)

毛泽东则宣布："我们还没有核武器，但谁吓唬我们是不行的，我们从来就不接受强大力量的威胁。不接受这样的威胁，在我们力量再小的时候也是如此。"(《毛泽东外交文选》，第 542 页，中央文献出版社 1994 年版。)

毛泽东决定用炮击金门的隆隆大炮声来回答美国人的核讹诈。

第二次海峡危机

1958 年 8 月 23 日，中国人民解放军开始炮击金门。在八十五分钟的炮火袭击中，三万发炮弹从天而降，国民党军六百余人在震耳欲聋的炮火中伤亡，金门岛上一片火海。

据台湾"国防部新闻局"的刘毅夫事后追记炮击时的场景：下午 5 时 30 分，金门太武山下的翠谷湖心亭中，餐会已散，胡琏司令陪着俞大维在张湖公路的山下漫步回司令部，赵家骧、吉星文、章杰三位副司令官站在翠谷湖岸的桥头上谈天。突然有阵嘶哮声，掠过太武山头，驰落翠湖，紧接着山摇地动不断爆炸声，整个翠谷烟雾弥漫，弹片横飞，在小桥上的三位副司令官，于第一群炸弹落地爆炸时，就都牺牲了。胡琏回到司令部，他的第一个动作，就是用电话指挥炮兵全面反击，但是，他懊恼极了，电话线已经全部被炸断了。

国民党三个金门防卫副司令于第一轮炮击中全部丧命，说明台湾方面对于这一次炮战完全没有思想准备。

毛泽东说：打炮的目的不是要侦察蒋介石的防御，而是侦察美国人的决心，考验美国人的决心。中国人就是敢于在太岁头上动土，何况金、马至台湾一直是中国的领土。（参见吴冷西《忆毛泽东》，第 76 页，新华出版社 1995 年版。）

从一开始，毛泽东就把第二次炮击金门的行动当作政治战略的一部分来看待。炮击金门的决定早在 7 月中旬即已形成，7 月 26 日，准备参战的三十个炮兵营已经全部进入阵地。毛泽东于 7 月 27 日致信彭德怀，提议暂缓打金门，其中的重要理由是，"政治挂帅，反复推敲，极为有益"。(《毛泽东军事文集》第六卷，第377页，军事科学出版社1993年版。）后来，毛泽东又在8月18日致彭德怀的信中明确提出，炮击金门的目的是"直接对蒋，间接对美"。

中国人民解放军炮击金门的举动，立即将美国人的神经弄得高度紧张起来。8月23日，杜勒斯接到美国中央情报局的报告后，立即起草了致副国务卿的备忘录：1.如果中国炮击造成局势危险，可能需要美国进行干预；2.台湾对大陆的反攻活动，有利于国民党军士气，但对大局恐难有巨大的影响，因为要改变中共或东欧，决定的因素在于内部自然的力量，它比外部刺激更为有效；3.可能的话应把台海局势交给安理会讨论。（林正义《1958年台海危机间的美国对华政策》，第72页，台北商务印书馆1985年版。）

8月25日，艾森豪威尔主持会议，决定向台湾提供导弹和登陆艇，承担台湾空防和为台湾提供护航，做好对中国大陆目标实施核打击的准备。艾森豪威尔还特别指示，关于美国可能使用核武器这样一个选择，不要告诉蒋介石。

8月27日和9月4日，蒋介石两次致函艾森豪威尔，向他的"保护者"提出急迫要求：

1. 美蒋联合显示武力以遏制中国；

2. 同意台湾轰炸中共海空基地和金门对岸的炮兵阵地；

3. 艾森豪威尔发表声明表示对金门的攻击即构成对台湾的攻击，美国将使用武力来反击这种行动；

4. 第七舰队对金马运补提供护航；

5. 授权美军驻台司令有权不请求白宫直接采取必要的措施。

（林正义《1958年台海危机间的美国对华政策》，第69－70页，台北商务印书馆1985年版。）

9月4日，艾森豪威尔授权杜勒斯发表声明，大意为：美对台湾有条约义务，总统并已得到国会决议授权，可以使用美国武装部队，保卫如金门、马祖等有关阵地，只是现在还没有判定有此必要。如果总统根据情况断定有此必要，将毫不犹豫作出这种判定。

台湾海峡危机爆发仅十天，美国便在台湾海峡集结了七艘航空母舰、三艘重巡洋舰、四十余艘驱逐舰。美国空军巡逻队和海军陆战队也进驻台湾地区和菲律宾各岛。此外，还有海军陆战队近四千人在台湾登陆。

9月6日，周恩来代表中国政府发表声明，包括两点内容：

1. 台湾和澎湖列岛自古就是中国领土。美国"在台湾海峡地区大量集结武装力量，公开威胁要把它在台湾海峡地区的侵略范围扩大到金门、马祖等沿海岛屿。这是对六万万中国人民严重的战争挑衅，是对远东和世界和平的严重威胁"。但是，"任何战争挑衅都吓不倒中国人民"，如果美国把战争强加在中国人民头上，美国政府就"必须承担由此而产生的一切严重后果"。

2. 中国一贯倡导按和平共处五项原则解决国际争端，"尽管美国以武力侵占了中国的台湾和澎湖列岛，粗暴地破坏了国际关系中最起码的准则，中国政府仍然倡议同美国政府坐下来谈判，谋求台湾地区紧张局势的和缓和消除"。声明宣布，中国政府"准备恢复两国大使级会谈"。（参见《人民日报》，1958年9月7日。）

金门炮击把美国再次拉到了谈判桌上，美国政府于当天表示欢迎周恩来关于重开中美大使级会谈的建议。

9月7日，美国军舰开始为往返于台湾、金门两地的国民党军舰护航。人民解放军前方部队请示：美军直接介入，是否打？毛泽东命令：照打不误，但只打蒋舰，不打美舰，如果美舰开火，没有命令不准还击。（叶飞《炮击金门纪实》，载《共和国战神实录》第192－193页，团结出版社1993年版。）

9月8日，人民解放军实施第三次大规模炮击，已经驶入金门料罗湾港口的美国护航军舰不仅没有开火还击，反而丢下蒋舰和蒋介石的运输船只，掉头逃离金门海域。人民解放军击沉击伤国民党军舰各一艘。9月11日，人民解放军再次实施第四次大规模炮击，蒋介石的军舰被击沉三艘，击伤数艘。这就暴露了美国与蒋介石共同防御政策的实质：美国并不想为了蒋介石而冒险与中国政府直接冲突，而蒋介石企图扩大战争，拉住美国一起"下水"的政策也不灵。

毛泽东在 9 月初召开的最高国务会议上宣布：美国已经被它自己制造的绞索套住了，"美国现在在我们这里来了个'大包干'制度，索性把金门、马祖，还有些什么大担岛、二担岛、东碇岛一切包过去，我看它就舒服了。它上了我们的绞索，美国的颈吊在我们中国的铁的绞索上面。台湾也是个绞索，不过隔得远一点。它要把金门这一套包括进去，那它的头更接近我们。我们哪一天踢它一脚，它走不掉，因为它被一根索子绞住了"。（《毛泽东外交文选》，第 341 页，中央文献出版社 1994 年版。）

毛泽东形象化的描绘真正点出了美国在台湾问题上的窘况。美国的脖子套在绞索里的感觉实在不舒服，不仅受到盟国的异议，而且也受到美国国会与民众的谴责。于是，美国的政客们开始寻求脱身之计，美蒋之间的尖锐矛盾也由此滋生。9 月 7 日以后，由于人民解放军的炮火封锁，蒋介石向金门运输补给的行动连连失败，损失惨重。美国国会议员和大众舆论开始反对卷入金马冲突，甚至美国军方也不愿再支持蒋介石固守外岛了。据《纽约时报》透露，在白宫和国务院收到的五万封公众来信中，有 80% 是反对美国帮助蒋介石防守沿海岛屿的。9 月 11 日，英国外交部发言人表示，英国没有任何义务为保卫金门、马祖或者台湾而采取军事行动。随后，加拿大外交部长、泰国总理、菲律宾总统、澳大利亚总理也先后表示不愿卷入台湾冲突中去。美蒋联盟受到了美国国内和国际上的巨大压力。

蒋介石也感到美国政府的态度在摇摆之中。他于 9 月 15 日发表谈话，将炮击金门视为"共匪"进犯台湾的序幕，他指出，中共的最终意图有三：第一步是将美国赶走；第二步是进入联合国；第三步就是成为五强之一。蒋介石提醒"美国和整个自由世界"绝不能对中共的行动"犹疑不决""姑息萎缩"。

9 月 16 日，蒋介石再次发表谈话，要求对大陆采取大规模报复行动。他说："到了最后生死存亡关头，除了采取行使自卫权之紧急性行动，即有效的报复行动，无法继续撑持时，美国为了人道，为了正义，以及为了对遏制侵略、保障世界和平安全所负的责任，我不相信它会妨碍我们采取这一紧急性的自卫报复行动。"（陈志奇《美国对华政策三十年》，第162页，台湾中华日报社1981年版。）

陈诚配合蒋介石的呼吁，在台湾当局"立法院"放风说，如果解放军再攻占一个岛屿，国民党就把战争扩大到大陆。9月28日，蒋介石在对中外记者的谈话中表示，反对中美在华沙举行的大使级谈判，认为谈判不可能取得各方面都能接受的结果，并说："金门战争在何种情势下，才是我们的生死关头，当以各种条件来判断，今天不能预为确定。如果到了这个时机，需要我们采取紧急行动，我相信盟邦必能继续以条约的精神，支持我们遏阻'共匪'侵略之目的，必不至中途后退，而我们在紧急状态中，亦不容为了考虑盟邦态度如何，而瞻顾徘徊。"（陈志奇《美国对华政策三十年》，第164页，台湾中华日报社1981年版。）

为了配合中美大使级会谈，9月13日毛泽东命令福建前线部队："白天黑夜打零炮，每天二十四小时，特别是黑夜，使敌昼夜惊慌，不得安宁。"并指出：照此办理，使我们完全立于不败之地，完全立于主动地位。

9月15日，新一轮的中美大使级会谈在海峡两岸的炮声中开始。毛泽东对即将赴华沙与美方会谈的中国代表王炳南说："在同美国人的会谈中，你要多用一种劝说的方法，譬如说，你们美国是一个大国，我们中国也不小，你们何必为了仅仅不到二千万人口的台湾岛屿与六亿中国人民为敌呢？你们现在的做法究竟对美国有什么好处呢？"毛泽东又说："在会谈中要多用脑子，谦虚谨慎，说话时不要对美国人使用像板门店谈判那样过分刺激的语言，不要伤害美国民族的感情。中国人民和美国人民都是伟大的民族，应该和好。"（王炳南《中美会谈九年回顾》，第72－73页，世界知识出版社1985年版。）

谈判一开始，美国方面即提出台湾海峡先停火，然后再讨论各种具体措施。杜勒斯也在联大会议上要求中国先停火，然后再进行中美谈判。这使中国方面在谈判开始时显得有些被动。周恩来立即指示我方谈判代表，"应采取积极进攻的方针"，即立即提出要求美国从台湾海峡撤出它的一切武装力量，停止向中国领海领空的一切军事挑衅和干涉中国内政的行为，以缓和消除目前台湾海峡紧张局势的反建议。这个反建议确定了新一轮中美谈判的基本原则，扭转了被动局面。

毛泽东听了周恩来有关中美谈判问题的汇报后，兴奋地写信给周恩来："我们这种新方针、新策略是主动的、攻势的和有理的。高屋建瓴，势如破竹，是我们外交斗争的必须形态。"（《周恩来年谱》(1949－1976)中卷，第171页，中央文献出版社1997年版。）

中美新一轮会谈也没有任何进展。美方代表要求中国方面停止对金门、马祖的炮击。中方代表则告诉美方，你无权代表台湾当局说话，无权提出停火的建议。因为台湾和澎湖列岛是中国的领土，解放台湾、澎湖是中国的内政，包括金门、马祖。双方在台湾问题上的争论从没有超过双方各自在开场时声明的内容。

1958年9月29日，蒋介石在台北举行中外记者招待会，表示他坚守金门的决心。当记者问到"目前所采取的防阻政策是不是最好的政策？"时，蒋介石答："今日金门战争，乃是很单纯的屏障台湾海峡的保卫战。我们'中华民国'政府坚守金门及其他岛屿，不仅为保持台湾澎湖基地的安全，并且为巩固西太平洋链岛防线，如果三年以前，依照西方国家若干人士的意见，要我们撤退金、马防线，那今日战火就要直迫在台澎进行了。"

在谈到美国态度时，蒋介石说："至于说一旦我们面临到生死存亡关头，是否尚将顾到美国的态度问题，我可以告诉大家，我深信美国盟友基于道义、责任与其自身安全的种种因素，必不会于我陷于生死存亡之际，而忽然中道背弃，我想各位亦必同具此感。再说当一个国家、一个民族存亡绝续之交，恐已不可能以盟邦态度之故，而尚容其徘徊却顾。自然我们在反共抗俄战争中，必力求多助，然亦有其始终独立作战之准备。"（《"总统"蒋公思想言论总集》第三十九卷，第123、124页，台湾中国国民党中央委员会印。）

然而，美国并不像蒋介石所想象的那样，在金门问题上信守道义和责任。就在金门炮击相对缓和以及中美大使级会谈重新开始以后，美国抓紧时机着手其从金马脱身的政策。9 月 30 日，杜勒斯在记者招待会上公开表示：美国以前就认为把为数众多的部队部署在金门、马祖是相当愚蠢的。在面临攻击时撤退是不明智的，因为这大概会对台湾和其他地方的民心产生影响，但是"如果有了停火，我们的判断，甚至是军事上的判断，就是，使这些部队继续驻扎在那里不是明智的，也不是谨慎的"。为了迫使蒋介石从金、马撤军，杜勒斯进一步表示，美国"没有保卫沿海岛屿的任何法律义务"，美国也"不想承担任何这种义务。今天，我们并没有这种义务"。同时，他还表示，美国希望中国政府接受和平解决的主张，并暗示，如果局势发展使实际执行从沿海岛屿撤兵成为重要的问题，美国有办法说服台湾当局。(《中美关系资料汇编》第二辑下，第 2816 页，世界知识出版社 1961 年版。)

杜勒斯的讲话，对于蒋介石来说，不啻是一个晴天霹雳。蒋介石决定给予回击。10 月 1 日，蒋介石在高雄对美联社记者发表谈话，与杜勒斯的讲话针锋相对，蒋介石明确表示反对削减驻沿海岛屿的武装部队，也反对使沿海岛屿的地位有任何改变的做法。他指责杜勒斯的谈话令人"不能置信"，说："杜勒斯先生一定知道，要求中共停火，那完全是如意算盘。"他说："我现在还不能说杜勒斯先生讲那些话是为了外交上的理由呢，还是有其他的目的？"针对杜勒斯所说蒋在外岛部署重兵是不明智的话，蒋介石回答："就假定杜勒斯先生真的说了那句话，那亦只是片面的声明，我国政府并无接受的义务。"

蒋介石还声称：决不理会所谓沿海岛屿"中立化"及撤出或减少驻军的各种主张，"就是战至最后一个人，流至最后一滴血，亦决不放弃金门群岛的尺土寸地，这是我可向各位坚决保证的"。(《"总统"蒋公思想言论总集》第三十九卷，第 129、133 页，台湾中国国民党中央委员会印。)

美蒋矛盾的白热化，引起中共中央的密切关注。第二次炮击金门，摸清了美国与台湾共同防御的实质，是想确保台湾、澎湖，并借海峡紧张局势，推动台湾、澎湖的"独立化"趋势。于是，毛泽东决定进行对台政策的重要调整。10 月 3 日，毛泽东在中央政治局常委会议上说：侦察任务已经完成，问题是下一步怎么走。对于杜勒斯的政策，我们同蒋介石有共同点，都反对"两个中国"。他自然坚持他是正统，我是匪；都不会放弃使用武力，他念念不忘反攻大陆，我也决不答应放弃台湾。但目前的情况是，我们在一个相当时期内不能解放台湾，蒋介石"反攻大陆"连杜勒斯也说"假设成分很大"。剩下的问题是对金、马如何？蒋介石是不愿撤出金、马的，我们也不是非登陆金、马不可。可以设想，让金、马留在蒋介石手里如何？这样做的好处是金、马离大陆很近，我们可以通过这里同国民党保持接触，什么时候需要就什么时候打炮，什么时候需要紧张一点就把绞索拉紧一点，什么时候需要缓和一下就把绞索放松一下，不死不活地吊在那里，可以作为对付美国人的一个手段。我们一打炮，蒋介石就要求美国人救援，美国人就紧张，担心蒋介石给他闯祸。对于我们来说，不收复金、马，并不影响我们建设社会主义。光是金、马，蒋军也不致于对福建造成多大的危害。反之，如果我们收复金、马，或者让美国人迫使蒋介石从金、马撤退，我们就少了一个对付美、蒋的凭借，事实上形成"两个中国"。（参见吴冷西《忆毛主席》，第 84 页，新华出版社1984 年版。）

　　10 月 5 日，周恩来在同苏联驻华使馆临时代办安东诺夫的谈话中说："美国想劝蒋军撤离沿海岛屿，用来换取冻结台湾海峡的局势，要我们对台湾不使用武力，即承认美国侵占台湾合法化和'两个中国'的'事实上的存在'。""我们初步认为，把蒋介石留在金、马比较好。现在通过党中央讨论后，我们还是认为，最好把蒋介石继续留在金门、马祖沿海岛屿上。蒋介石留在金门、马祖，美国继续干涉，有极大好处。可以教育各国人民，特别是我们中国人民。美国想从金门、马祖脱身，我们不让它脱身，我们要美国从台湾撤军。""当然，蒋介石也许会立刻举行记者招待会，骂我们想挑拨美蒋关系，说根本不可能同中国共产党人坐下来谈判，等等。但是，他心里会暗自觉得这里有文章可做，可以向美国进一步讨价还价。这是蒋介石一贯的手法。另一方面，美国人也会评论，说中国共产党想挑拨美蒋关系等，可是心里会怀疑，为什么金门快被我们封死而忽然又放松了，是否蒋介石同我们有什么默契。蒋介石叫得越厉害，美国的怀疑也会越厉害。这样，我们在美国面前又提出了一个新的使它很难处理的问题。美国本来准备劝蒋军撤走，现在就为难了，如果再劝蒋军撤走，蒋介石就会说美国要抛弃它了。美国不劝蒋军撤走，我们就达到了目的。"（《周恩来外交文选》，第263－267页，中央文献出版社1990年版。）

美蒋矛盾的发展推动毛泽东开始实施"联蒋抵美"的政策。10月5日，毛泽东下令福建前线部队，从次日起停止炮击金门，同时向党内发出指示说："把解放金马和解放台湾统一来解决的长远利益比较起来，则不如把金马暂缓解放仍由蒋军占领似乎较为有利。"（《当代中国的军事工作》第三编，第410页，中国社会科学出版社1989年版。）后来，他又在各党派负责人座谈会上讲："金、马收回就执行了杜勒斯的政治路线，还是留在蒋介石手上好。"（《1958年毛泽东决策炮击金门的历史考察》，载《党的文献》1994年第一期。）

在停止炮击金门的时间里，毛泽东抓住时机对台湾实行和平统一的政治攻势，以加深美蒋矛盾。为此，毛泽东亲自撰写了三告台湾同胞书。10月6日，毛泽东起草了以国防部长彭德怀的名义发布的《告台湾同胞书》，他说："我们都是中国人。三十六计，和为上计。""台、澎、金、马是中国的一部分，不是另一个国家。世界上只有一个中国，没有'两个中国'。这一点，也是你们同意的，见之于你们领导人的文告"，"归根到底，美帝国主义是我们共同的敌人"。"你们与我们之间的战争，三十年了，尚未结束，这是不好的。建议举行谈判，实行和平解决"。（《毛泽东军事文集》第六卷，第383－384页，军事科学出版社1993年版。）10月13日，毛泽东再次呼吁："化敌为友，此其时矣"。（毛泽东起草的再告台湾同胞书稿，未发表。）随后，毛泽东再次指出："周恩来总理两年以前即向你们建议举行和谈，合理解决国共两党历史纠纷，和平解放台湾地区，未获你们积极响应。美国人下死劲钳制台湾当局，不许他们和我们举行和谈，一心一意要干涉中国内政。……我们必须击破这个计划。我们希望台湾当局有一天甩掉美国人那只钳制魔手，派出代表，举行和谈。我们的和谈是真和谈，谈成了，内战就可以宣告结束，全体中国人团结起来，一致对付外来的威胁，岂不是一件好事吗？"

金门炮击，打打停停，以一种特殊的方式保持着海峡两岸的"接触"，使插手中国内政的美国人陷入一种极为尴尬的境地。毛泽东在给福建前线部队的命令中明确地说："金门炮击，从本日起，再停两星期，借以观察敌方动态，并使金门军民同胞得到充分补给，包括粮食和军事装备在内，以利他们固守。兵不厌诈，这不是诈。这是为了对付美国人的。这是民族大义，必须把中美界限分得清清楚楚。我们这样做，就全局说来，无损于己，有益于人。有益于什么人呢？有益于台、澎、金、马一千万中国人，有益于全民族六亿五千万人，就是不利于美国人。"（《毛泽东军事文集》第六卷，第386页，军事科学出版社1993年版。）

杜勒斯访台

金门一停火，美国立即着手劝说蒋介石从金、马撤退。1958年10月8日，美国不顾国民党的请求，宣布暂停为蒋介石护航。14日，中国国防部发布延长停火两周的命令。杜勒斯立即抓住机会会见台湾当局"外长"叶公超，提出目前中共的停火，为台湾从金门撤兵提供了一次机会，可以由一个蒋介石亲近的人，比如叶公超，巧妙地向蒋介石提出撤出沿海岛屿的问题。（艾森豪威尔档案，第八箱，1958年10月7日致国务卿的备忘录。）

随后，杜勒斯在华盛顿回答记者提出的问题，他是否曾经要求或曾经打算要求蒋介石减少在金门的驻军？杜勒斯一方面否认美国有这样的计划，另一方面又承认目前麦克罗伊等人正在台湾就如何能最有效地部署国民党军队的问题与台湾当局进行会谈。杜勒斯认为，问题的要害是让现有数目的军队驻在金马还是驻在台湾，并提出军队驻扎在台湾将有更大的灵活性，行动范围也可以更加广泛而且在一旦需要的时候还可以回到金门去。（《中美关系资料汇编》第二辑下，第2859页，世界知识出版社1961年版。）可见，杜勒斯是变着法子想让蒋介石把军队从金门撤回来。

而就在杜勒斯答记者问的当天，蒋介石在台湾会见了澳大利亚记者，就国民党在沿海岛屿的驻军问题，再次明确表示："不撤退、不姑息，准备随时以更坚强的反击对付武力的攻击。"再一次迎头抨击了杜勒斯的观点。

为了协调与蒋介石的关系，杜勒斯决定于 10 月 21 日亲自到台湾说服蒋介石。就在杜勒斯 20 日前往台湾途经阿拉斯加时，毛泽东指示福建人民解放军恢复对金门的炮击。解放军两小时内共发一万一千余发炮弹，由此而加重了杜勒斯完成使命的困难。毛泽东说："我们现在的方针是援蒋抗美，坚决反对'两个中国'的阴谋。杜勒斯到台湾，如果我们不炮击金门，则实际上是联美压蒋。我们炮击金门，打破了美国的阴谋，打乱了他的计划。"（《历史的真实》，第 248 页，香港利文出版社 1995 年版。）此后，金门炮击，单日打，双日不打，既使两岸保持"接触"，又使蒋军运输补给不断。并且，后来的炮击只打沙滩，不打民房与工事，完全是为了对付美国人。

金门再次发生炮击，的确使杜勒斯有口难开。杜勒斯于 20 日在阿拉斯加发表声明说，在中共恢复炮击的情况下，他访台所讨论的问题的性质和范围都不得不有所改变："这次去台湾，我相信并希望是一项和平使命，我将坚持这一目的。一周前，中共宣称他们至少再停止攻击两周。当时蒋'总统'和艾森豪威尔总统都似乎觉得在那种情况下，我去台湾商谈是有益的。显然，如果共产党恢复炮击是企图达成他们的政治目的，那么我们在台北所商讨的事务，其范围及性质将不可能与在停火的情形下所商谈者相同。"（《台湾问题文献资料选编》，第 989 页。）显然，杜勒斯的改变初衷是蒋介石所欢迎的。

杜勒斯在台湾期间，与蒋介石、"外交部长"黄少谷、驻美"大使"叶公超等人进行了多次会谈。在会谈中，杜勒斯再三要求国民党减少驻外岛的兵力并承诺不以武力打回大陆。他要求台湾树立一种爱好和平的国际形象，明确表示"反攻大陆"基于民心而非武力。杜勒斯向蒋介石提出的供其公开发表的文件草案是：1. 表示出愿意停火的意愿；2. 再次强调不以武力打回大陆；3. 避免空袭和飞临大陆；4. 不以外岛来封锁厦门、福州，不使外岛成为进攻大陆的踏板；5. 接受除把外岛交给共产党之外的任何解决方法；6. 外岛兵力装备将换成更加机动化。

蒋介石既不同意保证不以武力"光复"大陆，也不同意在金门停火前从金、马撤军。双方经过多次讨价还价，最后达成妥协。美国同意在草案上加上"双方认为在当前情况下，金门、马祖与台湾、澎湖在防卫上有密切的关联"；而蒋介石也同意不以武力"反攻大陆"。

1958 年 10 月 23 日，杜勒斯与蒋介石发表"美台联合公报"。公报说："这次磋商是安排在中共宣布他们要对金门实行停火的两个星期中举行的。本来希望，在这种情况下可以主要考虑那些原本可有助于稳定一种实际非战局面的措施。但是，在磋商的前夕，中共违反了他们的宣言，恢复了对金门的炮击。因此双方认识到，在目前的情况下，金门连同马祖的防务是同台湾和澎湖的防务密切相关的。"公报还说："两国政府重申，它们忠于联合国宪章的原则。它们忆及，它们据以采取行动的条约是防御性质的。'中华民国'政府认为，恢复它在大陆上人民的自由是它的神圣使命。它认为，这个使命的基础就是中国人民的人心，而成功地实现这个使命的主要手段是实行孙逸仙博士的三民主义（民族、民权、民生），而不是使用武力。"（《当今美国外交政策文件》，1985 年。）

美国方面对于杜勒斯与蒋介石达成的这一文件非常满意。艾森豪威尔认为，"蒋介石放弃武力进攻既符合他的利益，也符合我们的利益"。美国众议院外交委员会远东小组主席萨布劳基说："我对杜勒斯和蒋'总统'所发表联合公报的第六点特感兴趣，该点似表明：'中华民国'未曾放弃其返回大陆的愿望，但重要者是在表明将赖和平手段而不使用武力以达到此项目的。如此应向我们再行保证：'中华民国'将不采取可能使我们卷入战争的军事行动。"（陈志奇《美国对华政策三十年》，第 176 页，台湾中华日报社 1981 年版。）

而台湾方面却对"不凭借武力"这一点，有着自己的解释。叶公超在 10 月 27 日解释说：美台联合公报的意义是强调"政治基础"在反攻大陆中的重要性，而不是强调"不使用武力"。随后，他又在美国发表演讲，试图澄清关于"不使用武力"的若干误解，说："关于联合公报中使用武力的问题有着若干误解我要加以澄清地说明，中美两国政府完全一致地认为，任何说公报已使'中华民国'不在任何情况下使用武力的解释都是与公报的上下文含义完全不符，事实上，公报绝未妨碍'中华民国'在行使其固有的自卫权利或在大陆上发生大规模革命时使用武力。"（陈志奇《美国对华政策三十年》，第175－176页，台湾中华日报社1981年版。）

第二次海峡危机，以美国人重新回到和平谈判的桌前，台湾海峡局势由紧张趋于缓和而结束。对于中国共产党来说，这是一次军事斗争与政治斗争紧密配合的"杰作"，其意义远远超出军事斗争之外，收到了政治、外交上的丰硕成果。美国人终于放弃了要蒋介石撤离金门、马祖，从而分离台湾的主张。台湾海峡两岸的中国人在统一祖国立场上的一致性，使得美国政府"划峡而治""两个中国"的阴谋再一次破产。

台湾海峡危机的深远影响

通过在台湾海峡的较量，毛泽东把杜勒斯称作"世界上最好的反面教员"。他认为，是杜勒斯将美国在台湾问题上的长远阴谋暴露无遗，也是杜勒斯把美蒋矛盾暴露在全世界面前，推动了台湾海峡两岸关系的新的转变，也推动了中美关系在新的对抗基础上的发展。

通过台湾海峡危机，中国共产党的对台政策基本定型。这就是把金门、马祖留在蒋介石手中，待时机成熟时，将台、澎、金、马一揽子解决，同时在不承诺放弃武力的基础上，力争和平解决台湾问题。

1959年，毛泽东说："台湾问题暂时不能解决，问题是美国霸占着。它不走，我们也不想去赶它。""台湾人民很不喜欢美国人，也不喜欢蒋介石。但是要蒋介石好呢，还是不要他好？现在要他好，他是亲美派，但他还想自己统治。另外一批人也是亲美派，但想完全投降美国。"（《毛泽东外交文选》，第378页，中央文献出版社1994年版。）1960年，毛泽东进一步强调："我们要的是整个台湾地区，是台湾和澎湖列岛，包括金门和马祖，这都是中国的领土。

关于这两个岛屿，现在在蒋介石手里，还可以让他们守住。"（毛泽东 1960 年
10 月 22 日同斯诺的谈话。）

周恩来也指出："我们本来准备分两步走：第一步是收复沿海岛屿，
第二步是解放台湾。后来，金门炮响后，这对世界各国人民，特别是对我们
中国人民起了动员作用。全世界各地都掀起了反美浪潮，其范围之广超过黎
巴嫩事件。现在的情况已经弄清楚了。美国知道我们不准备同它打仗，美国
掩护了蒋介石的船只，我们并不打它，我们也不打算马上解放台湾。我们也
知道，美国不准备为金门而同我们打仗，并且严格约束它的海空军不要侵入
我沿岸三海里到十二海里。现在，美国只是想如何劝蒋军从金、马撤走，不
使自己的兵力陷在这个地区。"因此，把蒋介石留在金、马比较好，在金
门，"我们可以谈谈打打，也可以打打停停。这对我们是有利的。暂时不收
回这些沿海岛屿，我们争取一下子收回这些沿海岛屿、澎湖列岛和台湾"。
（《周恩来外交文选》，第265页，中央文献出版社1990年版。）

正如毛泽东、周恩来所说的那样，鉴于蒋介石是不完全听命于美国人的
中国人，在保持中国主权领土完整的问题上和我们有着一致性，故而将金门、
马祖留在蒋介石手中，对于台湾问题的一揽子解决有着深刻的战略内涵。金
门、马祖主权在我，美国造不出任何国际"托管"或"独立自治"的理由来，
也没有任何武装干涉的国际法依据，因此，金门武装冲突所引起的美国武装
干涉，会在全世界面前暴露美国侵略中国、霸占中国主权领土的政治野心，
引起国际舆论对美国强权政治的谴责，是美国不得不小心应付的困难局面。
利用金门、马祖，可以限制美国完全控制台湾地区的政治企图。

同时，金门、马祖与中国大陆紧密相连，是大陆通向台湾的地缘通道。
保持了金、马与台湾的联系，就保持了大陆与台湾的紧密的地缘联系，保持
了和平解决台湾问题的客观条件。它使美国人先后制造的"两个中国"和"划
峡而治"的种种阴谋彻底破产。

当然，让金、马、台、澎留在蒋介石手中的另一个条件，是蒋介石还有
着一定的民族主义信念，他在美国的巨大压力下，坚持了台湾是中国领土一

部分的观念，坚持了一个中国的观念，顶住了国际上由美国掀起的一浪高过一浪的要求国际托管台湾和台湾问题国际化的浪潮。这也是中国人民和平解决台湾问题的政治基础。

周恩来说："蒋介石及其集团是中国人，作为中国人，我们不愿看到中国人之间永久分裂。这是我们认为他们应该而且最后会回到祖国的原因，也是我们尽一切力量促成台湾和平解放的原因。"（周恩来1956年11月6日答印度记者问。）后来，周恩来又说："台湾人也是中国人，那儿大多数是汉族人，不仅蒋带去的一百多万是汉族人，台湾本来八百多万人中，其中绝大多数也是汉族人。""蒋介石也反对制造'两个中国'，也反对制造一个中国另外加一个'台湾独立'实体，也就是'一中一台'。我们跟蒋介石联合过，也敌对过，我们打了几十年，但在这一点上有共同性，都认为中国只有一个，外国只能承认一个中国。现在事情就是这样。所以总会找出办法的。"（《周恩来外交文选》，第478 - 479页，中央文献出版社1990年版。）毛泽东也说："我们同蒋介石也是这样微妙的关系。我们要同他恢复友好和合作的关系。我们过去合作过两回，为什么不能合作三回呢？"（《毛泽东外交文选》，第274页，中央文献出版社1994年版。）

为了推动祖国和平统一的进程，以毛泽东为代表的中国共产党人以极大的民族热忱，向蒋介石当局提出了各种和平解决台湾的政治方案，表现了中国共产党对于和平统一祖国的真诚愿望。1956年6月，周恩来在全国人大一届三次会议上宣布："我们愿意同台湾当局协商和平解放台湾的具体步骤和条件，并且希望台湾当局在他们认为适当的时机，派遣代表到北京或者其他适当的地点，同我们开始这种商谈。"（《周恩来统一战线文选》，第320页，人民出版社1984年版。）

在寻求祖国和平统一具体办法的过程中，毛泽东先后提出了一些重要的原则性意见。1956年10月，毛泽东在同有关人士的谈话中提到：如果台湾回归祖国，"一切可以照旧"，台湾"现在可以实行三民主义，可以回大陆通商，但是不要派特务来破坏，我们也不派红色特务去破坏他们。谈好了可以订个协议公布"。（参见廖心文《周恩来与和平解放台湾问题的方针》，载《党的文献》1994 年第五期。）1961 年 6 月，毛泽东在同印尼总统谈话时进一步明确说："我们容许台湾保持原来的社会制度，等台湾人民自己来解决这个问题。"（《毛泽东外交文选》，第 469 页，中央文献出版社 1990 年版。）

在此期间，毛泽东、周恩来委托赴港的章士钊先生给蒋介石捎去一封信。在信中提出了中国共产党和平解决台湾问题的具体办法：1. 台湾回归祖国后，除外交统一于中央外，其他台湾人事安排、军政大权，由蒋介石管理；2. 如台湾经济建设资金不足，中央政府可以拨款予以补助；3. 台湾社会改革从缓，待条件成熟，亦尊重蒋介石意见和台湾各界人民代表进行协商；4. 国共双方要保证不做破坏对方之事，以利两党重新合作。

这封信的末尾动情地写道："奉化之墓庐依然，溪口之花草无恙。"

这封信实际上最早提出了中国共产党和平解决台湾问题"一国两制"的最初设想。据说，蒋介石将这封信看了又看，而且每每在看时陷入沉思，不许人打扰。

毛泽东、周恩来甚至还对台湾回归祖国后，国民党高级领导人的具体安排作出过种种设想，如曾提议蒋介石继续担任国民党总裁，并在中央安排职务，台湾还是由蒋来管；蒋经国等高级官员可以安排在人大或政协，等等。

中国共产党发出的强烈的和平呼声，曾使许多国民党内的有识之士毅然捐弃前嫌回归大陆，如卫立煌、李宗仁等。当时，蒋介石也曾派其"立法委员"宋宜山回大陆探听虚实，但最终因其顽固坚持反共立场，和平统一的问题未能得到台湾方面的真正响应。但是，毛泽东强调，我们将不放弃与国民党讲和的口号。周恩来也充满信心地说过："我们这辈子如看不到祖国统一，下一代或再下一代总会看到的，我们只要播好种，把路开对了就行。"

通过台湾海峡危机，中美关系也进入一个新的历史阶段。中美之间的对抗由朝鲜战场上的直接的军事对抗到台海之间的战争边缘状态，从封锁的不接触政策到长期进行中美大使级谈判。这些都使中美之间虽然继续对抗，却有了一个互相了解与互相制约的特殊的沟通渠道，这个渠道还为后来中美关系由对抗走向和解铺就了有用的道路。

从 1955 年 8 月起，中美双方就台湾问题在日内瓦开始了大使级会谈。当时，美国政府对会谈的态度十分强硬，对中国政府抱有很深的敌意。杜勒斯明确表示，中美大使级会谈并不意味着美国在外交上承认中国政府，美国也不准备在谈判中作出损害台湾当局的安排。在讨论实质性问题时，美方代表几乎拒绝了中方提出的所有建议，只要求中国政府承诺在台湾地区放弃使用武力，并坚持只要中国不作出这样的承诺，就不考虑改善中美关系。

中国大使指出：台湾问题有两个方面，一方面，美国侵占台湾已经成了国际争端，美国应该放弃对中国使用武力，从台湾和台湾海峡撤出它的一切武装；另一方面，中国用什么方式解放台湾，这是中国内政，美国无权干涉，无权要求中国不使用武力。

当中美会谈中断以后，毛泽东利用炮击金门，把美国人又拉回到谈判桌上来。1959 年，毛泽东说："看来我们和美国还得谈下去。它不赞成我们，我们也不赞成它，谈多久我们不知道。已经谈了三年半，恐怕还会谈十年，这是世界上最长的谈判。""美国有战争边缘政策，主要是为台湾问题而想出来的。去年我们也采取'边缘政策'。我们打金、马和蒋介石的增援船只，蒋介石就请美国帮助。美国人来了，但只在十二海里以外。我们光打蒋介石的船，不打美国船。美国船升起国旗，叫我们不要打它。美国一炮也没有打我们，我们也没有打它。所以大家都在战争边缘上。""美国空军很守规矩，它总是和我们的海岸保持一定的距离。有一次我们打下了一架美国飞机，因为它越了境，但美国不作声，不要我们赔。美国是强国，霸占的地区太宽，它十个指头按着十个跳蚤动不了啦，一个跳蚤也都抓不住。力量一分散，事情就难办了。"（《毛泽东外交文选》，第 379 - 380 页，中央文献出版社 1994 年版。）

中美大使级会谈是一个漫长（断断续续十六年）而没有结果的会谈，双方谁也没有让步。1970 年 5 月 18 日，中国新华社受权发表声明：鉴于美国悍然出兵柬埔寨，扩大在南越的侵略战争，中国政府认为按原定计划在 5 月 20 日举行的中美大使级会谈第一百三十七次会议已不适宜。今后何时举行，将通过双方联络人员另行商定。中美大使级会谈在经过了一百三十六次会议之后宣告结束。然而，中美关系却以一种独特的方式向前发展。

由于台湾海峡危机而诞生的中美大使级会谈，是国际关系史上的一个独创。它使中美两个大国在互不承认的对立情况下，有了一个沟通和联系的渠道。两国互不承认，却有会谈关系；没有外交关系，却又互相派出大使进行长期会谈，双方还可以达成某些协议。其协议声明的形式，也创造了协议上你讲你的、我讲我的新写法。在谈判期间，每一次重大的国际事件发生后，中美两国都可以在大使级会谈中表明观点，提出看法，使每一方对对方的态度、做法有所了解。

会谈的积极意义是显而易见的。它为中美双方提供了互相了解的机会，也为中美双方的高级会谈提供了基础和经验，它在中美关系正常化的进程中起到了十分重要的作用。

1972 年，中国和美国这两个大国终于跨越了它们之间横亘三十余年的鸿沟，实现了关系正常化。中美两国领导人在会谈以后签署的《联合公报》中表示："美国认识到，在台湾海峡两边的所有中国人都认为只有一个中国，台湾是中国的一部分。美国政府对这一立场不提出异议。"应该说，中美大使级会谈讨论的实质性问题，至此才有了一个突破性的进展。

十、错结连理　貌合神离

中国共产党确立了和平解决台湾问题的重要决策以后，毛泽东曾经将和平解决台湾问题的希望寄托在蒋介石的身上，而同时又对蒋介石与美国的关系颇为忧虑。1956年，毛泽东请人转告蒋介石说，我们同台湾，谁也离不开谁，就像《长恨歌》中所说，"在天愿作比翼鸟，在地愿为连理枝"；蒋介石把根连到美国，而美国却连根都会挖掉；蒋介石把他同美国的连理枝解散，同大陆连起来，根还是他的，可以活下去，可以搞他的一套。毛泽东的话生动地表述了蒋介石与美国以及蒋介石与大陆的关系。蒋介石要想活得尊严，活得独立，就应该把自己的根连在大陆，而不是连在美国。但是，蒋介石没有意识到这一点。他仍然把自己的根与美国连在一起。因此，美国仍然在暗中继续其分裂中国的政策，蒋介石的命运也随美国政策的波动而跌宕。

反对"一中一台"方案

1959年初，美国参议院外交委员会委托"康隆有限公司"——一个智囊机构，帮助其研究美国对远东和东南亚的政策。9月，康隆公司向美国外委会提供了一份《美国对亚洲的外交政策》的报告，又称《康隆报告》。

《康隆报告》以现实主义的观点分析了"共产党中国"的情况。报告认为：1. 中国共产党在经济建设发展的初级阶段所取得的成绩"给人印象深刻"。2. 中国共产党建立了一个有实力的政体，上层的关键决策可以有效、迅速地在基层得以贯彻。尽管内部有冲突，但共产党的执政地位是"至高无上"的，其在民主集中制下的权威是"绝对不可能受到挑战"的。3. 由于中国在经济、军事和政治等方面构成的综合国力的增长趋势，共产党中国完全有可能在 20 世纪末成为世界主要大国之一。

据此，《康隆报告》提出了新的政策设想，其要旨为松动并改善对华关系。报告建议：

1. 放弃对华贸易限制，以相同于对苏贸易的条件，准许与中国进行贸易。

2. 美国与盟国及中立国家对以下四点计划进行非正式讨论：中国加入联合国；承认"台湾共和国"；"台湾共和国"参加联合国大会；扩大联合国安理会，吸纳印度、日本、中国为常任理事国。

3. 美国与台湾当局举行特别讨论，达成以下协议：美国将继续履行对台湾和澎湖的现存义务。美国将保证防卫"台湾共和国"，并将扩大对台经济技术援助。台湾的军队撤出沿海岛屿，凡愿离开的平民也一同撤出。在"台湾共和国"成立后，凡来自大陆的难民希望离开台湾者，美国将尽力协助他们迁居。

4. 如属可能，美国将与中国商订一项商务条约，如能成功，则继之以事实上承认中国。

《康隆报告》专门提到了沿海岛屿问题，称："沿海岛屿问题是极端严重的，任何时候都可能再度成为危机，因此，我们可以这样主张，不管该项计划进行如何，我们应该使国民党人和我们自己从该地区脱身。这些岛屿与台湾防务并无关系，只能认为是到大陆的踏脚石。它们是大陆整体的一部分。军事上它们极易遭受攻击。政治上它们是一个包袱，无论就世界舆论，或是就这些岛屿助长了台湾不健全的心理这两方面来看，都是如此。一旦这些岛屿引起一场全面军事行动，美国人民本身的意见就将是分歧的。"（《美国对亚洲

的外交政策——美国康隆公司研究报告》，第 280 - 284 页，世界知识出版社
1960 年版。）

这是美国炮制的第一个完整的"一中一台"方案。这个方案与以前美国
政府的"两个中国"论调的不同之处在于，明确承认中华人民共和国，不再
以"中华民国"代表中国，而准备让台湾永远"独立"出去。同时，也要让
蒋介石放弃"反攻大陆"的想法。这份报告在美国国务院内引起相当高的重视。

蒋介石对这份通篇没有提到"中华民国"字样的报告自然不会有什么好
感。过了两个月，台湾当局"外交部"发言人沈剑虹终于发表了反驳性的评论。
他指出报告提出了一种不切实际的幻想，安抚中共并不能换来远东地区的暂
时和平，而是适得其反。（陈志奇《美国对华政策三十年》，第 191 页，台湾
中华日报社 1981 年版。）

针对美国政府内部酝酿着的要求台湾放弃金门、马祖等沿海岛屿的政策
趋向，1960 年 8 月 3 日，蒋介石对美国记者说："金、马外岛乃是'中华民
国'的领土，我们在任何情况下，决不考虑放弃外岛。"美国记者提出：台
湾与外岛之间，既有相隔一百英里宽的海峡，则不必固守外岛，亦可防守。
蒋介石回答："这种看法完全忽略了一个重要的因素——即保卫台湾的问
题，在军事上，远不如在政治上、心理上那样重要。就大体来说，这是一个
士气民心的问题。如果我们失去了外岛，即使第七舰队，亦无法保卫台湾；
事实上，即使你们加派第六舰队来，也无法挽救在此一地区情势的恶化。"
（《"总统"蒋公思想言论总集》第三十九卷，第 172 - 173 页，台湾中国国
民党中央委员会印。）

1960 年 10 月，肯尼迪与尼克松竞选美国总统。他们在辩论中都拿中国
台湾"开涮"，利用中国沿海岛屿问题，互相攻击。

肯尼迪对于鼓动金门、马祖等沿海岛屿中立化，以及美国政府应重新考
虑与北京、台北的关系等观点深表赞同。他在竞选辩论中表示，美国必须保
卫台湾，但是应该划一条清楚的防线。他认为，金门、马祖对于防守台湾并
非必不可缺，美国的防线应仅仅划在台湾本岛周围。他强调，为了两个在军

事上无法防守或者对台湾的防御并不重要的小岛，而被伺机拖入一场可能导致世界大战的战争是不明智的。

尼克松反驳肯尼迪说："我完全不同意肯尼迪议员的这种看法。如果迫使国民党政府盟邦放弃那两个岛屿而给予中共则会引起连锁性的反应，因为中共的目标不限于金马，而是夺取台湾。"艾森豪威尔也帮着尼克松辩解道："民主党总统候选人们高谈美国应终止牵连于'中华民国'的沿海岛的防御，但如果他们担负着总统的职责，也必将发现这是很难办到的事。任何一位美国总统所应考虑的一项主要因素，是'中华民国'军队的士气，如果美国采取一种等于放弃金门、马祖沿海岛屿的立场，'中华民国'军队的士气即将遭受严重的损害。"（陈志奇《美国对华政策三十年》，第196－197页，台湾中华日报社1981年版。）

蒋介石密切关注着这场有关台湾地位与命运的美国人之间的"辩论"。10月11日，他对美国记者考普莱发表谈话，不点名地批评了肯尼迪的论点，坚决地宣称，台湾即使战斗到最后一人，也不放弃沿海岛屿，哪怕美国不予支持也决不改变这一立场。

13日，蒋介石再次接见美国记者莫尔文，态度坚决地表示："美国怎么做，是它自己的事情，而防卫'中华民国'的政策，乃是我们自己的事情。即使我们必须单独作战的话，我们也将贯彻到底！"当记者问及，是否在某种条件下，"中华民国"可以同意放弃外岛？蒋介石表示："在任何情况下，都不可能！外岛是'中华民国'不可分割的一部分，因此即使战至最后一人，我们亦必防卫到底！"（《"总统"蒋公思想言论总集》第三十九卷，第177页，台湾中国国民党中央委员会印。）

在蒋介石的指使下，台湾当局"外交部"于10月14日发表声明，点名批评了肯尼迪："一位负责任的美国政治领袖，尽管是在激烈的竞选期间，居然不负责任地，大慷他人之慨，而将另一个国家的领土随便处置了，实在是件不可思议的事。而且这个国家，正好是他的盟邦。我们愿意确切地阐明我们的立场如下：在任何情形之后，'中华民国'决不会答应任何人的要求——

包括肯尼迪议员在内而放弃他的任何一平方英寸领土。……如果认为这些岛屿没有军事价值的话，那也是同样荒谬，因为要有效防卫台湾，必须确保整个台湾海峡，而金、马正是前哨据点，它们曾经阻止中共发动的任何攻势，使他们无法将战争带入海峡，以及台湾本岛。因此，如果把这些岛屿放弃，实际就等于邀请中共直接向美军挑战。"声明再次重复蒋介石一贯强调的观点，称台湾要靠自己的力量为这些岛屿而战，不需要美国人为之流血。（陈志奇《美国对华政策三十年》，第 199 - 200 页，台湾中华日报社 1981 年版。）

随后，蒋介石还作秀式地于 10 月底视察金门，在金门题词："经营战场，培养战力"。11 月底又在台湾举行十四万人参加的军事大演习，向美国人一再表示他固守金门的决心与力量。

不幸的是，蒋介石内心十分讨厌的肯尼迪，在竞选中击败对手成为新一任的美国总统，于 1961 年 1 月正式上台。美蒋关系由是添上一层阴云。

肯尼迪上台以后，虽然再次重申了杜勒斯当年的对华三原则，即美国将继续履行对台湾当局的承诺，继续支持台湾在联合国的席位，继续反对中华人民共和国加入联合国。但他内心里正在酝酿着美国对台方针的修改。当有记者问及，为什么他没有兑现在竞选总统时所说的放弃金马，主张新中国加入联合国的诺言？肯尼迪狡猾地回答："现在时机尚未成熟，等到连任后再谈吧！"

肯尼迪的表里不一，使得蒋介石对美国充满疑虑。他在肯尼迪入主白宫后致信表示祝贺，同时也向肯尼迪表示，台湾不能接受"两个中国""或任何影响'中华民国'在联合国代表权之安排"。蒋介石在信中强调了他的"汉贼不两立"的坚决立场。但是，显然肯尼迪对于完全理解蒋介石不感兴趣，他在回信中指出，在联合国以主张以搁置的方式处理"中国代表权问题"看来已经不可行了，"现下正寻找替代方案"。

不久，美蒋之间关于"一中一台"的争论便由一般性争议，转变为有关中国在联合国的代表权问题的实质性争论阶段。

肯尼迪上台以后，美国朝野出现了各种各样的"两个中国"方案，诸如"一个半中国""台湾独立国""中华福摩萨国"等纷纷出笼，引起台湾方面的极大不安。

1961年6月11日，蒋介石接见美国记者李普曼时，指出，如果美国承认中共，那么就等于"自由世界"的领导势力已决定将整个亚洲拱手让给国际共产主义了。李普曼问，"中华民国"与中国大陆政府同声反对"两个中国"，阁下是否认为一旦中共认为此一政策对彼可能有利时，改变其反对态度，同意"两个中国"，美国则一面承认中共，一面继续承认台湾为盟友，贵政府态度如何？

蒋介石答道：我不相信美国政策应该跟着中共的策略走。"因为这种纯粹被动性的想法，必然使美国任何行动都无一是处。"他认为美国应当把不承认中共政权作为一项基本政策立场来考虑，否则就会丧失主动权。对于"两个中国"的议论，蒋介石指出："关于所谓'两个中国'的想法，我愿意很不客气地说，这只是中立主义者不明事实，不负责任，不顾道义的考虑，冀图不付代价而获取和平的幻想。美国以及其他自由国家的朋友们都必须了解：自由中国的存在，是建筑在自由社会终必战胜共产奴役社会的信念上的，'两个中国'的说法，根本否定了这一基本观念，将使自由中国的神圣使命的继续执行失去基础。就此点而言，'两个中国'的说法，无论中共接受与否，其足以帮助中共消灭自由中国的企图，极为明显。所以任何根据此一说法的安排，不仅绝对非'中华民国'政府所能接受，也决非领导自由世界的任何负责当局所应该考虑。"（《"总统"蒋公思想言论总集》第三十九卷，第186－187页，台湾中国国民党中央委员会印。）

1961年9月21日，联合国大会指导委员会通过表决同意将中国代表权问题列入联大讨论议程。这标志着美国再也无力用搁置讨论的办法阻止讨论中国加入联合国问题，这对台湾当局也是一个沉重的打击。

当时，美国肯尼迪政府的打算是，尽可能拖延中华人民共和国进入联合国的时间，同时，以此为筹码压迫蒋介石同意蒙古国加入联合国。因为肯尼迪政府认为蒙古国加入联合国有利于美国的战略利益。让蒙古国加入联合国既可以削弱苏联的影响，又能够借以扩大中苏矛盾。但是，蒋介石曾经明确表态不同意蒙古国加入联合国。美国担心台蒋会在安理会投否决票，故而一方面亲自致信蒋介石解释美国的方针，一方面让美国中情局的官员从中斡旋，对蒋施加压力。蒋介石不得已，为了阻止新中国进入联合国，而同意不在蒙古国加入联合国的问题上投否决票。

1961 年 10 月 23 日，蒙古国和毛里塔尼亚加入联合国。作为与台湾当局的交换条件，12 月 15 日，美国向联合国提出所谓"重要问题案"，声称改变中国在联合国的代表权必须经联大出席投票的三分之二多数通过，继续阻止中国加入联合国。

10 月 15 日，就在联合国讨论中国加入联合国议案之前，蒋介石对美国《记事报》记者发表谈话称，目前主张接纳中共进入联合国的国家中，除了少数系共产党的工具外，大多是对共产集团的本质缺乏认识的国家，误以为姑息政策可以导致和平。如果中共进入联合国，受害者决不限于"中华民国"，即联合国本身也失去了存在意义。中共和整个共产集团的声势必将因此而大张，其侵略阴谋必因此更为积极，其最终的结果，无疑是加速世界大战的爆发。（《"总统"蒋公思想言论总集》第三十九卷，第 191－192 页，台湾中国国民党中央委员会印。）

在美国国内，反对中国加入联合国的声音喊得也很响亮。1961 年 12 月 8 日，尼克松在《洛杉矶时代镜报》发表文章称："现在接纳共产党中国进入联合国的辩论之重要，关系到联合国本身的存亡。""代们在联合国辩论这个问题时决不能忽视美国国内舆论的力量。如果共产党中国被接纳进入联合国的话，政府和国会可能发现无法抗拒人们采取激烈行动的要求，其结果可能是美国退出这个世界组织，或者退到只是象征性地参加的地步。"（《中美关系二百年》，第 201－202 页，新华出版社 1984 年版。）

在美国政府的百般阻挠之下，中国政府很长时间未能取得联合国的合法席位。对此，毛泽东的态度十分潇洒。1960 年他对斯诺说："不进联合国，对我们有什么损失呢？没有什么损失。进联合国有多少好处呢？当然，有一些好处，但说有很多好处就不见得。有些国家争着要进联合国，我们不甚了解这种情绪。我们的国家就是一个联合国，我们的一个省就比有的国家大。"1961 年，当印尼总统问毛泽东，台湾问题能不能像乌克兰同苏联那样在联合国有两个代表时，毛泽东坚定地回答："不行，中国在联合国只能有一个代表。"同时，他也指出，苏联当时碰到许多困难，不得不这样做，但这样并没有两个苏联的问题。1965 年，毛泽东再次表示："十五年没有进联合国，我们也活下来了，再让蒋介石大元帅在联合国待上十五年、三十年、一百年，我们照样活下去。要我们承认'两个中国'或者是'一个半中国'，那都不行。"（《毛泽东外交文选》，第 451、469、522 页，中央文献出版社 1994 年版。）

中国政府坚持一个中国的基本立场，坚定维护了中华民族的主权和领土完整，始终把台湾问题作为中国的内政问题，反对任何外国势力的干涉。在中国进入联合国的斗争过程中，这种毫不妥协的坚定立场，赢得了越来越多的国家理解和支持，从而使一个中国的原则为国际社会所普遍接受，确立了中华民族完成统一大业的基本前提。

对于大陆中国政府的态度，蒋介石心里也很明白，知道双方都不会同意美英等国在联合国制造"两个中国"的方案。他在 1963 年 1 月对《芝加哥太阳时报》主笔阿克尔说："两个中国"的建议，决不能为中国的合法政府所接受。提出那种建议的多半是共党及其同路人。"此项方式，中共可能也不会接受。我们对此当然是决不接受的"。（《"总统"蒋公思想言论总集》第三十九卷，第 214 页，台湾中国国民党中央委员会印。）

1963 年 11 月，美国总统肯尼迪遇刺身亡，副总统约翰逊接任总统，提出了对中共"围堵而不孤立"的政策，也被称为"新门户开放政策"，实质上仍然是"两个中国"的政策。此后，美国政府始终以"两个中国"为其对华政策的基点，并以此作为改善与中国大陆关系的前提。

1964 年 1 月，美国国务卿腊斯克在日本说，美国忠于对"中华民国政府"的义务，同时期待着有一天能同中华人民共和国恢复关系。1966 年，美国朝野都有人提出"两个中国"都加入联合国的建议。1968 年 6 月 22 日，《纽约时报》发表题为《把中共带进这个世界》的社论，重弹"两个中国"老调。所有这些，都遭到台湾舆论界的强烈批评与讨伐。

尽管出发点不同，然而由于台湾海峡两岸的中国人都坚持了"一个中国"的坚定立场，从而使得 20 世纪 60 年代美国历届政府所推动的在联合国实现"两个中国"的方案一直未能得逞。

"反攻大陆"的失败

从大陆惨败以后退居台湾的蒋介石，始终把"反攻大陆"作为其内外政策的核心与基点。他的年复一年的关于"反攻大陆"的叫嚷，在台湾民众的心里，简直成了一种痴人说梦。

蒋介石十分关注中国大陆的政治、经济动态，一有风吹草动，便在台湾掀起一股"反攻大陆"的风潮。但是，蒋介石又像一只被人牵了线的木偶，没有美国政府的同意与支持，蒋介石的"反攻大陆"也始终只能是空话与梦呓。

1957 年 3 月，蒋介石曾经热情地向美国记者介绍他的反攻战争的基本战略，说："反攻大陆不是一个单纯的军事问题，而是一个须要将政治、经济、社会、文化、精神、心理以及军事力量等各种条件相互配合起来的革命战争。今天由于大陆同胞反共抗暴运动日见开展，'中华民国'一旦反攻大陆所必须借重和倚赖的政治和精神力量，正在不断地增长。相信我们一旦发动反攻，在三个月内，大陆上的人民一定会纷纷起来响应我们，共同致力推翻中共暴政。"（《"总统"蒋公思想言论总集》第三十九卷，第 56 - 57 页，台湾中国国民党中央委员会印。）

1958 年，杜勒斯访台以后，蒋介石在杜勒斯的压力之下，作出了同意不以武力"反攻大陆"的承诺，但蒋介石还是不断想说服美国支持他"反攻大陆"。1960 年 6 月，美国总统艾森豪威尔访台，蒋介石一方面受宠若惊地表示热烈的欢迎，并对艾森豪威尔对台湾政权的支持表示衷心的感谢；另一方面，他也向艾森豪威尔提出,中国"大陆上随时可能发生起义",而"返回大陆是'中华民国'政府和全体中国人民的神圣责任"。因此,他希望美国政府能予以支持。艾森豪威尔几乎没有回答蒋介石的要求。

1960 年至 1962 年,中国大陆处于严重的自然灾害的困难时期。蒋介石看在眼里,喜在心头,认为"反攻大陆"的时机已经来临,于是,迫不及待地一方面进行"反攻大陆"的军事准备,另一方面向美国发出舆论攻势,希望获得美国政府的响应与支持。

在这一段时间内,台湾当局大量购进新式武器,改装了飞机,增加装油量,使之能往返于大陆与台湾之间;还宣布延长服兵役时间,士兵一律不准离开营房,随时待命。国民党官兵的鞋上、腰带上都印上了"光复大陆"的字样。还从日本购买了大量血浆,作出要与大陆决一死战的姿态。

1960 年,蒋介石还主持制订了"反攻大陆"的所谓"旭光作战计划"。其主要设想为:国民党军先在闽东南地区登陆,迎接后续部队到达,攻占福州、海丰等地,建立攻势基地,形成先期有利声势再向内地发展。

1962 年 5 月,台湾又突然下令征收"国防临时特别捐",在北投开办战地政工干部班,为未来"光复"大陆培养干部。国民党八届五中全会也适时通过了所谓"光复大陆指导纲领"。蒋介石甚至下令台湾三军部队集结高雄附近基地,准备从高雄港登船出发。许多士兵都被逼写好了遗书,随时准备赴大陆"殉死"。

蒋介石尽管做了许多虚张声势的准备工作,其实他心里也明白,如果没有美国的支持,他的"反攻大陆"仍然是一个梦。所以,说服美国的工作一直是他的"外交"中心。

1960 年 10 月 13 日,他在接见美国记者莫尔文时宣称:反攻战争一旦开始,推翻中共将可于短期内完成。他还十分自信地认为,大陆六亿人民中,有 98% 的人仇恨中共,只要大陆发生大规模革命运动,其所聚集的力量,足可把中共扫除净尽。因此,他对这位美国记者说,大陆上大规模革命运动的爆发,就是台湾军队行动的契机。他还预言中共政权将在三年内崩溃。

1961 年大陆发生严重自然灾害，蒋介石立即向美国记者讲述了反共战争里应外合的重要性，并要求美国政府给予支持。他说：目前中国大陆上，由于中共政权在经济上，尤其农业上之重大失败，"反共革命的时机显然日益迫近"。但"此项革命的困难亦决不容估计太低，匈牙利反共革命所遭遇的挫折，便是一个教训；而这一教训同时也说明了中国大陆内部的反共革命必须有外在力量的支助配合，始能求其早日成功。自由中国的存在，最基本的意义亦即在此。……问题不是在中国大陆人民有无反抗及革命的机会，而是在自由世界有无使他们能充分利用该项机会的决心和责任感"。他还进一步说："一旦此日到临，中国政府自当采取有效行动，悉力负起拯救大陆同胞的神圣义务。我们没有理由相信，我们的友邦，包括美国在内，会故意阻挠这一协助亿万人重获自由的使命。"（《"总统"蒋公思想言论总集》第三十九卷，第 183－184 页，台湾中国国民党中央委员会印。）

到了 1962 年，蒋介石更是急不可待。他认为，中共对外与苏联不和，对内发生自然灾害，"反攻大陆"的时机已经成熟，要求美国和"自由世界"的民主国家给予他同情与支持。为了打消美国对于"反攻大陆"的顾虑，他还特别对美国记者保证"国军反攻大陆无虞触发世界大战"，理由是，"反攻大陆"的战争是一场内战，"苏俄没理由、没权利作其干预，尤其是如果战事主要是在沿海地区进行的话。没有苏俄的武装干预，就没有触发第三次世界大战的可能。我们不希望有美国部队参与此项努力的理由之一，便是为了尽量减少苏俄干预的可能性。如果苏俄将对中共援助的话，它的援助将限于补给方面。苏俄明白，历史表明，外人的入侵唯有造成中国的团结。但是，即令苏俄派遣军队，我政府也不需要美国军队相助。我们这样做，更将减轻世界其他地方的威胁"。

蒋介石也表示，他将按照美蒋之间签订的"共同防御条约"的规定条款行事，但希望美国人对他的行动"寄予同情"，"如果对我们返回大陆援助同胞加以任何阻挠的话，那将是令人遗憾之事。中国大陆人民奋起抗暴时，将需要我们的支援。如有任何人图谋剥夺他们获得那种援助的话，他们将对其怨恨。本人不希望中国人民对美国的莫大亲切友情受到损害"。（《"总统"蒋公思想言论总集》第三十九卷，第 212 － 213 页，台湾中国国民党中央委员会印。）蒋介石对于美国当局的"游说"几乎到了"软硬兼施"的地步。

然而，美国当局并未被蒋介石的急切心情所感动，也没有被蒋介石的"软硬兼施"所推动。美国人坚持着他们自己的利益。蒋介石曾经在 1961 年派出台湾当局的"行政院长"陈诚赴美访问，试图争取美国在"反攻大陆"问题上的支持。陈诚直到访美结束时，仍然没有见到任何美国政府准备支持台湾当局发动对大陆军事行动的迹象。这使蒋介石极为沮丧。

1962 年 3 月，美国派出其主管远东事务的助理国务卿哈里曼访台。蒋介石抓住时机，带着儿子蒋经国，与哈里曼举行多次会谈，试图让哈里曼相信中国大陆人民对共产党的反抗运动"一触即发"，国民党军"反攻大陆"将使大陆人民"闻风起义"，这是自由世界有效打击共产集团的最好时机，台湾只需要美国继续给予武器之类的物质援助，不需要美军直接参战，同时"首先需要美国的精神和道义的支持"等等。

哈里曼则对两位蒋先生的鼓动表示疑义，他怀疑国民党政权离开大陆十三年后，是否还会受到大陆人民的欢迎？他还认为蒋经国所列举的大陆种种"革命运动"的迹象，"证据不足"，因此蒋家提出的反攻理由只是建立在一堆"假设"之上的东西。哈里曼进一步表示，美国政府希望台湾当局谨慎从事，美国国务院反对掩护国民党军队大规模登陆的任何计划。同时，他向蒋介石转达了美国总统肯尼迪向蒋介石提出的一项"忠告"，即肯尼迪认为美蒋"共同防御条约"规定，蒋方在采取任何形式的军事行动以前都必须与美国协商，包括准军事行动方式在内。

蒋介石与美国政府的根本分歧仍然在双方政治目标的根本差异上。美国在台湾问题上的一系列活动以及政策都旨在导向"两个中国"的目标，使美国既不用卷入中国的内战，又能够永久地利用台湾的战略价值；而蒋介石"反攻大陆"的目标，还是在追求"一个中国"的目标，因此，他不可能得到美国的支持和援助。蒋介石政权在台湾想靠军事力量"反攻大陆"，如果没有美国军事力量的介入，就只能是一种军事冒险，所以，蒋介石既选错了实现"一个中国"的方法，也选错了实现"一个中国"的盟友。毛泽东说他"错结连理"，在这个意义上说简直十分精辟。

针对美蒋之间的矛盾，毛泽东决定加以利用，以美制蒋，挫败蒋介石"反攻大陆"的军事活动。

1962 年春天，就在蒋介石准备"反攻大陆"铤而走险，做着各种战争准备，并开始小规模实施大陆骚扰活动时，参加中美大使级谈判的中国代表王炳南回国度假。

周恩来紧急召见王炳南，嘱他立刻返回华沙，想办法从美国谈判大使卡伯特那里了解美国对于蒋介石"反攻大陆"计划的态度。周恩来对王炳南说："经中央认真研究，认为蒋介石反攻大陆的决心很大，但他还存在一些困难，今天的关键问题要看美国的态度如何，美国是支持还是不支持，要争取让美国来制止蒋介石反攻大陆的军事行动。"

6 月 23 日，回到华沙的王炳南约请卡伯特到官邸来作一次私人会谈。卡伯特来了，两人有说有笑地聊了起来。

王炳南先与卡伯特谈起东南亚的形势，表示对局势紧张的忧虑，接着严肃地对卡伯特说："美国政府完全清楚蒋介石集团准备窜犯大陆沿海地区的情况，这种准备工作正是在美国的支持、鼓励和配合下进行的。"随后，王炳南列举了美蒋在台湾地区进行的一系列军事活动，要求卡伯特将台湾地区的这种紧张局势转告美国政府。王炳南还特意对他施加压力说："美国政府必须对蒋介石的冒险行为和由此产生的一切严重后果负完全责任。"

卡伯特听了王炳南的话，表现得很紧张。他答应尽快将王所谈到的情况报告给美国政府。同时，他也很爽快地告诉王炳南："在目前情况下，美国决不会支持蒋介石发动对中国大陆的进攻。蒋介石对美国承担了义务，未经美国同意，蒋介石不得对中国大陆发动进攻。"在分手时，卡伯特又说："如果蒋介石要行动，我们两家联合起来制止他。"

王炳南在回忆录中说："听了卡伯特这个明确的表态，我的目的达到了。

我不禁松了一口气。美国的态度很清楚，这正是我们急于要知道的。这个重要情况将直接关系到党中央对福建前线战略部署的制定。我一刻也不迟缓地把卡伯特谈话内容报告了国内。事后，中央一些领导同志对我及时摸来了情报，了解美国的态度，十分满意，这对当时国内的决策起了很大作用。"（参见王炳南《中美会谈九年回顾》，第 86 - 90 页，世界知识出版社 1985 年版。）

在得到卡伯特的报告后，美国总统肯尼迪曾经亲自电告蒋介石，谓蒋介石对大陆进攻的一切后果应由国民党负责，美方不予支持，并派第七舰队阻止了升火待发的台湾国民党军舰。（《台湾军方领袖》，第 56 页，台湾群伦出版社 1988 年版。）蒋介石在美国政府的制约下，不得不取消其大规模"反攻大陆"的设想。

不过，蒋介石并未就此放弃"反攻大陆"的想法。他仍然不断地向美国政府"通报"进攻大陆的"大好时机"。1963 年，他以中苏关系的恶化为契机，叫嚷"反攻大陆"。1964 年中国第一颗原子弹试爆成功，蒋介石忧心如焚，一再要求美国在中国大陆未建成核子发射系统以前，先发制人，一举摧毁中国的核设施。同年，蒋介石还向美国提出由国民党军进攻中国大陆五个省份，以配合美军在越南战场的攻势的建议。所有这些，都遭到美国总统约翰逊的坚决拒绝。

蒋介石得不到美国的支持，便只得自己在大陆沿海地区组织小股特务登陆的骚扰破坏活动。从 1962 年 10 月到 1965 年 9 月，蒋介石先后派出四十三股武装特务，或从沿海登陆，或以飞机空投大陆内地。这些武装特务或在沿海刚登陆，或在内地一落地便被"全民皆兵"的大陆军民一举捕获与歼灭，无一漏网。蒋介石的"反攻大陆"，对于台湾当局来说，越来越成了梦魇。

曾于 1964 年 4 月和 1966 年 7 月两次访问台湾，与蒋介石会谈多次的美国国务卿腊斯克，对于蒋介石在会谈中喋喋不休的"反攻大陆"的要求，印象极为深刻。他在其回忆录《如我所见》中，说他对蒋介石有着"复杂的看法"。一方面，蒋介石对于自己的国际影响、台湾的地位以及中国大陆的动态，抱着不切实际的幻想。腊斯克说他是"一个活在过去的人，不了解外部世界，有如幽灵"。另一方面，他又觉得蒋介石是一个有着强烈民族主义情感的人。当腊斯克向蒋介石委婉地解释美国不会协助蒋介石"反攻大陆"，并且也不会与中共进行传统的流血战争时，蒋介石认为美国政府正在考虑对中国大陆使用核武器，于是怒不可遏地对腊斯克说："你们绝不可以用核武器对付中国大陆！"腊斯克说，这时他忽然意识到，蒋介石作为"中国人"的民族情感，超出了他要做"一个全中国的统治者"。因此，腊斯克立即对蒋介石说："'总统'先生，你说得对。"

蒋介石"反攻大陆"的计划与准备，不仅受到美国的制约，同时也受到台湾岛内许多人的质疑与反对。1960 年发生的"《自由中国》事件"，即是台湾岛内的知识分子批评蒋介石施政一切从"反攻大陆"出发，使得台湾的政治、经济建设充满了临时性色彩，从而阻碍了台湾社会的经济发展和民主政治的建立，等等。结果，《自由中国》杂志的主编雷震被蒋介石冠以"通匪"的罪名逮捕起来，而这一事件本身也受到美国舆论对蒋介石的大力批评。

就是在国民党高级官员内部，也对"反攻大陆"逐渐失去了信心。1961 年 7 月应美国政府邀请访美的台湾当局"行政院长"陈诚，本是肩负着说服美国支持蒋介石"反攻大陆"的任务而去的。在访美期间，美方为了表示对陈的信任与拉拢，特地拿出美国自 1955 年以来与中国政府进行大使级谈判的记录给陈诚看。陈诚看完记录以后，对人感慨地说："中共拒绝美国的一切建议，而坚持美国舰队及武装力量退出台湾的做法，不受奸诈，不图近利，是泱泱大国风度。"表达了他对大陆政府独立自主外交作风的敬意。

1965 年 3 月，陈诚在台湾病逝，去世前口授遗嘱三条：

1. 希望同志们一心一意，在总裁领导下，完成国民革命大业；

2. 不要消极，地不分东西南北，人不分男女老幼，全国军民共此患难；

3. 党存俱存，务求内部团结，前途大有可为。

在这份出自台湾当局前"行政院长"之手的六十五字重要遗言中，竟然没有提到"反共"，也没有提到"反攻大陆"，在当时是令人不可思议的事情。国民党内的一些人要在陈的遗言中加入"反攻大陆"的字样，陈诚的夫人不同意，交到蒋介石处，蒋介石沉吟许久之后，同意不作修改。

事实上对于共事多年的陈诚的心思，蒋介石是能够理解的。自 1965 年以后，除了在口头上有时喊喊"反攻大陆"以外，蒋介石再也无力发起任何较大规模的反攻行动了。

镇压岛内"台独"活动

台湾光复以后，台湾岛内要求使台湾从中国分离出去的政治活动分子，被称为"台独"分子。现在台湾执政的民进党人便是"台独"分子最终集结而成的党派集团。而"台独"的发生与成长，都与美国政府的对台政策以及美国部分政客的支持与援助密不可分。美国也是长期孕育"台独"分子的温床。

台湾最早的"台独"分子要算廖文毅和黄纪男等人。他们从国民党政府接收台湾时起，便着手策划"台湾独立运动"。1947 年，廖文毅曾与黄纪男一道赴大陆专程会见美国驻华大使司徒雷登，商谈请求美国支持他们进行"台湾独立"活动。结果，司徒雷登认为他们根本没有任何对抗政府的力量，全部都要依赖美国的支持而予以拒绝。但这些"台独"分子的活动还是受到了美国政府的关注，这就是美国在 20 世纪 50 年代初期的许多对华政策文件中，总是提出一旦台湾内部发生变故，美国便支持台湾的"独立自治运动"的由来。

1948 年 2 月 28 日，即纪念台湾"二二八"运动爆发一周年的当天，廖文毅等在香港成立了第一个海外"台独"组织——"台湾再解放联盟"。同年 9 月，他们向联合国提交了第一号请愿书，建议将台湾交给联合国托管，然后由人民投票决定台湾是否独立。

1950 年 2 月，廖文毅等在日本组织了"台湾民主独立党"。1955 年成立了"台湾共和国临时政府"，廖自任"大统领"，并发行机关报《台湾民报》。

1958 年陈以德、林荣勋、李天福等人在美国成立了"台湾独立联盟"。以费城为总部，纽约、芝加哥、波士顿等地为分部，发行英文刊物《美丽岛》

《要求正义》等宣传"台独"理念的刊物。

20 世纪 50 年代至 70 年代初期，蒋介石在台湾岛内实行军事戒严，厉行党禁，坚决打击"台独"活动。岛内曾经破获数以千计的"台独"案件，都被冠以"匪谍"案等各种各样的罪名，加以严惩，故而使得"台独"活动在岛内难以立足。

即使像 1960 年轰动海内外的雷震案，背后也都有"台独"的影子。雷震于 20 世纪 50 年代初期担任台湾杂志《自由中国》的主编。这份以标榜"反共、民主、自由"为主旨的杂志，开始时很受国民党的器重，到了 1958 年以后，该杂志开始批评台湾政治。《自由中国》刊登了大量文章攻击国民党"独裁极权政治"，同时指出，蒋介石"反攻大陆"的政策，在相当时期内不可能实现，而这项政策却使台湾长期维持大量军备，会拖垮台湾经济，等等。1959 年至 1960 年，《自由中国》更以反对蒋介石连任"总统"、组建台湾反对党相号召，终于导致了 1960 年 9 月雷震等人被捕并判刑十年的事件。

其实，雷震《自由中国》的思想导向仍然是一种"台独"倾向。当时，因台湾严惩"台独"活动，故而《自由中国》的许多政论只能从侧面反映其观点，不敢正面谈"台湾独立"问题。直至 1972 年雷震出狱以后，他仍然向蒋介石呈送了一份"救亡图存献议"，从正面阐述了他的"台独"观念。雷震在他的万言书中提出了改革台湾的十点政治兴革方案，其中最具震撼力的即是"从速宣布成立'中华台湾民主国'，以求自保自全，并安抚台湾人，开创一个新局面"。（施正锋《民族认同与台湾"独立"》，第 25 页，台湾前卫出版社 1995 年版。）由此可见，蒋介石对于那些在台湾岛内煽动"台独"，即使不明说的人，也是毫不留情的。

1964 年 9 月，台湾大学政治系主任彭明敏和他的学生谢聪敏、魏廷朝等人发表"台湾自救宣言"，在国民党特务的严密控制下，他们的地下活动败露，"宣言"传单在印刷厂全部被扣，主犯三人也立即被捕。1970 年，彭明敏逃往美国，成为风云一时的"台湾独立联盟"主席。

在蒋介石时代，"台独"分子在台湾无法立足，而在美国、日本日见滋长壮大，这就全赖美日两国政府的扶助与支持了。美日两国为"台独"分子提供安全保障，"台独"分子及其组织则在宣传思想方面与美国政府互通心曲，配合默契。

1952 年，曾经在台湾组织"台湾独立武装队"的"台独"首领史明，因秘密活动败露，受到国民党当局的追捕，于 3 月偷渡日本。后国民党政府透过"外交部"寄出通缉状给日本政府，要求以"叛乱第一司令"的罪名引渡史明回国。日本政府得知情况以后，反而将原本因偷渡罪要遣返的史明留了下来，不仅不再遣返，更发给其在日居留权证，允许其在日本继续从事"台独"活动。

一直受到台湾当局通缉与监视的廖文毅，也受到日本政府的庇护，不仅长期在日进行"台独"活动，而且于 1961 年受到美国参议院外交委员会委员长佛尔柏莱特的具名邀请，请廖作为台湾反对党的"领袖"到联合国发表演讲。当时这一邀请令日本的"台独"组织备受鼓舞，廖文毅本人也振奋异常。结果逼得台湾当局不得不以取消蒋经国访美作为抵制，并且在与美国谈判蒙古国进入联合国问题以及阻止中共进入联合国问题上讨价还价，不惜在"外交"方面作出重大让步才得以封杀廖文毅访美。

这些海外"台独"组织的头面人物，大多有很深的日本或美国背景和日美情结。例如，最早从事"台独"活动的黄纪男和"台湾共和国临时政府"在日本的"外交大使"陈智雄，都是自幼留学日本，毕业于日本东京外语学校。黄纪男毕业以后由日本政府派往马尼拉担任翻译工作，陈智雄则被日本外务省派往印尼担任外交官。他们都曾受到日本政府的长期"栽培"和"造就"，对于自己的出生地台湾的历史并无多少了解，相反对于日本政府却有不少感激之情。

在加拿大的"台独"组织创始人黄义明，就更加日本化了。他父亲是在日本长大的华侨，母亲即是日本人，外公是日本外交官，外祖母是法国人，中学时因父病逝，被一位台湾养父带到台湾上了台大化工系，完成了学业，后来又娶了一位日本女子为妻。在加拿大，黄义明却组织了"台湾同乡会""台湾住民自决联盟"台湾人权委员会"等多个"台独"组织,成为台湾人的"代言人",其真实思想实在难以推断。

由于台湾当局与日本政府的不断交涉,20 世纪 60 年代中后期,在日本的"台独"活动受到越来越大的压力,台湾当局也派遣不少特务对在日的"台独"分子进行分化、瓦解甚至暗杀、私捕活动,故而,至 20 世纪 60 年代末,"台独"分子逐渐向美国集中。美国也为这些"台独"分子提供了更好的发展基地。

1969 年 9 月 20 日,全球性"台湾独立联盟"筹备会议在纽约召开,扩组"台湾独立联盟"(WUFI),将在日本的"台独"组织全部收罗旗下,决定各本部在统一纲领下维持自主性,并将会议结论通知"台湾青年独立联盟"。美国总本部的机关刊物为汉文的"台湾青年"和英文的"独立台湾"。

"台独"组织头目在理论上有所"建树"者又都以美国留学生居多。廖文毅曾是美国俄亥俄大学的留学生,"台湾独立联盟"的陈以德、陈隆志等都是台湾留美学生。"台独理论家"彭明敏也是留美的。

这些人在美国对台政策的文件堆里寻找"台独"的理论依据,又跟随着美国分裂中国的阴谋活动积极推波助澜、兴风作浪。

廖文毅早期从事"台独"活动时,其理论观点就是美国国务院炮制的"台湾法律地位未定论",鼓吹应"把台湾交给联合国托管""在联合国监督下举行台湾公民投票"等等。

"台湾独立联盟"的领导人李天福则于 1958 年 4 月在美国最具权威的外交杂志《外交事务季刊》上发表文章"The China Impasse A Formosan View",提出了"台湾地位未定论""反攻大陆神话论""台湾与中国分离的历史事实""台湾足以成为独立国家"等谬论,许多观点成为"台独"运动的理论基础,影响了不少 20 世纪 60 年代在美国的台湾留学生,逼得当时的台湾当局驻美"大使"蒋廷黻也不得不起而撰文反驳李天福的观点。

20 世纪 60 年代末担任"台湾独立联盟"副主席兼外交部长的陈隆志,曾是 1958 年台湾高考的状元,在台大读法律系时是彭明敏的学生。后来在美国耶鲁大学读博士时,其博士论文即是"台湾独立与建国",是一部奠定"台独"理论的专著。

在美国的"台独"活动受到了美国一部分有影响人物的庇护与鼓励。1959年11月1日，美国参议院外交委员会在《美国外交政策的研究报告》中宣称:根据台湾人希望与大陆分离的民意调查结果，应成立"台湾共和国"，并使其成为联合国成员。1960年3月，美国外交杂志发表《重新考虑中国问题》，主张台湾应成为"中立国"，美国将继续承担保护台湾的义务。1961年1月，美国的中国问题专家费正清提出"一个半中国"的方案，称台湾可以自行加入联合国和世界性的经济、贸易组织。这些报告和文章都或多或少地引用与反映了海外"台独"分子的要求与主张。

美国的一些刊物不仅刊登宣传"台独"的文章，而且对"台独"组织的宣传刊物也赞赏有加。美国《新共和杂志》曾于1962年6月18日刊登文章，对日本"台独"组织的机关报"台湾青年"表示推崇，说:"东京有一个组织，其目标在于建立纯粹属于台湾人的共和国，具有战斗性，但无法获得充分效果。其出版物之一"台湾青年"编辑水准很高，明确地陈诉绝对符合多数台湾人利益的观点。"

1967年2月13日，美国民主党总统候选人罗勃·肯尼迪参议员应邀到奥克兰大学演讲。当有台湾籍留学生问及:美国公开宣称支持越南人民的自决和独立，为何以自相矛盾的立场来对待台湾，长期提供美援给蒋介石政权，任由他压迫一千多万的台湾人？肯尼迪答道:美国政府应让蒋介石知道，台湾人民应该参与并选举自己的领袖，同时也应有权决定自己的前途，他期待越南人民自决，也希望看到台湾人民自决。(参见陈铭城《海外"台独"运动四十年》，第107页，台湾自立晚报社文化出版部1992年版。)

由于美国政府一直推行"两个中国"的分裂中国领土的对华政策，故而使"台独"分子找到了精神上的支柱。他们在美国的宣传活动如鱼得水，畅行无阻，还经常对美国的外交政策推波助澜。

20世纪60年代初期，美国推出"一中一台"方案，全美"台湾独立联盟"主席陈以德便在密西根大学举行的"中国问题与台湾前途讨论会"上发表意见，称：赞成中共进入联合国，也支持台湾人民自决。与美国国务院的论调一唱一和。

1969 年 10 月，联合国讨论中国加入联合国议案时，"台湾独立联盟"的副主席陈隆志便向《纽约时报》投稿，提出台湾法律地位未定，台湾人不希望台湾成为中国的一部分，解决台湾问题的途径，应在承认中共之后，交由台湾住民自决，等等。

同年 11 月，联合国辩论"中国代表权"问题时，"台湾独立联盟"各地代表 100 多人在联合国驻地示威游行三个半小时，口号是"将台湾交还给台湾人""台湾人要自由"等。"台湾独立联盟"还不断向美国决策官员进行寄送材料、拜访和游说活动，并送备忘录给联合国秘书长、各国元首、总理、外交部长等。沙特阿拉伯驻联合国代表在提出有关"中国代表权"问题的提案时，就引用了陈隆志在《纽约时报》上发表的文章，建议在联合国主持下，举行台湾住民公民投票。可见，美国的"台独"活动在美国对华政策的支撑下，一时相当活跃。

对于海外"台独"分子的活动，蒋介石有点鞭长莫及，但他仍然采取了种种威胁利诱、分化瓦解的手段加以遏制。廖文毅成立"台湾共和国临时政府"以后，他派出的"东南亚外交大使"陈智雄在日本活动频繁，后被台湾特务秘密逮捕，用邮袋装运回国，于 1963 年 5 月在台北执行枪决。

对于海外"台独"分子，台湾当局更多采用的是分化利诱政策。1965 年，国民党派廖文毅的侄女婿陈长秀到日本诱逼廖文毅回台投诚。陈长秀向廖文毅哭诉，廖的兄嫂均被国民党当局逮捕并有可能判死刑，只有廖文毅回台，他们才能得救。并且，如果廖肯归顺，国民党将给其部长级高官待遇，并发还查封他家的大批土地。廖文毅顶不过亲情骨肉的压力，遂于 5 月 14 日回到台湾，接受了国民党委任的"水库兴建委员会副主委"的职务，过上了抱酒女的消沉生活。

随后，国民党还安排陈以德的父亲到美国，带着台湾报刊报道的大量有关廖文毅投诚的消息，劝告陈以德放弃"台独"立场回台湾。陈以德拒绝了父亲的要求，不愿回台湾，但也在第二年辞去"台湾独立联盟"主席的职务，搬到脱离"台独"活动的地方俄亥俄州去了。

至 1970 年，"台独"分子在美国刺杀访美的蒋经国未遂以后，美国"台独"组织内部发生了分歧与分化，加上美国对华政策发生重要转变，开始缓和中美关系，承认"一个中国"原则，"台独"宣传在美国逐渐失去市场，"台独"活动也随之消沉。

蒋介石镇压"台独"活动，一方面反映了他维护国家统一的民族立场，有其可取之处。蒋介石在台湾几十年，在教育问题上，不断灌输"台湾民众根在大陆"的理念，要求台湾学子对大陆的省份地形倒背如流，在"国文"课本中传播中华传统文学作品。他甚至压抑台湾人当地通行的闽南语而大力推行"国语"，使得海峡两岸虽有半个世纪的隔绝，而台湾民众对于大陆并不陌生，两岸民众间仍然保存着共同的文化血脉。在这一点上，蒋介石用心良苦。但另一方面，蒋介石顽固坚持反共立场。与此同时，在 20 世纪 50 年代到 70 年代，蒋介石一直在台湾推行强制性的独裁统治，对岛内"台独"活动采取单一镇压的手段，故而也引起台湾人民民主愿望高涨，并将其愿望的实现部分地寄托于"台独"。这些因素都为"台独"的生存与发展提供了有形与无形的空间。这又是一个令蒋介石无法摆脱的政治怪圈。

台湾当局"外交"的"雪崩"时代

1969 年 1 月，尼克松宣誓就任美国总统。他提出，"美国需要改变它的外交政策的哲学和实践"，即走出"对抗时代"，进入"谈判时代"。尼克松的目标之一是改善同中华人民共和国的关系。

美国希望改善与中国的关系，当然不是单纯地改变"外交哲学"，而主要出于其自身的战略考虑。20 世纪 60 年代末 70 年代初期，美国面临着苏联在全球范围内的挑战，同时深陷越南战争难以自拔，这些都需要通过同中国改善关系来加以解决。尼克松说："考虑到将来，在我和苏联人进行对话时，我也可能需要在中国问题上为自己找个可以依靠的有利地位。"(《尼克松回忆录》中册，第 13 页，商务印书馆 1978 年版。)

其时，中国也面临着苏联的战争威胁。苏联在中苏边境陈兵百万，边境武装流血冲突不断，苏联还与中国周围的一些国家组建了针对中国的"亚洲集体安全体系"，西方报纸更盛传苏联拟袭击中国核基地，等等。同时，毛泽东也注意到，美国开始向中国发出某种改善关系的信号，改善中美关系出现契机。毛泽东说："两霸我们总要争取一霸，不能两面作战。"(1972 年 7 月 24 日毛泽东同周恩来、姬鹏飞等人的谈话。)

对于美国来说，改善同中国的关系，最难处理的问题就是台湾。尼克松打算用"双轨制"的方法来解决这个问题，实质仍是"两个中国"。1969 年 8 月 8 日，美国国务卿罗杰斯宣布："我们认为台湾的'中华民国'和大陆的共产党中国都是生活中的事实。"

从 1969 年下半年开始，美国不顾台湾当局的一再反对，采取了一系列缓和中美关系的步骤，其中涉及台湾问题的有：1969 年冬，减少第七舰队在台湾海峡的定期巡逻；1970 年宣布，若不驱逐"中华民国"，美国将不反对中华人民共和国进入联合国；1970 年 12 月，提出希望同中国方面举行高级会谈，讨论包括台湾问题在内的各种问题，并表示"随着东亚和太平洋地区紧张局势的缓和，美国将减少在该地区的驻军"。

美国的政策改变，引起蒋介石的极大恐慌。蒋介石于 1970 年 3 月 11 日接见美国记者发表抗议。记者报道说：当此"中华民国"的部分盟国，包括美国在内，显示其愿意研拟一项方案，使北京与台北得以同时在联合国享有代表权之际，蒋"总统"适时提出了严正警告。蒋介石重申了反对"两个中国"政策的立场，表示："如果联合国这一世界组织具备对中共加以谴责的正义与公正的精神，这是一个不难获得解决的问题"，而"中共伪政权如果获准进入联合国，则无异给联合国敲起了丧钟。"(《"总统"蒋公思想议论总集》第三十九卷，第 376 页，台湾中国国民党中央委员会印。)

另一方面，蒋介石又于 1970 年 4 月派出台湾当局"行政院副院长"蒋经国访美，意图要求美国继续支持台湾当局在联合国的席位，反对美国与中华人民共和国接近。台湾报纸纷纷发表社论，批评美国在联大散布"两个中国"论调。1971 年 3 月，台湾当局"行政院长"严家淦发表公开谈话，反对美国使用"中华人民共和国"来称呼中共，反对美国政府的"两个中国"政策。

美国没有理会蒋介石。

1971 年 7 月 9 日，基辛格首次访华，中美双方着重讨论了台湾问题。基辛格表示：1. 承认台湾属于中国，但希望台湾问题和平解决；2. 美国不再与中国为敌，但目前不能承认中华人民共和国为中国唯一合法政府；3. 美国准备在印度支那战争结束后一个规定的短时期内撤走其驻台美军。双方同意发布公告，宣布尼克松总统于明年适当的时候访华。

1971 年 7 月 15 日，就在尼克松宣布其准备访问北京前二十分钟，台湾当局驻美"大使"沈剑虹才得到美方的电话通知。沈剑虹的反应是："有几分钟时间我震惊得说不出话来。我简直不能相信方才听到的话是真的。"

7 月 15 日，尼克松发表访华声明以后，立即派专人送给蒋介石亲笔信，向蒋介石保证，美国将继续承担它对"中华民国"的防御义务。

然而，美国的举动仍然让蒋介石悲愤异常。他深深感到，台湾与美国的关系"绝对不会与以前一样了"。他指示台湾当局"外交部"约见美国驻台"大使"马康卫，向他提出强烈抗议，并称尼克松的举动是"最不友好的行为"，必然会造成严重的结果。此外，蒋介石又让沈剑虹向美国国务院提出抗议。

7 月 19 日，蒋介石主持国民党中常会，专门讨论尼克松访华问题。蒋介石认为尼克松北京之行是为了迁就现实力量的平衡，促成越南战争结束，争取明年连任总统，实行制苏战略，以达到分化共产主义世界的目标。对此，蒋介石要求国民党"斗志不斗气，坚定反共的信心与决心，不动摇，不妥协，自强自立"。

为了给尼克松访问中国铺路，美国决定改变从 20 世纪 60 年代初期起一直坚持的阻挠中国进入联合国的基本政策，同意解决中国在联合国的合法席位，但同时也要保住台蒋在联合国的席位。1971年8月2日，美国国务卿罗杰斯发表了《关于中国在联合国的代表权问题的声明》，阐述美国在这一问题上的基本立场。声明说："过去二十年中，使世界最感到困惑的对亚洲的政策问题莫过于中国问题——以及有关的在联合国的代表权问题。关于这个问题的基本事实是，两个政府中的每一个政府都声称是中国的唯一政府和全体中国人民的代表。""在一个国际组织中的代表权不需要损害两个政府中任何一个政府的主权要求或看法。两者都参加联合国的局面不需要要求这种结果。"因此，声明表示："美国将支持今年秋天联合国大会上要求使中华人民共和国取得席位的行动。同时，美国将反对任何驱逐'中华民国'的行动，或者以其他方式剥夺它在联合国的代表权的行动。"声明最后说："我们所作出的这项决定是完全符合尼克松总统希望同中华人民共和国的关系正常化以利于世界和平的愿望的。并且也是完全符合我们的一种信念的，这就是相信'中华民国'继续在联合国中拥有代表权将有助于世界的和平和稳定。"[冬梅编《中美关系资料选编》(1971.7-1981.7)，第83-84页，时事出版社1982年版。]

美国在联合国继续搞"两个中国"的声明立即受到中国外交部的严厉批驳。8月20日，中国外交部发表声明指出："世界上根本不存在'两个中国'，只有一个中国，就是中华人民共和国；台湾是中国领土不可分割的一部分，是中国的一个省，在二次大战后就已归还祖国。这才是不容争议的现实。""恢复中华人民共和国在联合国的合法权利和把蒋介石集团驱逐出联合国，这是一个问题的不可分割的两个方面。"因此，"只要在联合国里出现'两个中国''一中一台''台湾地位未定'或其他类似情况，中华人民共和国政府就坚决不同联合国发生任何关系"。[《中美关系》(文件和资料选编)，第189-192页，北京人民出版社1971年版。]

1971年10月9日，时任美国加利福尼亚州州长的罗纳德·里根，作为尼克松的私人特使访问台北，对蒋介石进行安抚工作。里根在台湾的演说中表示：尼克松访问中国大陆及试图降低与中共之间的敌对紧张关系，无损于与"中华民国"之间的政治、经济、文化关系，并保证仍将维护台蒋在联合国的会籍。

10月10日，蒋介石发表"告同胞书"，强调不以一时之困辱、难堪、恨戾失色，只此志、此心不忧不惧，一时的困辱即换取国家民族永恒的光荣。国家之轻重并不在于国际的如何衡量，而在于自己能否重视自己之人格与奋斗精神，由艰困而复兴。

对于蒋介石来说，台湾当局在联合国的席位是关系到台湾当局政权存亡的大事。许多年来，蒋介石的"外交"活动均围绕着保住联合国的席位而进行。如今由于美国政策的改变，眼看着台湾当局在联合国的席位即将不保，蒋介石也感到万分无奈。他对其部下回忆说："记得1951年的时候，我政府派驻在联合国的蒋代表问我'万一共匪羼入联合国，则我们将采取何种态度？'当时，我即答复说：'我们复国基础有二：在国际上，法律地位的凭借，则为联合国；在内政上，则为复兴的基地台湾。这两个基础，皆为重要，但其根本，还是在台湾。如两者不可兼得，则我宁可放弃联合国，而确保台湾。这是我政府到了最后不得已时之唯一政策。"（转引自《蒋介石与台湾》，第303页，新华出版社1997年版。）

1971年10月25日，联合国大会表决中国代表权问题。在首先表决由美国等十九个国家提出的"重要问题案"时，投票结果是59票反对，55票赞成，15票弃权，美国为中华人民共和国进入联合国所设置的最后一道防线被冲破。

一些支持中国进入联合国的国家的代表甚至在会场上跳起了舞蹈以表达胜利的欢乐。这时，美国代表布什面色阴沉地走上讲台，要求在表决阿尔巴尼亚等二十三国提案时，删去关于"驱逐蒋介石代表出联合国"一节。这一无理要求遭到大多数国家代表的反对，经由联合国大会主席的裁决，阿尔巴尼亚提案照原样表决。

这时，台湾当局首席代表、"外交部长"周书楷见大势已去，为免被驱逐的尴尬处境，在阿尔巴尼亚提案表决前，跑上讲台，表示对大会的"抗议"，并宣布"中华民国"退出联合国，随后便带着他的一班人退出了联合国会场。

最终联合国大会以 76 票赞成、35 票反对的压倒多数通过了接纳中华人民共和国进入联合国的阿尔巴尼亚提案。这个结果，不仅是蒋介石的失败，也是美国长期阻挠中国进入联合国的对华政策的彻底失败。

10 月 26 日，蒋介石发表《"中华民国"退出联合国告全国同胞书》。蒋介石在这份宣告书中"正襟"警告世界人士，"历史的事实告诉我们，维护正义的道德勇气，乃是世界安全和平的坚固磐石；而强权政治的'霸术'运用，则是走向战争的道路"。"本届联合国大会自毁宪章的宗旨与原则，置公理正义于不顾，可耻地向邪恶低头，卑怯地向暴力屈膝，则当年我国所参与艰辛缔造的联合国，今天业已成为罪恶的渊薮；历史将能证明，'中华民国'退出联合国的声明，实际上就是联合国毁灭的宣告。"

蒋介石貌似强硬地说道："我们国家的命运不操在联合国，而操在我们自己手中。国父说：'存在之根源，无不在于国家及其国民不挠独立之精神，其国不可以利诱，不可以势劫，而后可以自存于世界。'今天我们革命基地所拥有的人力资源与经济力、军事力和支持这两种力量的精神力，……无论在亚洲和世界，'中华民国'绝非可以任人支配出卖的弱者；而且我们对于改变世界均势与决定人类命运，实具有极大的影响力；所以大家不可只知别人的行动可以影响我们，应知我们的行动实可以使这个世界发生重大变化。"

蒋介石还说："当前的国际形势虽然很险恶，但是，只要我们自己自强不息，便没有任何力量可以使我们动摇；只要我们自己勇敢振奋，便没有任何力量可以使我们屈辱；只要我们坚忍奋斗到底，最后一定成功。"他要求："我们决不静观或坐待世局的变化，一定要争取主动，掌握变化，积极奋斗，制敌机先。"（《"总统"蒋公思想言论总集》第三十四卷，第 261 - 262 页，台湾中国国民党中央委员会印。）

蒋介石的这篇讲话充满了大话、空话和不知所云的话，只是一种在惨痛失败以后的"自我按摩"而已。

联合国大会驱除蒋介石代表以后，几乎在一夜之间，台湾当局"外交"陷入"雪崩"状态。二十多个国家宣布与台湾当局"断交"，转而承认中华人民共和国，尤其是日本，不顾台湾当局的威胁，甚至顶住美国要它"慢慢来"的压力，于 1972 年 9 月抢在美国前面与中国恢复外交关系，与台湾断了"交"。至 1974 年底，世界上只剩下二十几个小国和地区与台湾维持"外交"关系，蒋介石陷于空前的孤立之中。当时担任台湾当局"外交部长"的周书楷无奈地哀叹，台湾当局已"无外可交"了。

与台湾当局的阴霾笼罩正相反，中华人民共和国迎来了诞生以来外交战线的辉煌时刻。中国恢复了在联合国的合法席位；结束了中美两国二十多年的敌对状态；与日本建立了正式的外交关系；改善了同所有西方国家的关系；先后同亚、非、拉三大洲的四十五个国家建立了外交关系。中华人民共和国的国际威望大大提高，国际环境大为改善。

中国在国际事务中发挥着越来越重要的影响和作用，与新中国在外交工作中长期注意争取第三世界国家的同情与支持密切相关。毛泽东说："在联大恢复中国席位的斗争中，众多的第三世界国家在这件事上发挥了重大的作用。我们什么时候都不要忘记他们。一百三十一个会员国，赞成票一共七十六张，十七票弃权，反对票只有三十五张。这是和我们长期致力于发展同第三世界国家的友好关系分不开的。表决结果一宣布，他们唱歌呀，欢呼呀，还有人拍桌子。当然，不高兴的人也有，'蒋委员长'就是一个。美国国务院说要发表声明，还没有看到，不过是一篇'吊丧文'罢了！"（毛泽东对中国代表团出席联合国第二十六届会议的谈话。）

而对于蒋介石来说，尽管他一再标榜"独立"，但是，实际上台湾一直在各方面依赖美国的支持，没有了美国，台湾就像沙漠中的一缕孤魂，倍感凄凉。一位台湾籍学者说："在 50 年代，'中华民国'在安全防卫和国家发展方面几乎全部倚仗美国。……国民党政府几乎没作出什么努力去发展同美国以外的其他国家的关系。"（转引自资中筠《美台关系四十年》（1949 - 1989），第 181 页，人民出版社 1991 年版。）

一向"处变不惊""庄敬自强"的蒋介石，不得不在日记中承认，美国在联合国抛弃台湾的事变，是"迁台以来的最大挫折"。在此后一连串的打击之下，蒋介石终于撑不住了。他于 1972 年春天病倒以后，健康状况一蹶不振。

1975 年 4 月 5 日清明节，蒋介石病逝于台湾。蒋经国于守灵时阅读了父亲的"病中随笔"，遂将其"恭辑付梓"，分赠给国民党的军政高级官员。这篇随笔中有总结如下：

> 切勿存有依赖心理和失败主义，不顾本身之力量而专看外人之颜色，以免重蹈大陆沦陷之覆辙；昔在大陆以依赖外援而沦陷，今日在台以不需经援而图强，于是经济反得自立自足。今日基地已有自保自强之道，而乐观奋斗之心理，亦由是建立。（《"总统"蒋公思想言论总集》第三十五卷，第 289 页，台湾中国国民党中央委员会印。）

或许，我们可以将此看作蒋介石对他一生与美国打交道的最后反省。

后 记

出版了《才智·胆略·人格的较量——战场上的毛泽东与蒋介石》一书以后，笔者在研究毛泽东之余，对于蒋介石这样一个对中国现代历史同样有着重大影响的人物也颇为关注。原本打算写一写蒋介石与反对"台独"活动的文章，对蒋介石在台湾反对"台独"活动的历史资料作了一些收集与整理。结果在读了一些历史资料以后，感到台湾的"台独"活动实际上与美国的对台政策有着密切关联，也是蒋介石在对美关系中最感为难的地方，很有意思，随后便有了写一本书的打算。只有从蒋介石与美国打交道的整个过程中，才能看出他在坚持"统一中国"政策中的得与失。中美关系，无论是过去、现在还是将来，对于中国的发展都有重要影响。或许，从蒋介石的对美交往中，我们也能获得某些有益的历史启示。

写作本书期间，得到了我的先生季国平和儿子竹西的关心与支持，因为在我忙的时候，他们只好到食堂吃饭或对付一下而毫无怨言。最后，要特别感谢团结出版社的领导和编辑给予我的一贯帮助与支持。

作者于京郊青龙桥畔